U0656431

职业教育项目课程

原理与开发

徐国庆 著

华东师范大学出版社

·上海·

图书在版编目(CIP)数据

职业教育项目课程:原理与开发/徐国庆著. —上海:华东师范大学出版社,2015.12
ISBN 978-7-5675-4585-4

Ⅰ.①职… Ⅱ.①徐… Ⅲ.①职业教育—课程—教学研究 Ⅳ.①G712.3

中国版本图书馆 CIP 数据核字(2016)第 013450 号

职业教育项目课程:原理与开发

(上一版书名为:《职业教育项目课程开发指南》)

著　　者　徐国庆
责任编辑　蒋　将
审读编辑　邓华琼
责任校对　赖芳斌
装帧设计　储　平

出版发行　华东师范大学出版社
社　　址　上海市中山北路 3663 号　邮编 200062
网　　址　www.ecnupress.com.cn
电　　话　021-60821666　行政传真 021-62572105
客服电话　021-62865537　门市(邮购)电话 021-62869887
地　　址　上海市中山北路 3663 号华东师范大学校内先锋路口
网　　店　http://hdsdcbs.tmall.com

印 刷 者　上海昌鑫龙印务有限公司
开　　本　787 毫米×1092 毫米　1/16
印　　张　14.25
字　　数　265 千字
版　　次　2016 年 4 月第 2 版
印　　次　2024 年 7 月第 8 次
书　　号　ISBN 978-7-5675-4585-4
定　　价　40.00 元

出 版 人　王　焰

(如发现本版图书有印订质量问题,请寄回本社客服中心调换或电话 021-62865537 联系)

第二版前言

党的二十大报告确定了未来职业教育发展的基本方针:“推进职普融通、产教融合、科教融汇,优化职业教育类型定位。”这一方针落实到课程层面,即是要通过产教深度融合,开发具有职业教育特色的课程体系,构建职业教育作为一种教育类型应有的内涵。为此需要探明最能体现职业教育特色的课程模式是什么,形成这种课程模式的产教融合具体方法是什么。本书把这一模式聚焦到项目课程,并为其开发设计基于产教融合的详细方法。从这个角度来看,可以说项目课程即是典型的产教融合型课程。

2015年本书完成第二版修订。第一版到第二版历时6年。第一版出版后,我一直关注读者反应,然而读者们都很客气,几乎全是肯定的言语。第一版虽然较为系统地阐述了职业教育项目课程的理论与开发方法,然而它的确还很青涩,自它出版不久我便发现其中存在不少问题,产生了修订的念头。然而修订工作迟迟没有开始,因为我深知,对项目课程许多理论与开发方法问题并没有想明白,实践越深入,这种感觉越强烈。因此那6年中,我一直在坚持与职业院校合作进行项目课程开发与实施的实践,实践过程中注意敏锐地发现问题,然后用这些问题去推动对项目课程的研究。虽然仍然不能说完全弄明白了项目课程的所有问题,但的确感觉到研究工作可以告一段落了,因此完成了第二版。

相对于第一版,第二版首先对项目课程开发的许多技术环节进行了细化,从书的容量上就可以看出这一点,共增加了50000多字。比如,职业能力的开发方法相比第一版就细化了很多,因为我们在项目课程开发实践中发现:职业能力是把工作任务转化为课程内容的中间变量,而且是极为关键的中间变量;如果没有获得对职业能力的成功开发,前面分析的工作任务几乎无法转化为课程内容。以往的研究很少深入阐述这一问题,而这一问题恰恰是当前项目课程改革深化所面临的关键性障碍,如果不能有效地解决这一问题,那么项目课程的开发就只能停留在“做材料”的层面。再比如,项目教学设计这一环节相比第一版也细化了很多,因为实践中同样发现项目课程的教学实施问题很多。例如很多教师误以为项目教学设计就是选择项目,有了项目名称便有了项目教学。而事实上,确定项目只是完成了项目教学设计很小的一步,更为重要的是设计项目活动,只有成功地完成了这一步,项目才真正具有了教学功能。此外,如何开展项目教学过程,同样也是教师们感到非常迷惑的环节,为了解决这一问题,本书系统归纳了项目教学过程中学与教活动的基本框架。

课程开发是一种非常复杂的实践活动,项目课程开发尤其如此。为了让读者更好地领悟项目课程各环节开发的技术要领,第二版同样非常注重案例的遴选与呈现。随着对项目课程开发方法的调整与细化,项目课程开发实践中也出现了大量更为优质的案例,第二版根据解释的需要对这些案例进行了精选,用以对第一版中的案例进行补充和撤换,以体现案例的现时性。这些案例都是与职业院校合作完成的,借此机会也向这些案例的开发者表示感谢!读者们很希望能呈现一个专业完整的项目课程开发案例,这种案例在与我合作过的职业院校是很常见的,然而为了更好地说明项目课程的理论与开发方法,还是有必要截取这些案例中特别精彩的段落。

第二版更大的变化是调整了对项目课程的理论定位,这是具有根本性的理论改造。第一版把项目课程的提出仅仅定位于项目教学实施的需要,即为了采取项目教学模式,有必要按照项目教学实施的要求对课程进行变革,从而产生了项目课程。然而实践中发现,项目课程这一概念的提出还有一个更具根本性的意义,那就是当代工作性质的变化,即许多工作已不再是程序化作业,而是项目化作业,因为对许多专业进行的工作任务分析发现,如果只对岗位(或岗位群)中的工作任务做普遍性描述,而不结合项目进行拆解,分析结果没有实质意义,几乎无法描述出工作任务的实质内容与能力要求。这就要求我们在更高层面判断项目课程的意义,即它是当代工作性质变化与趋势的内在要求。

本书今天再次印刷,距第二版首次印刷又已过去 8 年。8 年中,项目课程经受了实践经验,职业院校的项目课程日臻成熟。然而项目课程的研究还在进行中,我们将继续努力完成项目课程的理论体系和开发方法。

徐国庆

2023 年 8 月 7 日于华东师范大学

第一版前言

我国职业教育课程正处于深刻变革阶段，项目课程是这场变革的重要主导理念。如何开发项目课程？如何通过一系列清晰的操作后获得完整的项目课程体系？这是课程实践者们非常关注的问题。尽管课程改革一直受到高度重视，然而总是理念探讨多，模式分析多，而实现新课程的技术方法研究少。撰写这本书的目的，便是要给课程实践者们提供一套具体、细致的项目课程开发操作方法，以便更好地推进项目课程改革实践。

人们对理念创新的关注往往超越了对实践方法的关注，许多研究热衷于追求新的概念。新的概念的确可以启发人们的心智，一种深刻的教育新思想将带来教育形态的革命，然而与其他领域不同的是，教育知识有相对稳定性。许多时候人们只是在重复几十年、几百年前曾经提出过的教育思想，但是要使一种教育思想真正能改变教与学的过程则是非常艰辛的。如果我们能够聚焦一种教育理念，仔细地探索其操作细节并予以实践，那么五年或十年后，我们的教育必将达到一个全新水平。因此，从这个意义上可以说，目前职业教育课程更为需要的是实践方法。

实践会使我们深刻感受到现有理论的苍白无力，会使我们感受到许多理论的浅薄。比如我们常说，职业教育课程内容应当根据岗位任务的需要进行选择，问题是我们该如何依据岗位任务进行课程内容的选择？有什么方法可依据？知识与技能应控制在什么程度？这些理论研究觉得非常琐碎的问题在实践中可是大问题。因为当前项目课程开发遇到的一个重要问题恰恰正是人们不知道围绕工作任务该选择哪些知识和技能。再比如人们经常讨论能力和技能的区别，并提出了许多似乎已非常清晰的观点，那么汽车驾驶是技能还是能力？如果是技能，那么能力是什么？这绝非文字游戏，因为当我们在课程标准开发中，要求教师描述职业能力目标，并分析要学习的技能内容时，必须给他们清晰地解释这些概念。

因此，本书把研究重点主要放在项目课程的开发技术。它是我在近30所职业院校、五年多项目课程开发的实践基础上撰写而成的。书中的案例都是精选自这些院校的项目课程开发成果。在呈现案例时，我尽量保持案例的完整性，这样虽然比较占篇幅，却有利于读者获得完整的操作经验。为了帮助读者更好地掌握项目课程开发技术，本书对项目课程开发细节进行了非常细致的描述，并且特别注意对操作中的问题与解决经验的描述，旨在帮助读者适应各种开发情境。该书还有一个特点，即围绕课程产品进行撰写。课程开发著作通常围绕课程要素,如课程目标、课程内容、课程组织、学习评价等叙述课程开发方法。这种叙述方法的弊端是,阅读完以后读者还是很难把握课程开发过程,因为真实的课程开发活动是围绕课程产品进行的,而不是围绕课程要素进行的。

当然,课程开发并不是一个纯粹的技术问题。有些人期望把课程开发过程编制成机械式的操作,只需输入课程参数便可获得课程产品。这是永远不可能实现的目标。课程开发的每一个环节均是创造,而不是机械的执行。因此开发好项目课程的前提是理解项目课程。项目课程改革实践中存在大量令人困惑的问题,如项目课程和任务课程(能力本位课程)是什么关系?它是否是任务课程的翻版?项目和任务是什么关系?是否所有课程都需要或者都能项目化?项目课程要追求什么样的教育境界?项目课程是否适合高职?另外,有些问题人们很少意识到,却对课程开发实践有极大影响,如什么是学科课程?我们猛烈地抨击学科课程,到底抨击的是什么?所抨击的是理论知识还是基于制度化学科的课程?为了给这些问题一个比较清晰的回答,本书特地安排了一章系统地论述项目课程的相关理论。

项目课程改革并不会导致职业教育课程的唯一化,相反,项目课程为职业院校形成自己特有的课程体系提供了重要的概念基础,因为项目本身意味着设计,意味着选择,意味着对特色的追求。这也意味着本书并不能涵盖目前如火如荼的项目课程改革的所有成果。除了本书所叙述的内容外,教师们还有许多非常值得借鉴的开发与实施经验。比如在教材设计方面,已有许多教师开发出了极具特色和创造的项目化教材;在项目课程实施方面,教师们创造的成果更多,这些成果的出现大大坚定了项目课程改革的信心。我们应当创造大量机会,促进项目课程开发的交流与合作,在实践中生成有中国特色的职业教育课程模式。

徐国庆

2009 年 4 月 12 日星期日于华东师范大学

目录

第一章

学科课程、任务课程与项目课程

项目课程已成为职业教育课程改革的主导理念。其影响的广度和深度远远超越了我国历次职业教育课程改革。这场改革的形成存在政府有力推动的因素，但主要还是内在地源于职业院校自身课程发展的需要。职业院校自身强烈的改革愿望深深震撼了课程理论家们。那么什么是项目课程？其核心思想是什么？这似乎是一个无需界定的概念。人们可能会质疑：项目课程不就是让学生做一些项目吗？有必要对之进行复杂的理论研究吗？实际情况当然并非如此。一旦当人们着手开发直至实施项目课程时，立即会遇到大量问题，而其中许多问题的产生就是由于基本理论、观念模糊不清所致。比如，实践中存在不少抵制项目课程的人，抵制力量的形成是由于许多人认为项目课程的核心内容就是技能训练，这种课程模式会把职业教育变为职业培训，因而不能普遍推广；许多声称项目课程实施得很好的职业院校，其实也只是在综合实训课程中实施项目课程，而不是把项目课程作为整个课程体系的主导模式；即使接受项目课程的教师也会为许多问题所困惑，如项目与任务有何区别？项目课程开发时是先确定任务还是项目？项目课程是否适合所有专业？项目课程是否会影响学生职业能力的迁移？职业教育项目课程开发工作要科学、规范地进行，首先需要认真回答这些问题。

第一节　解构学科课程

项目课程改革矛头指向的是学科课程。在职业教育领域,学科课程几乎成了一个“令人生厌”的概念,成了人人希望批判的对象。似乎谁对学科课程批判得“严厉”,谁的理念就先进;若有人试图维护学科课程,其课程理念便会遭到怀疑。尽管如此,仍然不乏支持学科课程的声音,当然,这种支持也只是强调要肯定学科课程的补充功能。那么什么是学科课程?为什么要解构学科课程?只有回答清楚了这两个问题,才能明白我们需要什么样的课程。

一、职业教育课程的学科特征

“学科”这个在大学教育中非常神圣的概念,在职业教育中却成了众矢之的。这种怪异现象所隐含的是人们对职业教育课程问题的不明确。当许多人高喊打破学科课程的时候,其实他们既不明白什么是学科课程,也不明白职业教育课程的实际问题在哪里。事实上,学科课程的批判者所理解的学科课程,与支持者所理解的学科课程并非同一个概念,而他们所理解的学科课程与真正的学科课程又不是同一个概念。真正的学科课程是指以经典学科知识为内容的课程,而学科课程的支持者事实上只是强调职业教育不能忽视理论知识的学习,他们混淆了理论知识与学科知识这两个概念。批评者们所批评的则是职业教育课程所呈现的以下特征。

(一) 课程内容与岗位任务关联度低

传统职业教育课程的首要特征是许多内容实用性不强,与岗位任务的关联度低,而岗位任务真正需要的许多实践性知识又没有纳入到课程中。这些课程往往只是在大学相关专业课程的基础上压缩而成的,而不是根据岗位任务的需要对知识进行认真筛选或开发而成的。但是,大学教育与职业教育在人才培养目标定位与培养路径上的区别是根本性的,这就决定了通过这种方式形成的职业教育课程无法满足职业教育的人才培养要求。

职业教育课程的这一问题首先体现在专业基础课中。顾名思义,专业基础课就是由专业的基础理论知识构成的课程,比如制药技术专业的化学基础、医学基础等课程,会计专业的经济学基础等课程,计算机辅助设计与制造专业的机械工程材料、机械设计与力学基础等课程。这些课程的内容体系与大学相关课程很相似,只是简单一些而已。

这些课程的设置是基于为后续学习奠定基础这一理念。人们普遍认为这些课程虽然本身并不非常实用,但对于学生职业能力的形成具有长远意义。然而实际情况是,这些课程的内容不仅难度大,大大超越了职校生的接受能力,而且对于职业能力的形成并无多大价值。赋予这些课程核心地位的根源在于，人们很难彻底摆脱专业教育情节，真正按照职业教育的原理开发课程。

当然，“有用”本身是条无法准确界定的标准。若就“有用”而言，基础理论知识不可能毫无实践价值，即使更为“偏远”的知识也可能有用。甚至气候学知识对护理专业的学生来说也可能有用，因为许多呼吸道疾病便是气候引起的。那么护理专业是否要开设这门课程呢？显然没必要。我们需要根据教育的性质、学习年限、学生的接受能力对课程内容做出取舍，因为课程开发必须基于两个前提：(1)学习时间的有限；(2)学习能力的有限。

“专业基础课”在传统职业教育课程体系中核心地位的形成，既有实践的原因，也有理论的原因。从实践角度看，我国职业教育形态的学校化，很容易导致其课程的学问化。从理论角度看，强调专业基础知识的重要性很大程度上是基于这样的理念，即实践能力是在理论知识学习的基础上形成的，理论知识的学习对实践能力形成具有至关重要的作用；且只要掌握好了理论知识，便很容易形成职业能力。传统职业教育课程深深打上了“实践是理论的延伸和应用”这一思想的烙印。实际情况当然并非如此。理论知识与实践能力形成的关系的复杂性远远超越了我们原有的认识。

近年来随着课程改革的深入，专业基础课在课程体系中的容量有所缩减，难度有所降低，但这一改革并没有根本性地触动职业教育课程体系的整体构建模式。课程内容与岗位任务关联度低这一特征，不仅体现在专业基础课中，而且同样不折不扣地体现在专业课中。专业课设置的目的本是培养学生岗位所需的职业能力，然而这些课程的内容尽管相比专业基础课与岗位任务的关联度要高些，实用性要强些，但这些课程的内容往往仍然是以相关概念、一般工作程序与原则为主，没有真正贴近岗位工作。

(二) 课程内容没有建立与岗位任务的联系

当然，传统职业教育课程并非所有内容都缺乏实践价值。尤其是受德国双元制课程和英美国家能力本位课程的影响，经历了 20 世纪 90 年代的课程改革之后，职业院校普遍意识到了突出个体实践能力培养的重要性，增加了大量实用性课程。比如电气自动化专业的单片机技术及其应用、PLC 技术及其应用等课程，国际商务专业的国际商务谈判、商务英语函电等课程，建筑工程管理专业的工程项目管理、高层建筑施工等课程，这些课程中都不乏实用的内容。此外，职业院校普遍还设置了大量专门训练学生职业能力的实践课程，并明确规定了这些课程所要占的学时比例，通常至少不能低于总学时的 50%。

尽管如此，我们仍然会明显地感觉到职业教育课程的实用性特征还是不够突出。这是为什么？

就职业能力的形成而言，传统课程还存在一个严重不足，即只关注了内容本身，而没有充分认识到在这些内容与岗位任务之间建立明确联系的重要意义。翻开这些课程的教材，其体例几乎千篇一律，第一章总是绪论，每一章的第一节总是概述，每一节的第一点总是概念。教材以直接叙述知识为主要编写方式，基本没有岗位任务的内容。即使是一些声称根据岗位任务需要对知识进行了严格筛选，所选内容皆非常实用的课程，也未能超越这一教材编写模式。这些知识在实践中的应用被认为是后续实践课程的任务。这是传统职业教育课程在知识呈现方式上所体现的学科化特征。

这一问题的形成，和课程开发者对课程概念的理解很肤浅相关。我国教育学中一度没有课程理论，尽管20世纪80年代末以来西方课程理论逐渐进入了我国，但由于时间比较短，大多数教师还没有深刻理解课程的实质，往往简单地把课程理解为“内容”，而事实上对课程而言有时内容的组织比内容本身还重要。如果没有围绕着岗位任务组织课程内容，那么这种课程不仅不能使学生认识到知识学习的目的，明确知识在工作过程中的应用领域，掌握知识应用的具体路径，更重要的是难以系统地确保课程内容与岗位任务的相关性。事实上，许多课程所强调的与工作任务的相关都只是一种模糊性相关，这些课程最终往往因教师“越讲越多，越讲越深”，陷入课程的偏离效应而回归到学问化轨道。

（三）教学方法主要是基于符号的讲授

职业教育应该有着与普通教育完全不同的教学形态。职业教育源于古代学徒制，而普通教育自产生以来便采取了学校形式。学徒制以模仿和实践为主要教学方法，而学校教学以教师讲授、学生记忆和理解为主要教学方法。当然讲授并不一定意味着是教师直接陈述，教师可以采取“直接陈述”的形式，也可以采取“间接陈述”的形式，后者就是启发式教学。但是不论采取什么形式，这种教学方法的主要特征是不变的：(1)以语言、文字等符号为媒介；(2)以记忆和理解为获取新知识的主要途径。因此，我们往往把普通教育与教室、书本联系起来，而把职业教育与作坊、店铺联系起来。

这两种教育所采取的教学方法，和作为其课程内容的知识的性质是相适应的。普通教育的课程内容主要是理论知识，基于符号的记忆和理解是获得这种知识的主要途径；而职业教育的课程内容主要是“做”的方法和“做”本身，“做”是获得这种知识的主要途径。然而现代职业教育随着形式的学校化，其教学方法也完全偏向了普通教育。教学楼成了职业院校最为突出的建筑，理论化教材成了职业院校主要的教学工具，绝大多数教学采取的是“粉笔加讲授”的形式。这就是20多年前就已受到强烈批评的“在黑板上教修机器，在教室里教种田”的教学状况。这种状况至今没有根本改变。这是职业教育课程的学科特征的第三个表现。

通常把造成这一状况的原因归结为学校场地、设备的短缺，而事实上这并非最为重要的原因，因为我们经常看到学校教学资源大量闲置的现象。从课程实施的角度看，比较重要的原因是：(1)教师对职业实践理解的表面化。许多教师声称自己深知实践的重要性，但事实上由于他们自己缺乏丰富的相关实践经验，对实践的具体细节并不了解，因而对实践的重要性并没有深刻的切身体会。(2)班级规模过大，新的教学方法难以实施。教师少、学生多、班级规模大是我国职业院校办学中的突出问题，是制约课程与教学模式改革，造成职业教育质量低下的关键因素。如果班级规模达到30人以上，以实践为核心特征的教学方法本身就难以实施；如果课堂中集中的是不同程度上存在各种学习与行为问题的学生，且一个班级中学生之间的差异非常大，那么如果班级规模过大，教师就只能疲于应付各种问题以致无法进行正常教学，更何谈课程与教学模式改革？(3)缺乏完整的基于岗位任务的课程体系作支持。现代课程论强调教师要具备课程意识与课程开发能力，这无疑是正确的。但是教师开发课程需要有组织地进行，一位教师是无能力也无权限设计整个专业的课程体系的；作为个体的教师可以对课程的教学资源进行丰富，或者对课程内容做局部调整，但这也要以已有完整的课程框架体系为前提。遗憾的是，职业教育课程在这个方面的建设进行得还很缓慢，这也是导致课堂教学模式难以在较大范围内深度进行的重要原因。

二、为什么要解构学科课程

课程的这种“学科特征”，对职业教育自身产生了严重影响。

首先，影响了社会与个体对职业教育价值的认同。就个体发展而言，教育有两个基本功能，即赋予身份和赋予能力。在这两个功能中，职业教育要赋予个体身份几乎是不可能的。除了极少数面向特殊行业的职业教育，如警官类专业的教育，大多数职业教育都被人们视为低层次的教育，是不得已才选择的教育。人们会大力批评这种观念的不合理，但它是一个事实。这样，职业教育要能被社会与个体认可并接受，就必须最大限度地赋予个体能力。若不能给予学生实用的、对于谋生有价值的能力，职业教育的价值就会受到怀疑。

因此，职业教育中虽然也有养成的因素，如职业陶冶，但职业教育在本质上就是一种有着很强就业指向性的教育。黄炎培把职业教育的目的定义为：“为个人谋生之准备，一也；为个人服务社会之准备，二也；为世界、国家增进生产力之准备，三也”[①]，其理解应当也正在于此。而事实上，古今中外的职业教育，无不把这一点作为其根本属性。普通教育强调在“博”、“雅”中锻炼人的品性，强调发展的内隐性，职业教育则强调在目标指向明确的内容中训练人的职业能力，强调发展的外显性。

但是，职业教育课程的学科特征严重影响了个体职业能力的形成，从而影响了社会与个体对职业教育价值的认同。许多研究者认为，职业教育在提升学生职业

---

① 中华职业教育社编：《黄炎培教育文选》，上海教育出版社1985年版，第59页。

能力方面并没有发挥出应有的功能。有些实证研究发现，中等职业学校毕业生的生产率，和普通学校毕业生相比只略高一点，或根本就没有什么优胜之处。① 某职业学校对毕业生受企业欢迎度的调查发现，在被调研的70家单位中只有7家单位表示对他们的毕业生非常满意，占9.2%；60家单位则只是表示比较满意，占86.3%；有3家表示不满意，占4.5%②。

其次，未能激发学生对课程内容的学习兴趣。学生学习兴趣不高，教学秩序混乱，是职业院校教学普遍面临的严重问题。作者对上海市中等职业学校的一项调查发现，学生对自己的学习态度评价并不高，只有18.6%的学生认为自己很认真，73.9%的学生认为自己只是有时候认真；教师对学生学习态度的评价也很消极，只有20.3%的教师认为学生"多数很认真"，而73.4%的教师认为"只有少部分学生认真"。

学习兴趣不高，有学生自身的因素，也有职业院校的因素。许多进入职业院校的学生对学习抱有很高的期望值，他们希望在这里能学到适合自己能力水平的、更加实用的课程。而现实与他们的期望相差很远，他们发现职业院校的课程与普通学校的课程其实并无太大区别，这种情况严重影响到了学生的学习兴趣。一位期末考试交了白卷的学生在卷面上写下了这样一段话："花一个学期去搞基础，还不是浪费时间交白卷？都不去想想，开一个高等数学，对专业什么帮助都没有，也不去想，我们学什么专业的，学生怨气有多大，课程安排不合理，还精品！"这段话应当引起我们的深思。许多人认为职业院校的学生天生就是"差"的，是没法教好的，然而为什么学龄前儿童中没有这么多"差"的人？成人中没有这么多"差"的人？

职业院校教师厌教、学生厌学的状况是由非常复杂的综合因素所致的，课程改革不可能完全解决好这一问题，然而课程改革是解决这一问题的最为基础和最为重要的途径。所谓"基础"，指课程不改革，其他改革的效应将无法发挥；所谓"重要"，指课程改革是克服这一现状的最为有力的手段。实施过项目课程的教师有个共同体验，即学生的学习兴趣大大提高了，这是许多教师热情地参与课程改革的原动力。如何以应用的方式给学生实用的知识，是目前职业教育课程改革的基本目标取向。

第二节　超越任务课程

然而，当我们往前回溯，会发现这一改革并非今天才有。20世纪90年代初开始，我国就已着手针对职业教育课程的这些问题进行了一场轰轰烈烈的改革。其

---

① 萧今、黎万红主编：《发展经济中的教育与职业》，天津人民出版社2002年版，第8页。
② 上海市中等职业教育课程教材改革办公室编：《上海市中等职业学校药剂专业教学标准》，华东师范大学出版社2008年版，第10页。

基本价值取向便是打破传统的学科课程模式,推广英美国家的 CBE 课程模式。其实除了 CBE 课程,还存在许多其他类似的课程模式,如 MES 课程。这些课程模式的基本理念是一致的:(1)职业教育课程应当由主要的使用者(雇主)来决定,而不是由提供者(职业院校)来决定;(2)职业院校所提供的课程,必须为雇员在工作中所需的技能和知识服务。为了实现这两个目的,这些课程模式建立了以"任务"为核心概念的课程开发技术,因此可以把这些课程模式统称为任务课程。现在的问题是,有了"任务"这个概念,是否就可以彻底解决职业教育课程模式的上述问题?

一、什么是工作任务

这里涉及到什么是工作任务这一关键性问题。事实上,目前对任务这一概念的使用是极不严谨的,它导致了课程与教学中的许多观念混淆不清。比如在任务驱动教学法中,任务通常理解为教师为学生活动所设计的一种作业,这种任务是根据课程内容的教学需要而设计的。但是职业教育课程开发中所使用的"工作任务"不是一个教学概念,而是一个人力资源管理的概念,它指的是岗位的工作职责。这种职责不仅不会因为从事某岗位个体的不同而不同,而且在不同组织之间,该岗位的职责有很大的共性。这是现代职业活动的一个突出特征。比如小学教师这个岗位,不论什么人从事这个岗位,也不管这个岗位是属于哪所学校的,我们对这个岗位的职责有基本要求,比如要承担教学设计任务、课堂教学任务、教学评价任务、教研任务等等。当然,对经济组织而言,在市场机制的作用下,不同组织的岗位设置及岗位任务要求会有所区别,有时区别会比较大,但无论如何,其中的共性总是存在的,而且往往是共性大于个性。正因为现代职业岗位具备这一特征,才使得职业大典的编纂、职业资格证书的建立以及基于岗位任务的职业教育课程开发成为可能。

由此可见,职业教育课程中的"工作任务",既不是指教师为了实施教学而设计的作业,也不是指个体在岗位上完成的具体事情,而是岗位上具有一般意义的职责。它是对这些具体任务进行抽象和概括的结果。如应用电子技术专业,通过企业专家分析得到的工作领域有产品质量控制、设计、工艺、检验文件的编制、元器件采购、电子产品设计、电子产品生产管理等,所有这些都并非具体任务,而只是工作过程的"一个方面"。

工作任务分析的过程,就是通过对大量具体职业活动的抽象和概括,获得具有普遍意义的岗位职责。真实工作情境中的具体任务是非常杂乱的,如果不对之进行概括和梳理,既无法穷尽所有具体事情,也无法获得课程体系的结构。如按这种方式进行课程设计,学生既会因为陷入具体琐事而无法获得工作逻辑,也会因为内容庞杂而降低学习效率。因此,采取工作任务分析法对岗位的具体事情进行梳理和概括,获得逻辑清晰的工作任务结构,是任务课程开发的核心技术。有些人认为，工作任务是动态变化的要素，而变化的要素不能作为课程组织的逻辑中心。他们以此为理由否定任务课程，其实是没有把握“任务”的深层含义。

二、任务课程的难题与“项目”概念的引入

通常人们认为：有了“任务”这个关键概念，便彻底解决了职业教育课程与岗位要求的对接问题。然而这个在高度分工化作业时代所确定的概念，还能完全解决智能化时代职业教育课程开发的所有问题吗？当代职业教育课程开发实践，已让我们对这一问题产生了越来越多的疑惑。

（一）如何更为明确地定义职业能力水平

职业教育课程开发技术以工作任务为核心概念是基于这样一种假设：职业能力是完全由工作任务定义的，只要明确了工作任务，便明确了岗位对人的能力要求，进而也就明确了课程的目标定位，区别只在于能力的娴熟程度不同而已；能力层级划分的主要依据也是职责水平的高低，职责越高能力层级也就越高。

但是，仅仅依据工作任务能明确定义职业能力水平吗？对于某些岗位的工作任务而言，的确根据任务的不同便基本上可区分职业能力水平。比如出纳工作、电子产品装配工作、出入库管理工作等等。这些任务有个特点，即重过程不重内容。而对于其他大多数岗位的工作任务而言，情况可能就完全不同了。以汽车维修为例，无论是其中的发动机维修、底盘维修还是电器维修，采用任务分析技术，我们最多只能分析出不同部件的维修，或是维修的一般步骤。然而我们知道，所要维修的故障有些可能是比较简单的，普通员工就可完成；有些故障则可能是极为复杂的，即使是全国最出色的汽车维修专家也未必排除得了。如果不结合具体故障，我们能明确定义清楚岗位的能力水平要求吗？显然不行。在其他许多职业中，我们也可以找到大量的这种案例。

这些案例说明，智能化时代，随着技术的发展以及工作组织模式的变化，人类职业活动的性质也发生了根本性变化。具体表现在高度分工化作业越来越少，越来越多的职业活动具有综合性，要求个体主观地设计工作，并创造性地完成整体工作任务。也就是说在智能化时代，工作任务本身具有了项目属性。面对这样一种职业，仅仅根据工作职责的不同以及技能娴熟程度的差异，已不能对不同个体的能力水平做出区分，大量职业的能力水平划分必须把具体的工作内容考虑进去。

对于这些具体的工作内容，我们应该称之为什么呢？可以有几种处理方案。比如也可以把它们称为任务，这与日常生活中对任务的理解是一致的。比如一位经理安排他的秘书准备一份即将展开的外贸业务的合同，会说：“交给你一项任务”。但是倘若如此，将给课程开发带来非常大的混乱，因为我们将把岗位职责与承担这些职责时完成的具体工作混为一谈。我们也可以给出其他的名称，但“项目”恐怕是一个更为合适的词，因为这个词不仅意味着活动，还意味着一种承受活

动的载体和整合不同要素的纽带。

(二) 如何开发实践性工作知识

要培养学生现实的职业能力,不仅要给予学生具有普遍性的原理知识、关于一般工作程序的知识,同时也要给予学生大量具有实践性的工作知识。如果把一个人的能力发展比喻成一棵树的生长,那么能力的基础相当于树根,理论知识相当于树干,实践性工作知识相当于树叶。树要茁壮成长,首先必须有根,有了根才能从土壤中吸收营养;其次必须有树干,有了树干才能傲然直立;此外它还必须有树叶,有了树叶才能与外界发生光合作用,才能枝繁叶茂。充分认识到实践性工作知识在职业能力发展中的重要价值,是实践思维明显不同于理论思维之处。对实践而言,往往是很小的一个细节决定了整个实践活动的成败。如本书所研究的项目课程的开发,如果开发者未能很好地掌握从任务中分析出职业能力的技术以及从职业能力中分析出知识的技术,那么无论他能谈出多少关于项目课程的理论,最终也免不了课程开发的失败。

任务课程强调依据工作任务选择课程内容,它认为明确了一个岗位的工作任务,也就明确了它的职业能力,以工作任务为中心组织课程,就可以达到有效培养职业能力的目的。对于那些与内容无关的程序化作业而言可能是如此,因为在这些岗位的课程开发中,借助任务这个中介变量便可获得工作知识;然而对于需要借助具体工作内容才能区分能力水平的岗位而言,要获得工作知识,必须与具体的工作内容相结合,否则,所获得的可能只是一些宏观的、原理性的知识,结果只是以工作任务为中心重组了原有的学科知识,职业能力并没有得到有效培养,学生就业后仍然不能完整地完成一项任务。

如机械加工岗位,经过岗位专家分析后可能获得以下工作任务:(1)分析零件图纸的结构工艺性;(2)确定毛坯的制造方法和形状;(3)拟定工艺路线;(4)确定加工余量和工序尺寸;(5)确定加工设备、工装量具、辅助工具;(6)确定切削用量和工时定额;(7)确定各工序技术要求和检验方法;(8)填写工艺文件。这些其实都只是概括的任务,在现实中,工人并不会分别从事所列举的这些工作任务,我们能够见到的是他们正在加工一个个具体零件,这些抽象的任务在现实中会具体化,并隐藏在具体零件的加工过程中。倘若只是依据上述抽象的任务选择知识,那么所能获得的往往也只是具有普遍性的关于机械制造的原理知识和工艺知识;要获得更为具体的工作知识,必须借助具体零件进行分析。再比如装潢艺术专业的企业形象策划与 VI 设计这门课程,如果只是围绕市场调查、策划提案、品牌命名、商标注册、基础识别设计、系统手册设计这些抽象的工作任务选择课程内容,而不结合生产类企业、流通类企业这些具体对象进一步选择更具针对性的工作知识,那么学生所获得的也只是一些企业形象策划的方法而已,离为一个具体企业进行形象策划所需要的能力尚有很大差距。

经过抽象的工作任务，除了难以从中分析出具体情境中的工作知识，以至在培养学生真实职业能力方面存在障碍以外，还会带来课程设计的许多问题，如中、高职课程的区分。高职课程在内容层次上显然应当高于中职课程，那么在课程设计中如何体现这一要求？通常的方法是增加理论知识的难度，但它容易被批评为本科课程的压缩。而当高职课程力图避免本科课程压缩的陷阱，增强课程体系的职业性时，又往往容易与中职课程趋同，被批评为高职不高。高职课程的高是可以采取一些方法来解决的，比如把专业培养目标定位于更高的预期岗位，以便在任务的层级上有所区分。但在很多情况下，如果仅仅依据抽象的工作任务，是难以进行这一区分的。如上述所列机械加工的工作任务，这些任务是无论什么级别的工人都要面对的。因此要对能力作层级上的区别，必须把任务具体化，比如结合具体加工的零件进行设计，因为尽管任务的形式是相同的，但如果零件的具体加工难度不同，对工人的职业能力要求将是完全不同的。

可见，要开发出大量具有很高实践价值的工作知识，彻底克服以任务为中心简单重组原有学科知识的状况，就必须有一个把经过抽象的工作任务进行回归的过程。实现任务回归的方法是加入体现任务的载体，这个载体就是项目。这就是为什么要从任务课程跨越到项目课程的第二个思考维度。

（三）如何形成知识的有机组织

任务课程强调了以工作任务为中心选择课程内容的重要性，但是，以任务为中心选择的知识本身必然缺乏内在逻辑，它们之所以能被放置到一起，是因为共同与某个工作任务相关。这样，任务课程在解决了知识与任务的相关度问题的同时，也带来了如何在这些知识之间，以及知识与任务之间建立有机联系的问题。

可以有两种策略。第一种策略是依据知识本身的相关性把知识聚集到一起形成课程。这是许多课程改革所采取的策略，但这实质上就回归到了传统的学科课程，至少它没法解决建立知识与任务的联系这个传统职业教育课程的关键问题。第二个策略便是以任务为中心组织知识。这应当是理想的策略，然而这些知识要被凝聚到一起，不仅需要组织的中心，还需要组织的纽带。当我们希望这种联系不仅要体现在教材中，更要体现在学生的认知结构中时，纽带的价值就更加重要，因为课程需要给学生提供建立这一联系的心理机制。如果只是孤立地以任务为中心陈述知识，那么出于完成工作任务的需要所选出的不同类型的知识，将因缺乏本身的内在逻辑联系而被机械地叠加在一起。这种课程模式在本质上与现有的学科课程并无区别，学习效果却还可能远不如现有学科课程，因为它只是让学生学习了一堆本不相关的零散知识。这是任务课程曾受到许多学者反对的重要原因。

因此，仅仅围绕工作任务选择知识是远远不够的，它只是完成了课程开发的第一步，更为重要的是必须围绕工作任务聚焦知识，使课程内容在与工作任务的动态联系中形成有机整体，最终达到杜威所说的“黏合知识”的目标。只有实现了这一跨越，职业教育才可能真正展现出完全不同的形态，才能够达到有效培养学生职业能力的目的。显然，任务课程并没有提供解决这一问题的技术。要实现课程开发的这一突破，也需要在任务课程的基础上，设计具体的项目，即必须实现从任务课程到项目课程的跨越。因为只有以项目为载体所进行的活动，才可能提供实现这些错综复杂的联系的有力纽带。

这意味着，我们实现了由在“什么条件下”思考知识整合，转向了在“什么场合下”思考知识的整合。这是思考课程整合的两个完全不同的角度。前者是从知识功能角度进行的思考，后者是从学习情境角度进行的思考。过去我们往往认为只要围绕着工作任务给学生描述相关知识就可以达到目的，然而若我们希望把职业教育课程理论不仅建立在知识论基础上，而且建立在学习论基础上时，希望课程能激发学生进行知识整合的学习心理机制时，就会发现仅仅从知识功能的角度进行思考是远远不够的。只有在真实的学习情境中，当学生积极地完成具体任务（即项目），努力地思考其中的实践性问题时，这些知识才可能在学生的认知结构中与工作任务建立有机联系。

（四）如何让学生掌握完整工作过程

任务课程还有一个难以克服的问题，即如何让学生掌握完整的工作过程，形成整体的职业能力。任务课程为了明确课程内容，采取了对职业岗位的任务进行逐层分解的技术。这一技术在增强课程内容的岗位针对性的同时，也容易导致学生难以把握完整的工作过程，从而严重阻碍职业能力的培养。

首先，它不利于形成学生完整的职业能力。只会完成被割裂的工作任务的人，能够“做事”，却不能“做成事”。比如传统的计算机教学，教师是围绕着一个个命令展开教学的，结果学生能完成局部命令的操作，但如果给学生一份手写稿，一台没有开机的电脑，一台打印机，要他拿出符合要求的最终打印稿，却很可能完不成任务。这就是任务割裂的教学所导致的问题。它所培养的这种能力在某些工作情境中有价值，比如对工作过程进行了细致而严格分工的流水线，工人只要能完成其中任何一个中间任务就行，对整个工作过程的把握是管理者的职责。然而随着智能化时代企业工作组织方式的变化，以及大量中小企业的存在，这种人才培养方式在现代社会已越来越不适应，企业更多地需要能完成整个工作过程的完整的人。

其次，不利于学生从整体意义上理解每一个工作任务。工作过程本身是完整的，它构成一个组织严密的系统，其目标指向的是企业的最终产品或服务。在这个系统中，每一个工作任务都是完整工作过程的一个环节，其意义只有在整个工作过程中才能获得理解。在这个系统中工作的每一个人，只有理解了整个工作过程，才可能最佳地完成他所承担的任务，也才可能最佳地与别人合作，确保整个体系的最佳运作。可见，掌握完整工作过程，让学生从整体意义上理解每一个工作任务，对于培养适合现代企业工作组织模式的员工来说是非常重要的。任务课程只强调了围绕孤立的工作任务进行教学，显然无法实现这一目标。

再次，学生的学习兴趣难以激发。课程专家通常认为，职校生对理论知识学习兴趣不强，但他们喜欢动手操作；教师们则抱怨情况并非如此，他们认为职校生对理论知识学习没兴趣，实践往往也不喜欢，在实训中很多学生不愿意动手。这并非课程专家错误地估计了职校生的学习优势，也并非教师在捏造事实，问题的关键在于给学生提供的是什么实践。如果实践仅仅是缺乏目的的重复性技能训练，那么学生是难以感兴趣的，而这也并非课程专家所理解的实践。这种技能训练与纯粹学科知识的教学性质是一样的，即学生不能预期到目前的学习与他所向往的目标之间存在的高度相关性。因此，并非强调动手操作就一定改变了学习性质，就一定能激发学生的学习兴趣。任务课程围绕着孤立的任务进行抽象的学习，很容易陷入这一状况，结果是，按照预先设想所开发的课程，任务的驱动作用却无法发挥出来，学生的学习兴趣仍然不高。

要改变这一状况，课程开发中就必须有一个与任务分解相反的过程，这就是要进行项目设计，用以整合被分解了的工作任务。比如在中小型网络设计与集成这门课程中，有了校园网络设计与集成、企业网络设计与集成、行业网络设计与集成等项目，就可以把需求分析、方案设计与系统集成等工作任务有机地整合起来。由此可知，判断某块课程内容能否成为一个项目的重要依据是它能否产生相对独立的工作成果。

（五）如何真正让学生做起来

关于实践对教育的价值，是一个无需更多论证的理论。皮亚杰认为思维是动作的内化，这意味着人若没有动作，那么他的思维将无法发育。杜威曾说过，一盎司经验胜过一吨理论。马克思则把劳动放到了改造人的高度，他认为劳动促进了人的进化，这意味着现代人若不再劳动，那么他将退化。受过教育的人多数都有这样的体会：教师讲千遍、万遍不如自己做一遍。许多实习生反映他们实习两周学到的知识远大于在校三年所学到的知识。

然而有必要重新思考“做”在职业教育课程中的价值。把“做”仅仅理解为使技能更加娴熟的途径是十分肤浅的：(1)以“做”为中心组织课程，可以使学生快速进入到能力生长的路径。纯粹知识的学习，学生虽能快速积累知识，却始终游离于能力发展的路经之外。(2)“做”给学生提供了直接体验知识的实际应用的机会，有利于学生更深入地理解知识的含义，并激发知识学习的动机。(3)“做”能有效地促进学生对知识的主动建构，并使理论知识与实践知识，公共知识与个人知识，概念知识与经验知识以“做”为中心在学生认知结构中形成有机组织，形成灵活适应新情境的能力。(4)“做”的成果即产品，是评价学生能力水平的最为重要和有效的手段。

可是这样一条基本的教育原理，在实施中却仍然问题重重。教师们总是迷信系统地讲述知识的作用,当要一位教师描述他的教学设计时,他使用得最多的词很可能是“给学生介绍……”。这种表述反映出教师关注的焦点:(1)还只是讲授的内容而不是学生;(2)还只是让学生知道什么,而不是会做什么。教师们可能会以“做”太浪费时间,或者学生多,每个学生能分配到的时间少为理由,否定实践教学的必要性,而事实上真正浪费时间的正是所谓系统的知识讲授。学科课程看似给了学生系统的知识,而当学生实践时,他们对所学过的理论知识往往早已几乎遗忘殆尽,或完全模糊不清,这种知识处于事实上的零碎状态。

职业教育作为一种培养学生完成具体任务的职业能力的教育,无疑应当把“做”变成教学的主要形式。职业院校应当大幅度地压缩教室的面积,增加实训中心的面积;大幅度地压缩系统理论讲述的课时,增加实践操作的课时。然而要“做”,必然有个做什么的问题,取得什么工作成果的问题,即需要做的载体。这个看似简单的观点,却是目前阻碍实践教学得以有效实施的重要障碍。长期的知识讲述型教学,已大大破坏了教师自身的实践能力,尤其是严重破坏了他们的实践思维,以致只关注实践的过程要素(知识),却很少关注甚至没有关注实践的结果要素(工作成果)。比如机械制造课程的教师只会让学生反复练习加工技能,检验课程的教师只会反复让学生练习检验操作要领,却不知道用一个现实的工作成果去引领学生的学习。

缺乏实践教学的载体,甚至没有意识到载体设计的重要意义,使许多先进的教学模式最终均流于形式,如情境教学、活动教学,任务教学也同样如此。任务课程实施中都有一个困惑,即虽然课程是以工作任务为中心进行组织的,但教学时教师往往是围绕任务在讲知识,却没有围绕任务展开情境性活动。课程内容的叙述方式也仍然是单方向的、静态的陈述,知识未能以工作任务为中心进行动态的、有机的组织。结果是,经过艰辛改造的课程,并没有带来教与学方式的根本改变。因此,要彻底改变职业院校的教学形态,让学生真正做起来,培养学生的工作思维,就必须在通过任务分析解决了学什么的问题上,进一步解决如何学的问题。这就要进行活动载体,即项目的设计。

第三节 界定职业教育项目课程的内涵

可见,项目课程是智能化时代职业教育课程发展的必然要求。对当前的职业情境而言,要描述清楚岗位的工作内容与能力要求,并据此设计出职业教育课程,仅有任务这一概念是不够的,还必须建立另一个关键性概念,即“项目”。也就是说,“项目”这一概念的提出不仅是出于任务课程实施的需要,它还有更为深刻的技术、经济背景,那就是职业教育课程适应智能化时代工作模式的需要。理解提出“项目”这一概念的目的,准确把握“项目”的内涵,是透彻把握项目课程开发技术方案的关键点,但也是难点。

一、什么是项目

其实,项目这一概念与任务这一概念一样,其内涵也是模糊不清的。比如日常概念中,我们经常会谈到工程项目、科研项目、经济项目等词,这些词中的"项目",更多地是管理意义上的,它意味着一种常规制度之外专项进行管理的活动。而课程论中的"项目",其首要含义是一种具体的职业活动,比如制作一把榔头、设计一条旅游线路、排除一个汽车发动机故障等等。对职业教育而言,要深入理解"项目"的内涵,需要特别注意以下四个方面。

首先要注意区分项目与任务。这是最容易混淆的两个概念。比如制作一张讲台,应当把它界定为一个项目,还是一个任务?有时的确存在一些困难。要注意把握的是,职业教育课程中的"任务"是一个有着特定含义的学术概念,它不是指日常的具体任务,而是指经过抽象和概括后所获得的形式化过程,如产品结构的分析,即它是指岗位的工作职责,而不是具体个体的工作任务。如不进行抽象和概括,就不可能依据工作任务组织课程。而项目是指具体产品、服务或决策,是职业活动中的实例,如烹饪专业中的糕点、菜肴,工艺美术专业中的作品等。

其次要注意区分项目与技能。其混淆是由于习惯中往往把某个技能训练称为是一个项目。而严格地说,技能是指肢体或智力操作,而项目是按照工作任务要求进行这些操作所获得的结果。如市场营销专业中,某某产品调研是一个项目,问卷编制、数据统计、数据分析是工作任务,运用问卷编制方法、使用统计工具是技能。

再次也不能把产品制作或服务提供仅仅理解为大型的生产或服务项目,如生产一台整车,设计一个宴会等。按照这一思路开发的项目课程,其实就是现有的综合实训或是毕业设计,以之为依据无法建立起真正的项目课程,更无法建立起"以项目课程为主体"的职业教育课程体系:(1)要完成如此大型的生产或服务项目,必然需要以大量知识和技能为条件,而无法把这些知识和技能融合到项目完成的具体过程中;(2)项目过大,无法遵照学习规律,按从易到难的顺序设计项目系列。因此,尽管项目应有相对完整性,但有必要打破对项目的这一常规理解,按照实用的思路,把一个零件的加工、一个故障的排除、一个服务的提供都理解为项目。对项目的微型化理解,使得开发以项目课程为主体的职业教育课程体系成为可能。当然,项目必须是有相对终结意义的,具有相对完整性,即它至少必须可以作为具有相对独立性的中间产品(或服务)。

另外,也不能把项目仅仅理解为教师从企事业单位所承担的研究或制作项目。按照真实性学习理论,以来源于企业的项目为中心组织课程,当然能最大限度地发挥项目课程的功能,但在实践中,我们几乎不可能根据教学内容及进度的需要及时从企业获得足够的、合适的项目。其实让每位学生都能从事一个来自企业的项目已经相当不容易。因而,项目不一定要求是真实的,只要能达到提高教学质量的目的,模拟项目也未尝不可。

二、什么是项目课程

论述至此,就可以界定项目课程的内涵了。当我们进入项目课程的话语体系时,会发现它并非职业教育的专利。各级各类教育中都有项目课程的身影,只不过表现形式不同而已。幼儿教育中的项目课程体现为主题活动,基础教育中的项目课程体现为研究型学习,高等教育中的项目课程体现为课题研究,而职业教育中的项目课程体现为职业的制作活动。梳理一下项目课程的历史发展,对于更好地把握职业教育项目课程的本质是有益的。

(一) 项目课程的历史发展

项目课程可追溯到17和18世纪,它与自然科学家的实验、法学家的案例研究、军事参谋的沙盘演习等属于同一类型的课程模式,只是在内容上项目课程不是经验的、解释的战略研究,而是建造活动(即设计房屋、修建运动场,或者制造机器)[①]。它最早出现在意大利罗马的建筑师学院。当时“项目”的含义是指学院中为了培养优秀的建筑师而开展的建筑设计竞赛。1671年开始,巴黎的建筑师们改变了建筑设计竞赛的规则,且建筑设计竞赛举行的频率也增加了,使得人们开始关注通过“项目”开展学习活动。18世纪末,欧洲各国以及美国纷纷设立了工业学校和职业学校,“项目方法”也从欧洲传播到了美国,从建筑业沿用到了工业,这对“项目方法”的理论发展有重要的影响。美国华盛顿大学的奥法龙工业学院院长武德华德(C. M. Woodward)把“项目”当作一种“综合练习”,使“教学”成为“产品制造”。

对项目课程进行系统理论研究与实验的是克伯屈。克伯屈的项目课程是在杜威的问题教学法基础上发展而来的,其内涵有两个要点:(1)把项目课程限定于问题解决领域。“‘设计’的原先意义,是指个体自己计划、运用他们已有的知识和经验,通过自己实际操作,在实际情境中解决实际的问题。这是1918年以前美国教育界公认的‘设计’的界说。”[②](2)以个体的自愿活动为前提。“1918年,克伯屈在哥伦比亚大学《师范学院学报》上,发表题为《设计教学法,在教育过程中自愿活动的应用》的论文。他说:‘我采用设计这个术语,专指自愿的活动,并且特别注重自愿这个词。’”[③]由于当时我国尚没有课程概念,因此把他的理论译成了设计教学法,这一巧妙译法却反映了项目课程内涵在克伯屈理论中的变化。克伯屈对传统的项目

---

① Knoll, M. The Project Method: Its Vocational Education Origin and International Development [J]. *Journal of Industrial Teacher Education*, 1997,34:3.

② 瞿葆奎、丁证霖著:《“设计教学法”在中国》,载瞿葆奎主编:《教学(上册)》,人民教育出版社1988年版,第335页。

③ 瞿葆奎、丁证霖著:《“设计教学法”在中国》,载瞿葆奎主编:《教学(上册)》,人民教育出版社1988年版,第335页。

课程进行了改造，试图：(1)用新的、更为广泛的定义取代传统的狭隘的定义；(2)用有目的的行动作为项目课程的关键特征，从而取代建造活动。正如他所说，“……我所追寻的统一性的思想在‘有明确目标，涉及整个身心的活动’这个概念里找到了”[①]。项目课程经过克伯屈的改造，拥有了更为宽广的含义，并被应用到了普通教育领域。

从 20 世纪 60 至 70 年代开始，新实用主义在美国哲学界乃至整个思想界的影响越来越大。项目成了中小学教学广泛采用的一种教学模式，教师们根据课程标准设计了各种紧扣学科(单学科或多学科)的项目。例如，坎贝尔(Campbell, B.)的学习中心(learning center)、阿姆斯特朗(Armstrong, T.)的活动中心(active centers)、拉泽尔(Lazear, D.)的全年课程机会(the year-long curriculum journey)、萨莉·伯曼(Sally Berman)和卡茨(Katz, L. G.)等人设计的项目学习。1971 年，项目课程作为一门“新型”课程列入到了德国某些学校的课表中。

分析项目课程的发展历史可以得出三个基本结论：(1)项目课程可作为课程体系的局部课程而存在，也可以作为课程体系的主体模式而存在。后者的设计难度大大高于前者。对职业教育中推行项目课程的疑虑正是源于此。(2)项目课程是一种基于主体有目的的行动的课程模式，这与把项目课程简单地理解为只是突出机械的技能训练，是违背个体发展规律的课程模式的观点完全相反。(3)项目课程已超越了课程领域，成为一种教育思想。因此，要深刻理解项目课程的本质，有必要深入研究其思想。

(二) 职业教育项目课程中项目与任务的关系

1. 项目与任务的互补关系

项目课程尽管有着丰富的历史，但我们这里所讨论的项目课程，与上述项目课程均有着本质区别。以上所描述的项目课程，是把项目本身作为课程设计的出发点。不仅幼儿教育、基础教育、高等教育中是如此，甚至早期职业教育中的项目课程也是如此。这种项目课程的开发路径是：根据课程实施的需要直接选取项目，然后再依据所选取的项目确定要学习的内容；项目本身就是这种项目课程开发的出发点和最根本的依据。

而我们这里所研究的项目课程，是在任务课程的基础上发展而来的，它的提出并非是要彻底否定任务课程，而是试图弥补任务课程在当代职业情境中所遭遇的缺陷。正如前面反复强调的，项目与任务是一对互补概念，它们是我们观察一个职业岗位的两个层面，即具体的层面和概括的层面。项目中要体现任务的内容，而任务是对项目中活动的共同要素概括的结果。这种项目课程开发的出发点不是项目，而是任务，项目是在任务确定基础上根据需要进一步确定的。职业教育项目课

---

① 克伯屈著：《教学方法原理：教育漫谈》，王建新译，人民教育出版社 1991 年版，第 330 页。

程开发中,如果直接以项目为课程开发的基本出发点,严重时会导致课程内容的大大窄化,使教学质量出现大幅度下滑。这种现象已在一些职业院校发生。因为如果我们直接从确定项目出发进行课程开发,项目就会丧失目的。

这就是项目与任务的复杂关系,这种复杂关系源于职业教育项目课程产生的两重目的,透彻理解这一关系是准确把握职业教育项目课程开发关键环节的前题。在今天的职业教育课程中,任务与项目这两个概念,任务课程与项目课程这两种模式是并存的,见图 1-1。并存并不意味着并列,而是意味着有机组合。

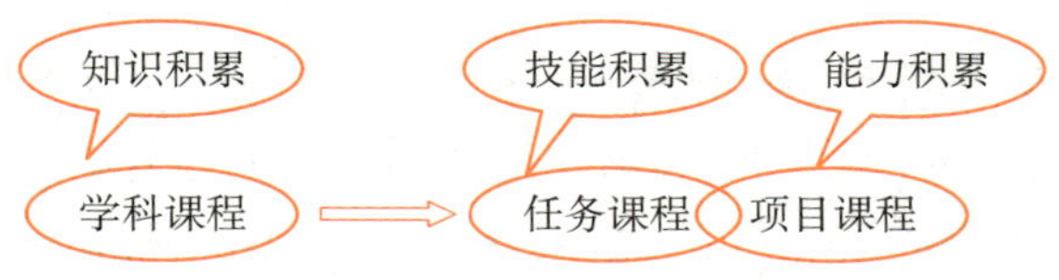

图 1-1 职业教育课程模式的关系

不同专业的具体课程形式,是任务与项目这两个概念相结合的结果;这两个概念结合的程度不同,就会使职业教育课程呈现出不同形态。有的专业中可能几乎没有项目的成分,只需使用任务这一概念便可完成课程开发;有的专业中任务的成分多、项目的成分少;有的专业则可能是任务的成分少、项目的成分多。第一种课程还是任务课程,后两种课程中,由于有了项目的成分,因此在广义上可以把它们都称为项目课程。但是,由于不同专业的不同课程中,项目体现的成分有所不同,因此项目课程也存在项目化程度的差别。在狭义上,只有项目化程度高的课程才能称为项目课程,至少课程的内容体系是根据项目进行组织的。如果只是在教学层面才体现出"项目"的课程,那么严格地说这只是一种用项目方式进行教学的任务课程。

2. 课程的项目化水平

但是我们不能认为,一个专业的课程开发,项目化程度越高,其课程模式也就越优越、越先进。一个专业的课程体系项目化到何种程度,应该根据这个专业的性质而定。项目化是职业教育课程开发实践需要的结果。

决定所需项目化水平的因素有两个:(1)职业能力水平与特定项目的关联程度;(2)项目内容的确定性程度。职业能力水平与特定项目的关联程度决定了课程对项目化的需要,而项目内容的确定性程度决定了课程项目化的可能性。因为如果一个专业的职业能力水平与特定项目高度相关,那么若不结合特定项目就无法确定职业能力水平,因此在这种专业的课程开发中就必须引入项目;但是具体的课程形态如何呈现又取决于项目内容的确定性程度,如果项目内容是可确定的,那么这种课程就可在课程体系、单门课程或是课程内容等层面直接体现项目,如果项目内容不能确定,那么这种课程在这几个层面就只能体现类项目,至于具体项目则只能体现在教学组织中。见图 1 - 2。

图 1 - 2　课程项目化水平的决定方式

根据职业能力水平与特定项目关联程度的高与低，以及项目内容确定性程度的高与低，可以区分出课程的四种项目化水平：(1)关联程度高且确定性程度高，这种课程可以采取强项目化形式，呈现出完全的项目化；(2)关联程度高但确定性程度低，这种课程需要采取弱项目化形式，比如课程设置依据任务进行，各门课程中的内容按照类项目的形式进行组织；(3)关联程度低但确定性程度高，这种课程没有必要采取项目化形式，但可以采取项目教学，以便通过做中学方式更好地培养学生的职业能力；(4)关联程度低且确定性程度也低，这种课程只需采取传统的任务化形式。

3. 任务与项目的组合机制

工作任务与项目之间的组合关系可以用图 1 - 3 表示：(1)职业教育课程的根本来源是工作任务而不是项目；(2)项目是使职业教育课程从抽象化、概括化、普通化层面走向情境化、具体化、现实化层面的纽带；(3)职业教育课程开发可能从六个层面中的任何一个开始介入项目，项目介入越早，课程的项目化程度越高。

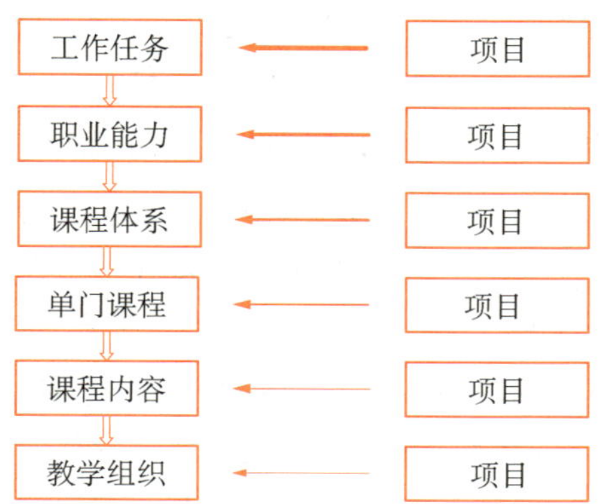

图 1 - 3　工作任务与项目的组合机制

(三)职业教育项目课程的界定

项目课程既非与任务课程完全不同的课程模式,也非一种课程模式的两种说法,而是任务课程的进一步发展。职业教育项目课程是基于智能化时代岗位工作的性质所提出的一种课程模式。综合以上论述,在理解项目课程时要特别注意以下方面。

1. 项目课程是以任务和项目的有机结合为设计框架的课程模式

认清一种课程模式的本质,首先要看其开发的基本参照点。与普通教育课程以知识为主要构成要素不同,职业教育课程内容构成要素比较复杂,最为基本的有知识、技能、任务和项目。知识和技能是完成任务所需要的条件,任务属于过程,而项目是完成任务所获得的结果。以这四种不同要素为参照点,便形成了职业教育的四种课程模式,即理论课程、技能训练课程、任务课程和项目课程。理论课程强调让学生学习完整的理论知识;技能训练课程是让学生反复练习单项技能;任务课程是仅仅以工作任务为参照点开发的课程;而项目课程是综合地以任务和项目为参照点开发的课程。当然,在项目课程开发的这两个参照点中,任务是第一参照点,项目是第二参照点,这是项目课程开发的原则。

可见,项目课程既不是对学科课程的教学法改造,也不是直接依据项目开发的课程。前者只是教学方法改革,而非课程改革,因为它没有改变课程的性质。后者是当前比较激进的一种项目课程观,它认为以工作任务为基本参照点开发的课程不是彻底的项目课程,只是任务课程的翻版;既然是项目课程,就应当直接以项目为基本参照点开发课程。在此观点下,有些职业院校的课程体系全部被改革成了一个个产品或服务项目。这是一种基于朴素经验的项目课程观,没有透彻理解项目课程在当代产生的重大社会基础及其形成机制,混淆了课程的目的与手段,其后果非常严重。

2. 项目课程是基于理论与实践一体化的课程模式

这里所讨论的项目课程,不是理论知识学习全部结束后,为了训练学生的实践能力而开发的一种课程,而是以任务和项目这两个关键要素为核心逻辑纽带所开发的职业教育课程体系。在这种课程体系中,很可能还存在纯粹理论课程,但这种理论课程是为了完善项目课程学习的需要而设置的,而不是像传统的学科课程体系那样,把理论课程作为整个课程体系的出发点。因此,以项目课程为主体模式的课程体系中的理论课程,其性质也要发生根本性变化。

以项目和任务为整个课程体系的逻辑纽带,必然意味着课程设计的理论与实践一体化,这是项目课程的第二个突出特征,但也是一大难点。我们迄今为止几乎还没有开发出完全实现了理论与实践一体化的项目课程的教材,教学过程中教师对二者的有机融合也是深感力不从心。更多的时候职业院校只是把项目课程作为技能训练的一种方式,目前许多职业院校开发的项目课程正是停留于这一水平。

这种课程体系中，其课程的整体结构框架几乎没有任何改变，只是用“项目”这个概念对综合实训的内容进行了更好的组织，因此本质上它也只是一种项目教学改革，其改革没有上升到课程层面。

3. 项目课程是以做中学为基本学习方式的课程模式

与传统课程模式不同，项目课程主张以典型产品或服务为载体进行教学。因为只有有了这种载体，学习过程才能产生工作成果；有了工作成果，才能真正形成职业能力。任何以知识积累为特征的课程模式，都只是帮助学生获得了形成能力所需要的条件，而没有形成能力本身。但“以典型产品或服务为载体”只是项目课程的表现形式，在理解项目课程的本质时我们更要充分理解作为其理论基础的“做中学”，否则很可能做了没有学。“做中学”的“做”不仅仅是为了训练学生技能，更是期望通过“做”发展学生具有综合性质的职业能力，包括实际操作能力、运用资源有计划地完成操作任务的能力、对知识的理解与记忆、对工作问题的思考能力以及相关职业素养等方面。这意味着项目课程把“做”与“学”、“理论”与“实践”的关系颠倒了过来。传统教学模式是先让学生进行知识积累，然后期望通过应用所积累的知识形成能力；而“做中学”是让各种学习要素在“做”的过程中发生，“做”成了学的手段，而不是学的结果。因而项目课程实施的关键是如何运用好“做”这个手段去促使学习的发生。

是否有了好的项目就有了好的项目课程？项目课程开发中，人们往往非常重视项目的选择。然而如上所述，项目课程的实质是“做中学”，而“做中学”的关键问题是学了什么。选择好了项目，如果不充分挖掘项目的教学功能，那么就不能促使多样化的学习活动发生，以至项目课程仅仅成了训练学生实践能力的一种课程模式。然而依托项目实施过程的教学活动是不会自动发生的，它需要教师进行主动设计。因此，项目课程开发，要在确定项目的基础上，深入地进行项目的学与教活动设计。在进行项目教学设计时，教师要清晰地知道，借助项目实施过程的哪个环节可以进行相关概念与原理的讲解，借助哪个环节可以组织学生进行讨论，深化对知识的内涵及其应用方式的理解，借助哪个环节可以进行相关职业素养的教育等等。只有当项目实施过程中产生了丰富的学与教的活动时，项目才具备了完整的教学功能。

第四节　项目课程的理论框架

项目课程的理论框架可概括为联系论、结构论、综合论和结果论。其中联系论回答职业能力的形成机制是什么，这是研究职业教育课程理论的逻辑起点，只有当我们完全揭开了职业能力的形成机制，才能科学地进行课程体系设计。结构论回答该如何架构职业教育课程体系，综合论回答应当给个体什么样的课程内容，结果论则回答该如何进行项目课程的教学。

一、联系论

研究职业教育课程理论,首先必须回答教育学中一个古老而又基本的问题,即能力是如何形成的? 有了知识是否就一定有能力? 什么样的知识才能形成能力? 随着知识论与学习论的发展,人们对职业能力本质及形成机制的认识也越来越深入。如德国学者对学习领域课程的论证便是从知识论角度出发的,其基本观点是"忽略程序性知识或策略性知识而只重视陈述性知识将导致能力获取的缺失"①;并且强调无论是陈述性知识还是程序性知识,只有在与个体经验相结合的过程中被具体化,才能有利于行动能力的获取。这些研究无疑为我们理解职业能力的形成机制提供了重要的理论框架。既然能力是体现在行动中的,那么从行动结构出发或许是理解能力本质更为有效的途径。

在英文中,职业能力对应的词是"competence",作者认为应当译为"任务胜任力"。这里有两个关键词,即"任务"和"胜任"。既然"任务"是能力的构成要素之一,那么任务本身就应当作为课程内容的一部分,要让个体通过对课程的学习,清晰地知道某一职业领域的工作任务有哪些。当然,仅仅知道有哪些工作任务,还不能表明个体就具备了相应的职业能力,更重要的是他们能够在技术原理、工作方法、工作技能与工作任务之间,以及工作任务与工作任务之间建立起联系,并且这些联系能够随着工作情境的变化而迅速变化。因此,可以把职业能力的本质概括为知识与工作任务的联系。按照这一原理,只有在具体工作情境中,引导个体努力建构知识与工作任务的联系,才能有效地培养个体的职业能力。

现代职业教育的复杂性源于技术在工作体系中的应用。与古代经验技术不同,现代理论技术的发明在很大程度上应用了科学研究的成果。比如没有航天学,很难想象宇宙飞船能够上天。科学研究为技术发明的可能性提供了巨大空间,使我们获得了大量以往难以想象的技术,与此同时也给职业教育课程带来了一个重大理论问题,即如何处理"任务"与"技术"之间的关系。应当看到,技术的应用使得工作内容与工作方法的复杂性大大提高了。也就是说,技术所改变的不仅是工作方法,也包括工作任务本身。事实上,工作任务的形成除了受劳动分工与劳动组织等因素影响外,技术也是其中的重要因素。工作任务的演进是随着技术的发展而发展的。从这个角度看,技术与工作任务是不可分离的。工作体系中的技术并非抽象的,而是被工作化了的技术。技术的"工作化"可以理解为技术对工作内容和工作方法的改造,但更应当理解为技术的任务化。即工作过程中的技术已转变成

---

① Reetz, L. Handlung, Wissen und Kompetenz als strukturbildende Merkmal von Lernfeldern, In Bader, R. & Sloane, P.F.E. (Hrsg): Lernen in Lernfeld, Eusl-Verlag, Markt Schwaben 2000: 141 - 150.

了一条条具有稳定性的工作任务。这意味着在技术理论化背景下,“联系”作为能力的本质并没有发生改变,所改变的是与任务相联系的具体知识内容从过去的经验知识更多地转向了理论知识,同时联系的过程也更加动态与不确定。

因此,在以理论技术为手段的工作体系中,职业能力的本质仍然可表述为知识与工作任务之间的联系。能进行这些复杂联系的人,才可称为能胜任工作任务的人,也才可称为具有职业能力的人。可见,职业能力的形成并非仅仅取决于获得了大量理论知识,如果这些知识是在与工作任务相脱离的条件下获得的,那么仅仅是些静态的知识,它们是无法形成个体的职业能力的。这就是有知识无智慧现象形成的具体机制。从职业能力形成的机制看,联系的清晰与动态程度远比知识的数量重要得多。事实上,专家与新手的差别并不在于知识的量,情况往往是专家的知识量还不如新手,但是专家的知识与工作任务的联系比新手要复杂得多。

因此要有效地培养个体的职业能力,就必须明确地把知识与工作任务之间的联系作为重要课程内容。学科课程虽然强调了个体对知识的学习,但这些知识由于是在与任务相剥离的条件下学习的,因而个体并不能建构其工作意义,从而不能有效地培养个体的职业能力。当然,由于理论技术的应用,联系的具体内容发生了变化,个体有必要在掌握工作任务及其与知识的联系的同时,理解相关的技术原理,但正如劳耐尔所说:“与系统工作任务关联的专业知识只是新手发展到专家的手段,只有最终在个人经验的基础上建构系统的专业知识,才可能达到专家的技术水平。”①

二、结构论

那么该如何设计课程,从而最有效地促进知识与任务的联系的建立呢?传统职业教育课程强调先储备知识,设想把知识与任务联结关系的形成放到个体日后的工作实践中去完成,这一过程被称为“知识的应用”,即通过应用知识来产生实践和行动,形成职业能力。问题是,“应用”是简单的线性演绎过程,还是复杂的结构转换?应用的心理机制是什么?为什么会有“高分低能”现象的存在?如果应用过程是非常复杂的结构转换过程,那么课程就不能仅仅给予个体知识,而是有必要按照工作过程中知识的表征方式来给予这些知识。遗憾的是,以往的学习理论极少对这一问题进行深入研究,“应用”的心理机制一直是学习理论研究的空白。事实恰恰是,工作过程中知识的表征方式与纯粹知识的表征方式是有结构性差异的,“应用”实质上是打破知识的内在关系结构,重构知识与行动的产生式结构的过程,见图1－4。图1－4中知识与行动的产生式结构即是知识的工作结构表征方式。

---

① Rauner, F. Berufliche Kompetenzentwicklung-vom Novizen zum Experten. In: Dehnbostel, P., Elsholz, J., Meister, J. & Meyer-Menk, J.: Vernetzte Kompetenzentwichklung: Alternative Positionen zur Weiterbildung. Berlin: edition sigma. 2002:117.

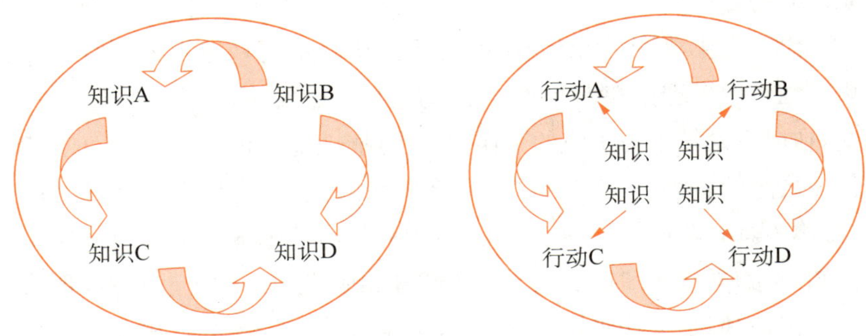

图 1－4 从知识的内在关系结构到知识与行动的产生式结构

这意味着，学科知识在具体实践中的应用并非是个简单的演绎过程，也并非知识的简单移植，而是同时伴随着知识性质的变化，即从原来具有"普通性"的知识变为具有"职业性"的知识。这好比钢铁厂生产的钢材，当用到汽车厂制成各种零件时，虽然其物质成分仍然是钢铁，但其性质与功能已发生了根本转变。这就要求在职业教育课程中，打破以往仅仅关注"知识点"的观念，引入结构观念。要充分意识到，为了有效地培养个体的职业能力，职业教育课程不仅要关注个体获得了哪些工作知识，更要关注个体以什么结构来获得这些知识。课程结构是影响个体职业能力形成的重要变量。正如萨曲威尔所说："专家的领域知识越多，组织得越好，越能理解技术体系是如何运作的，所获得的问题解决能力也越强。"①

教师们受职业习惯的影响，总是对课程结构的重要性评价过低，往往比较关注课程中的知识、技能这些具体内容，认为学生只要获得了这些知识和技能，便会具备能力，因而并不重视课程结构设计。但事实上，知识的组织方式往往比知识本身更为重要，因为正是它让我们学会了如何应用知识。如果把人的能力比喻为对外的功能，那么按照结构功能主义的观点，结构是决定功能的最为重要的变量。对课程结构的关注源于认知结构理论的进展。奥苏贝尔是最早发现认知结构对学习存在重要影响并对之进行了深入研究的心理学家，他认为"一旦获得了这种知识（认知结构），它本身便成为影响学习者获得同一领域内的更新的知识的那种能力的最重要的自变量"②。

事实上，和新手相比，熟手的优势并不在于知识的量，对某些专业知识的掌握熟手可能还不如新手。但熟手的知识表征方式是以工作任务为中心的，处于其意识焦点的是工作任务，与之相关的知识则以背景方式存在着，其知识与工作任务之间构成一种动态的因果促成关系，推动着主体的选择和行动。相比之下，新手的知

① Satchwell, R. E.. (1996). Using Functional Flow Diagrams to Enhance Technical Systems Understanding. *Journal of Indutstrial Teacher Education*, Vol. 34, No. 2.

② 奥苏贝尔等著：《教育心理学——认知观点》，佘星南、宋钧译，人民教育出版社 1994 年版，第 199 页。

识则是脱离工作任务，按照知识之间的关系而被表征的。尽管这种表征方式因突出知识的内在关系而易于进行理论思维，却缺乏生成实践的功能。如斯克莱本纳的牛奶品种回忆实验发现，“即使在同一个社会子系统中，比如牛奶厂，共同知识在不同群体中也呈现出不同结构，这种差异与不同群体所从事的活动紧密相关。研究结果表明，不同的工作任务给人们提供了学习这些产品的不同方面的机会”①。这些研究为项目课程开发突出结构设计提供了坚实的理论基础。

可见，学生不仅要学习知识，更要学习结构。教师对学生的教育，不仅体现在给了学生什么知识，人才培养方案中课程的编排方式、教材中内容的组织方式以及教师的教学顺序对学生来说都是比知识更为重要的教育，它们使学生在默会中获得了知识更为合理的组织方式，以及特有的思维方式。职业教育课程结构至少包含三层含义：(1)体系结构，指某专业所设置的课程及其之间的组合关系，即按照什么样的逻辑设置课程；(2)内容结构，指一门课程内部知识的组织方式；(3)教学顺序，指教师按照什么样的逻辑顺序进行教学。项目课程要求职业教育课程在这三个层面都要按照工作逻辑，采取结构思维进行设计。

三、综合论

如上所述，职业教育课程的学科特征的重要表现之一是课程内容的实用性不强。要解决这一问题，停留于原则性的论述是远远不够的，必须采取一种细致的分析方法，即工作任务与职业能力分析法，旨在通过对职业岗位的工作任务及所对应的职业能力的细致分析，在微观层面实现工作任务(岗位要素)与职业能力(课程要素)的对接。这种细致的分析方法在提高了课程开发者对课程内容的“可知性”的同时，也带来了课程内容的零碎性问题。过于零碎的课程内容，对学生职业能力的培养非常不利。这其实就是许多人不愿意，或者说不敢接受能力本位课程的重要原因。

项目课程认为，整体地学习工作过程对职业能力培养来说非常重要：(1)有利于培养学生设计工作过程的能力。尽管通过对工作任务的分析，可以获得所对应职业岗位的相对稳定的工作任务，特定的职业岗位也确实有比较严格的岗位职责规定，但实际的工作过程是灵活多变的，它需要工作者根据实际情况灵活地设计工作过程，尤其要统筹安排、协调工作过程。这是智能化时代非常重要的职业能力。这种职业能力是通过学习零碎的工作任务所无法获得的，只有整体地对工作任务进行学习才可能达到这一目标。(2)有利于提高学生的学习兴趣。把一个完整的工作过程割裂开来，让学生零碎地进行学习，使得学生难以体验到每一个局部工作

---

① Scribner, S.. (1999). Knowledge at Work. In Robert McCormick & Carrie Paechter (ed.). *Knowledge and Learning*. Paul Chapman Publishing Ltd, Great Britain, P.98.

任务的终极意义,即获得最终工作成果。这会严重影响到学生对课程内容的学习兴趣。与孤立的工作任务相比,学生显然对能获得具体结果的完整工作过程更感兴趣。

因此职业教育课程的开发,针对工作任务分析要有一个回归过程,以打破任务之间的界线,突出任务之间的联系,让学生完整地学习工作过程。这就需要有一个能给零碎的工作任务提供联结的载体,而这个载体就是项目。比如中小型网络设计与集成这门课程,只有依托企业网、校园网与行业网这些具体项目,才可能实现需求分析、方案设计、系统集成等工作任务之间的联结。综合论意味着,我们可能会认为项目课程是适合学科成绩比较差的学生的课程模式,实施项目课程模式是因为学生的学科成绩越来越差而不得已如此,但事实上项目课程对学生能力有着更高要求。

可见,如果只基于前面两个理论,那么所开发出来的课程只是任务课程,其主要特征是围绕着孤立的工作任务让学生学习相关知识、技能和态度。这种课程模式尽管与工作岗位已非常贴近,但它容易使学生的注意力局限于一条条具体工作任务,而无法获得这些任务之间的联系;通过学习这种课程,学生可能能够熟练完成其中一些工作任务,却往往不能顺利地完成整个工作过程,制作(提供)不出一个完整的产品(服务)。要避免任务课程的这些问题,就必须引入综合论。

四、结果论

结果是人类任何有目的行动的基本构成要素。行动由三个基本要素构成,即行为活动、行动对象与行动结果。行动结果既是主体追求的目标,也是行为活动必然导致的产物。结果对于主体的价值使得行为活动成为对主体有意义的活动。没有结果的行为活动只是机械的动作,是马克思所说的异化了的行动。对工作领域来说,行为活动的结果表现为工作成果,如制造出来的零件、排除了的故障、所提供的服务等。

职业教育要成为一种对主体有意义的教育,内在地激发主体对活动的参与,必须使教学变成能产生显性工作成果的活动。脱离任务学习知识和技能,没有明确知识和技能的目的;脱离产品(结果)学习任务,没有突显任务对主体的意义,都容易导致学生厌学。很多教师描述过这样的现象,即职校生对理论知识不感兴趣,对实践同样不感兴趣,这是因为现有的学校实践主要是抽象的技能训练,即没有结果的实践。学生只是被要求反复地做,却不知道这样做会产生什么工作成果。

要在知识与工作任务之间建立联系,并让学生掌握整个工作过程,发展综合职业能力,必须把实践理解为在特定工作情境中进行的活动。只有特定目标引导下的职业活动才具备“联系”建立的功能。因此项目课程强调以典型产品为载体来设计教学活动,每一个项目的教学最终都要指向让学生获得一个具有实际价值的产品或服务。这就是所谓的结果论,即用对结果的追求来激发学生的学习动机,这是项目课程另一条重要而富有特色的原理。

现有的教学当然并非没有结果,然而这种结果只是学习的结果,比如获得一个分数,或是一张证书,教师却往往忽视了作为工作的结果的重要性。由于远离真实的工作过程,教师们难以理解工作的真正含义。通过体验自己受教育的经历,或者观察他人的教学活动,教师们往往获得了一种非常流行却错误的教育观念,即教育就是让学生积累日后需要的知识和技能。关注结果与关注知识、技能是企业员工思维与教师思维最显著的区别。教师们总是能阐述许多道理,却不能清晰地指出明确的工作成果。这样就把知识、技能与应用这些知识、技能可以获得的结果割裂开来了。这是一种异化了的教育。

以结果为驱动,从功能的角度看可以有效地激发职业学校学生的学习动机,因为任何学习都是需要用"结果"来强化的,而现实产品是很有力的强化物。从理论的角度看这意味着"实践观"的重要转变。传统的实践观把实践仅仅理解为技能的反复训练,或是孤立的工作任务的学习,从而把过程与结果割裂开来了。学生在课堂上的学习与行动的结果无关,他们所能体验到的仅仅是动作的不断重复,却无法体验到行动与结果之间的关系。项目课程的实践观则把实践理解成了过程与结果的统一体,并认为实践只有指向产品才具有意义,才能达到激发学生学习动机,发展综合职业能力的目的。

第五节　项目课程开发的可能性

尽管上面已较为深入地阐述了项目课程的理念,但在实践中人们对项目课程的普遍适用性还是疑虑重重。其疑虑主要来自三个方面:(1)项目能否承载全部理论知识;(2)项目课程能否使学生积淀可持续发展的潜力;(3)项目课程是否适用于高职等更高学历层次的职业教育。自然,我们不可能也没有必要把所有课程都项目化,改革的目标应当是建立以项目课程为主体的课程体系;对于一些以理论知识学习为目标的课程,可以在教学方法层面采取与职业实践相结合进行教学的改革思路。但从总体上看,职业教育项目课程改革不仅必要,而且可行。

一、项目课程能否承载理论知识

有一种比较普遍的观点,把项目课程与强化技能训练等同起来。从以上阐述来看,这自然是对项目课程极大的误解。然而为什么会出现这种观点呢?归根结底在于许多人对项目能否承载足够的理论知识心存疑虑,因而简单地认为项目课程就是突出学生的"做",而"做"就是技能训练。因此,凡是对理论知识要求比较高的专业或课程,人们总是对能否实施项目课程缺乏信心。如服务类专业的教师总是认为项目课程在工业类专业中比较好实施,而对于以软性职业能力为主要内容的服务类专业来说则比较困难。事实上工业类专业的教师同样会提出许多困难,因为现代工业技术是与科学相结合的,其课程内容对理论知识的要求并不亚于服务类专业,对高职教育来说尤其如此。这一担心在医药类专业中尤其突出。医药类专业的教师普遍对多年来形成的学科式课程体系比较有信心,他们担心改革会影响到学生对基础知识的掌握。

那么,项目课程与理论知识学习是否矛盾呢?项目课程能否承载足够的理论知识呢?这里面的问题可能不是项目课程能否承载足够的理论知识,而是项目课程的开发与实施者是否有能力使项目课程承载足够的理论知识。事实上,项目是综合的,它不仅能有效地综合技能,也能有效地综合理论知识。项目完成时需要大量的智慧技能,这些技能的获得都需要以理论知识为基础。问题在于项目课程的开发与实施者是否有能力看到一个项目所能承载的理论知识,并理清楚项目与理论知识之间的逻辑联系。

当然,职业教育课程需要学习的理论知识,不能仅仅局限于从现有工作任务中分析出来的理论知识。前者应当大于或等于后者,因为实际岗位中的工作任务是十分复杂、多变的,我们不仅要给学生目前任务需要的知识,也要给他们未来任务可能需要的知识。那么项目课程如何解决这一矛盾?首先,如上所述,并非所有职业教育课程都需要项目化,应当保留一部分理论课程以弥补项目课程的这一不足;其次在项目课程设计中,也可以采取"知识联想"的方式来解决这一问题。这里,我们需要改变"知识与工作任务之间的关系是线性的"这一基本假设,事实上知识与工作任务之间应当是焦点与背景的关系。

如图 1-5 所示,处于这个靶形图中心的是工作任务,知识(技术理论知识与技

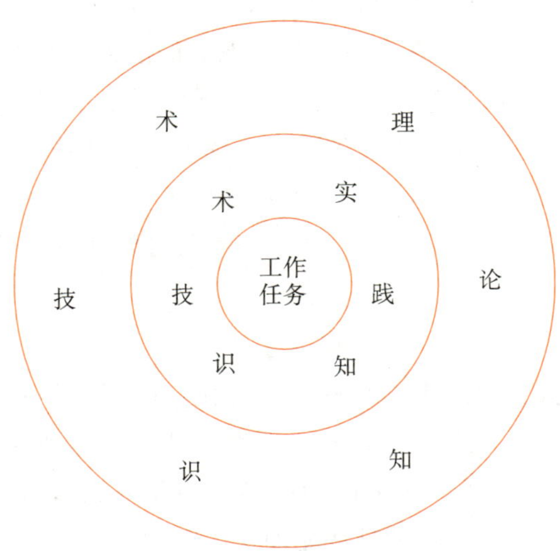

图 1-5 工作过程中任务与知识(技术理论知识与技术实践知识)的焦点与背景关系

术实践知识)则作为工作任务的背景而存在。这就是说,知识与工作任务的关系,往往并非相关或不相关,而是相关的程度。这不仅为课程内容分析提供了很大的弹性空间,我们可以根据课程可能的容量确定知识的相关程度,从而据此进行课程内容的选择,而且意味着知识在项目中的负载可以有多种模式,比如"知识联想"也可以作为知识负载的设计模式。有了这两条理念,已完全没有必要担心知识在项目中负载的可能性。设计中应当注意把握的其实是项目的数量与典型性,以降低特定项目的知识负载量。

二、项目课程是否会影响学生的可持续发展

另一种对项目课程的普遍担心是,认为它可能会影响到学生可持续发展能力的培养:(1)在一门课程中,学生只是学习完成几个项目,而不是积累系统的理论知识,其可持续发展能力从何而来?(2)项目课程强调以学生的"做"为核心,必然要在一定程度上削减理论知识,这可能也会影响到学生可持续发展能力的培养。那么项目课程是否会影响到学生可持续发展能力的培养呢?答案当然是否定的,只要注意处理好设计的一些细节,项目课程不仅不会制约,反而很可能会促进学生可持续发展能力的培养。

学生能否可持续发展的前提是他是否进入了课程。所谓进入课程,就是形成了对该门课程的浓厚兴趣,并获得了建构知识的逻辑路径,从而也就进入了能力持续发展的路径。"做"是引导学生进入课程的最佳途径。对职校生来说,纯知识课程不仅难以激发他们的学习兴趣,而且会使他们始终处于能力的发展路径之外,反而不利于可持续发展能力的培养。正如德国学者克劳瑟教授所写道的:"对知识获取的应用研究表明,传统的关于概念、原理、方法和策略等知识的学习,恰恰阻塞了迁移的通道,因为概念或原理的定义以及方法的描述越普适,学习者要在现实中寻求例证,或者在专门的情境和状态下应用原理与方法,就越困难。"①这段论述是十分深刻的。这就是说并非学习的知识越抽象越有利于能力的迁移;抽象知识只有当它与具体情境或是实例获得联系时,才对能力迁移具有意义;知识的迁移效应并非取决于其抽象水平,而是取决于其被建构的方式。

事实上,可能影响项目课程对学生可持续发展能力形成的因素,既不是知识是否系统,也不是知识是否足够抽象,而是知识范围与教材设计方式。首先,从知识范围看,职业教育课程内容不能仅仅局限于从现有任务中分析出来的知识。采用工作任务分析法开发课程内容,优势是能增强知识与岗位要求的关联性,不足是这些知识只是现有任务需要的知识,而学生就业后所面临的将是一个不断发展的、多

① Klauser, F.: Deklatives, prozedurales, strategisches Wissen und metakonition als Leitkategorien der Lernfeldgestaltung, In: Bader, R./Sloane, P.F.E.(Hrsg): Lernen in Lernfeld, Eusl-Verlag, Markt Schwaben 2000, S. 111-122.

变的工作情境。要增强学生对这种情境的适应能力,必须扩大职业教育课程内容的范围,给学生一些未来工作情境可能需要的知识。这些知识可以通过"联想"的方式插入到项目中,也可以单独把它们组织成课程。对课程内容的这种处理,可以很大程度地克服项目课程可能带来的能力窄化问题。

其次,从教材设计看,项目课程的教材不能仅仅停留于表达具体项目的内容,而是要先进行任务描述。项目只是教学的载体,任务才是要学会的内容。若教材仅仅表达具体项目的内容,那么很可能导致学生只是学会了如何完成这些项目,却不能由此而延伸到完成这类项目。在这里,项目课程的教材设计必须处理好普遍化的工作任务与特殊的项目之间的关系。合理的方法是先描述普遍化的工作任务,提出要求学生达到的学习目标,然后引入具体项目,引导学生通过具体项目的学习,学会完成普遍化的工作任务。

三、项目课程是否适用于高职

对项目课程的应用还有一个疑虑,即它是否适合高职,乃至其他更高学历层次的职业教育,如技术应用本科教育。导致这一疑虑的根源,还在于许多人对学科课程根深蒂固的情结以及自身实践能力的缺乏。由于自身就缺乏实践能力,对实践能力的形成过程缺乏深刻体会,因此往往难以深刻理解项目课程的内涵与价值。而高等性是高职的重要属性,因此这里就会产生一个简单的推理,即项目课程只是用于培养技能的,它在中职可以应用,但对高职就不适合。

这是对项目课程以及高职教育规律非常肤浅的理解。反复强调的观点是,项目课程的功能并非仅仅训练学生技能,而是培养学生具有综合性的职业能力。如果高职把其目标也定位于职业能力培养,那么项目课程在高职中应用的可行性就是毫无疑问的。事实上如前所述,从更大范围看,项目课程并非职业教育才有的课程模式,而是在各级各类教育中得到了广泛应用的课程模式。国外存在大量成功应用了项目课程的本科院校。项目课程在高职中的应用是一个具体的设计问题,而不是合适与否的问题。完全可以通过对项目课程开发中具体环节的处理来解决这一问题。事实上,项目课程由于综合性高,高职比中职更容易应用。

首先,高职的"高"可以体现在岗位定位的高。岗位因其工作任务的复杂程度有高低之分,因而依据岗位定位的高低,中、高职培养目标的高低必然可以得到区分。当然,就目前而言,高职生的初始就业岗位与中职生往往并无区别,均是从基层的操作岗位开始,但培养目标设定不应当依据学生的初始就业岗位,而应当依据发展的工作岗位,即多数毕业生在若干年后经过正常努力可以达到的岗位。其次,有些专业依据岗位定位仍然无法区分中、高职培养目标,在这些专业中,中、高职所对应的工作岗位是基本相同的,因而学生毕业后所要从事的任务也是基本相同的。对于这些专业,需要进一步依据项目的难度来区分其培养目标。再次,高职学生应对工作过程有着更加深刻的理解，以利于其更高水准，甚至创造性地完成任务和项目，因而要求其学习更多的理论知识，但我们完全可以通过技术学科课程的设置有效地解决这一问题。

总之，从以上对三大职业教育课程模式的分析可以看出，项目课程是有着深刻内涵的课程模式。它通过采取课程与教学一体化设计的思路，成功克服了任务课程遗留的问题，具备了彻底解构学科课程的功能。当然，理论阐述不能等同于现实操作。要成功实施项目课程，除了要深入理解其内容，还必须认真设计项目课程的开发技术，这是以下几章要努力解决的问题。

第二章

项目课程开发的技术方案

课程开发是运用课程开发技术把课程理论转变为课程产品的过程。课程理论研究，尤其是针对课程开发技术问题的理论研究，对课程开发来说非常重要，因为课程开发是一种专业性极强的活动，几乎每一个环节都包含着巨大的创造。比如对专业所应面向的职业岗位的判断，需要课程开发者掌握非常深入而全面的岗位人才结构现状与发展变化趋势的数据，同时又要拥有非常丰富的专业建设经验。再比如开发一部教材，尽管项目课程的教材模式有相似性，但任何一部优秀的教材都包含着教材开发者的巨大创造力。正是从这个角度说，课程开发者不应忽视对课程理论的学习和研究，机械地套用课程开发技术是不可能开发出高质量课程的。但要注意，作为一位优秀的课程开发者，他要具备的一种基本素质是，当他通过某种方式接触到任何课程理念的时候，便会习惯性地去努力寻找到把这一课程理念转变为课程实践的现实路径，这种路径就是课程开发技术。对职业教育的项目课程开发来说，这一技术有较强的复杂性，这就是为什么许多教师在进行项目课程开发时对许多环节感到较难把握的重要原因。本章拟阐述清楚两个问题，即职业领域到课程领域的转换模型和项目课程开发的工作模式，目的在于整理清楚项目课程开发中各概念之间的关系，并获得一个对项目课程开发过程的整体框架，后面几章便可在此基础上详细阐明各个环节的操作方法。要特别说明的是，这里所讨论的课程开发是指整个课程体系的开发，它包含了从培养目标定位到教学组织的整个过程，而不仅仅指单门课程的开发。

第一节 几个关键概念

当我们试图着手职业教育课程开发时，往往会被几个关键概念所困惑。比如进行市场调查时，我们会要求去调查产业发展趋势；谈到就业时我们会说行业人才需求；进行课程开发时我们总是说开发某某专业的课程；进行工作任务分析时我们又说分析某某岗位的工作任务；而职业教育的核心概念是职业，等等。如果罗列一下，相关的主要概念有产业、行业、职业、岗位、专业、任务。对这些概念的内涵进行界定，并理清楚它们之间的关系，对于建立清晰的职业教育课程开发技术路径极为重要。

一、如何界定产业

产业是个经济部类概念，它是根据产品类型，而不是职业活动的性质对经济部类做出的区分，如第一产业、第二产业、第三产业等。每一个产业都有各种各样的职业，而同一个职业可能出现在不同产业中，如三大产业都有会计这个职业。可见，产业与职业之间并不存在对应关系。但是，当我们对产业做进一步细分时，对产业发展趋势的分析对预测某职业人才的需求就会有较大参考价值，这是因为细分的产业中通常都会有主体职业存在于其中。比如汽车制造业，该产业的主体职业是汽车装配工，如果该产业快速发展，必然会提升对汽车装配工的需求，甚至通过对其发展趋势的分析还可以预测相关职业的人才需求，比如汽车销售员、理赔员等等。要注意的是，产业发展只是影响人才需求的因素之一，因此根据产业发展趋势分析结果对人才需求做判断时要小心。比如我国电力产业的发展就没有促进对相关职业的人才需求，因为该产业的发展是与自动化技术的应用同步的。

二、如何界定行业

行业是职业的上位概念，它是从人们从业的角度提出的概念，是最为上位的从业概念。行业是劳动者在从事社会劳动的过程中形成的一种社会分工的集团概念，是许多性质比较接近的职业的集合。比如教师行业，它包含了各种类型的教师，如大学教师、中学教师、小学教师、社会培训师等等；医疗行业，包括了各种医生和护理人员，如外科医生、儿科护士、麻醉师等等；计算机行业，包含了各种与计算机相关的职业，如软件工程师、网络开发师、计算机维护员等等。行业不仅仅是个抽象的集合概念，当一个行业内部形成了行业协会这些对整个行业活动起协调作用的组织时，它就成了一个实体概念。

三、如何界定职业

职业这一概念我们非常熟悉，但很难下定义。常见的一些定义，如“职业是人们在社会中所从事的作为谋生手段的工作”；“从社会角度看职业是劳动者获得的社会角色，劳动者为社会承担一定的义务和责任，并获得相应的报酬”；“从国民经济活动所需要的人力资源角度来看，职业是指不同性质、不同内容、不同形式、不同操作的专门劳动岗位”。但这些定义并不能从课程开发的角度提升我们对职业的理解。

需要弄清楚的是，当我们说出某个职业的名称时，为什么该职业可以成为一个独立的职业？比如教师是个职业，还是应当说大学教师是个职业，或者说大学生物学教授是个职业？回答清楚这一问题对于建立职业分类体系极为重要，否则我们就只能凭借经验做出判断，而所罗列的职业之间难免会有大量重复、交叉的内容。职业本身是个抽象的概念，在现实中我们能观察到的只能是组织的职位，因此理解职业这个概念的关键，是为什么我们可以把不同组织的职位组合在一起称为一个职业？理由只有一个，即它们所需要的核心能力比较接近，工作环境与工作内容也比较相似。因此我们可以把职业界定为个体可较为自由地变换工作的空间。

四、如何界定岗位

岗位这个概念应当比较容易理解。作为术语的岗位与日常理解的岗位有所区别，日常理解的岗位指的是组织中的职位，而作为术语的岗位是一个介于职业与职位之间的概念，指的是不同组织共同设置的工作范围较为接近的职位。比如护士可看作为一个岗位，因为几乎所有医院都设立有这个职位。我们可以把所有与护理相关的岗位综合在一起，统称为护理职业，因为不同护理岗位的核心能力具有很大程度的迁移性。但我们不能把医生和护士称为一个职业，因为在专业化的工作组织中，这两类职业的从业人员之间是不能互相流动的。

人类社会极为复杂，工作组织的职位设置也极为复杂。对有些产业来说，其职位的设置较为统一和固定，比如教育产业、医疗产业、制造产业、建筑产业等等，但对有些产业来说，其职位的设置则有较大不统一性，甚至经常变动。对这些产业来说要分析其岗位较为困难，只能尽可能地把相似程度高的职位进行归并。

五、如何界定任务

任务即工作内容，前面对这一概念的内涵已做了大量描述，这里不再赘述。要注意的是，职业教育课程中的工作任务是指岗位的工作内容，而不是指职位的工作内容。岗位的工作内容是通过对职位的工作内容的提炼、概括而形成的，在工作任务分析中要特别注意这一点。

六、如何界定专业

专业是一个教学单位，它属于教育领域的概念。专业可以与职业相关，也可以与职业不相关，这取决于教育的模式。比如本科教育的专业大多数是和职业没有直接联系的，尤其是那些基础性专业，因为这些专业是依据学科知识体系设置的，凡是能应用到这些知识的职位，都适合学完该专业的学生去就业。比如中文专业的毕业生，我们能明确界定出其就业的职位吗？不能！这些专业与职业建立联系发生在毕业生就业以后。

职业教育的专业与职业之间可能存在对应关系，也可能不存在对应关系，这是因为职业教育本身也包含两个层次，即职业教育和技术教育。狭义职业教育的专业应当与职业存在明确的对应关系，比如烹饪专业对应的就是厨师这个职业，当然它也可以对应多个职业；技术教育则对应的可能是多个产业中与该技术相关的职位，比如自动化技术专业，无论哪个产业，只要存在自动化技术的地方，就有适合该专业毕业生就业的职位。职业教育这种专业与职业联系的建立也要发生在毕业生就业以后。当然，由于技术教育的专业范围非常宽泛，职业院校为了提高人才培养的针对性，往往要根据产业类别对其专业方向做出界定。

本书要阐述的职业教育项目课程开发方法适合于以专业为单位进行的课程开发，也就是说它假设的前提是专业已经确立。然而职业教育课程开发不一定是以专业为单位进行的，它也可以以行业为单位进行，职业教育国家课程体系开发就应该采取这一模式，以解决国家课程在应用中的适应性问题。

第二节　职业领域到课程领域的转换模型

职业教育课程与其他类教育的课程最大区别在于，职业领域是职业教育课程的主要来源，是其开发的主要依据。普通教育可能会主张把学科知识、学生兴趣或是社会问题作为课程开发的主要依据，高等教育则完全主张根据学科知识结构开发课程，而职业教育培养学生职业能力这一根本目的决定了其课程要素的获取应主要来源于职业领域。因此，职业教育课程开发的实质就是从职业领域中获得课程，就这一基本原理而言，项目课程与职业教育的其他课程模式无异，其差别在于对各个具体技术环节的处理。

图 2-1 是按照职业教育项目课程原理所构建的职业领域到课程领域转换模型。

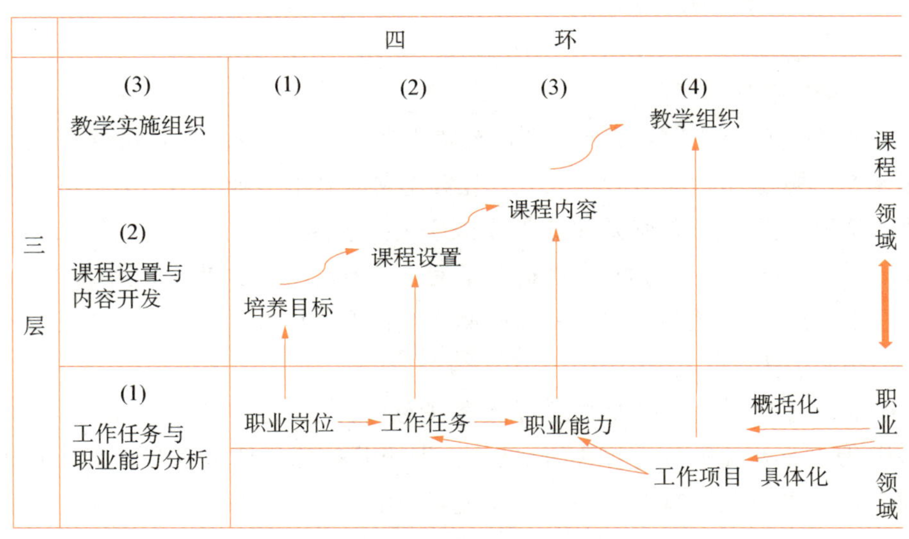

图 2-1 职业领域到课程领域的转换模型

一、职业领域的四个基本要素

我们可以从职业领域中提取到四个基本要素，即职业岗位、工作任务、职业能力和工作项目。职业教育项目课程开发的逻辑起点是职业领域，但如上所述，对一个职业岗位的分析需要从“概括化”和“具体化”两个层面来进行。所谓概括化层面，就是在不同工作组织中、不同承担岗位工作的个体之间，某一职业岗位的共同要素。比如护士这个职业岗位，不管哪个医院的护士，也不管是哪位护士从事护士岗位的工作，他们之间总是有着共同要素的，可划为三个基本要素，即职业岗位、工作任务与职业能力。职业岗位包括职业岗位的名称，在职业分类大典中的代码、位置，其职责范围的基本界定等内容；工作任务指岗位要承担的基本工作职责，要注意，这里所说的工作职责是指组织运行过程中一个职业岗位所实际承担的岗位职责，而不仅仅指岗位职责描述中所规定的职责，因为制度规定的内容与实际运行中的内容总会存在较大出入，这一点对于工作任务分析来说极为重要；职业能力指胜任某个职业岗位或职业岗位群时个体应具备的能力条件。这三个要素依次构成逻辑关系：工作任务是依附于职业岗位的，而职业能力是依附于工作任务的。所谓具体化层面，指某特定个体在特定岗位上所从事的特定职业活动。比如某医院的某护士为某病人做健康评估。这种职业活动就是工作项目。概括化层面的三个要素和具体化层面的一个要素综合在一起，共同构成了职业领域的四个基本要素。要注意的是，这四个要素之间的关系不是完全独立的，工作任务与职业能力的描述有时候需要借助工作项目的内容。

二、课程领域的四个基本要素

我们可以从课程领域中也提取到四个基本要素，即培养目标、课程设置、课程内容和教学组织。培养目标指所培养的人才要达到的总体要求；课程设置指为了实现培养目标所确立的课程及其结构；课程内容指依托各门课程要让学生掌握的知识、技能和态度；教学组织指为了落实课程所建立的实施性整体教学框架，包括整体教学安排、课堂教学模式、教学评价、教学督导等等。他们是课程领域中非常核心的四个要素，是课程体系设计的重要关键点。同时这四个要素之间也构成严密的逻辑关系。在这四个要素中，培养目标的确定是课程开发的逻辑起点，要开发一个专业的课程体系，首先要明确定位该专业的人才培养方向，并勾勒出要培养的人才的规格，然后才可以在此基础上按照合适的理论设置课程，并编排好其结构。对教师实施这些课程而言，仅有课程设置是远远不够的，教师极为关心每门课程实际要教授的内容；有了完整的课程内容体系，才能建立实施课程所需要的所有教学条件。

三、课程领域与职业领域的对接关系

课程领域的四个要素与职业领域的四个要素之间存在清晰的对接关系，我们应按照以下逻辑实现职业领域到课程领域的转换：(1)依据职业岗位确定培养目标。专业人才培养目标是如何确定的？就职业教育的人才整体培养目标而言，通常是根据对人才类型理论的探讨来确定的，但是就具体专业而言，我们则需要对其人才培养目标做出操作性定义，而这一定义的基本依据就是职业岗位。一个专业对其所应面向的职业岗位的清晰程度，是衡量该专业建设思路是否清晰的重要指标。(2)依据工作任务设置课程。按照项目课程的原理，其课程设置的基本依据是什么？是工作任务。当然，有些课程是根据工作项目设置的，但工作项目对课程设置的影响是通过工作任务发生作用的，因此从课程开发技术的角度看，工作任务是课程设置的首要依据。日常概念中往往认为课程设置的依据是职业能力，而从课程开发技术的角度看，这其实是无法实施的。(3)依据职业能力开发课程内容。职业能力真正的作用在于它是课程内容开发的依据，职业能力分析的质量对课程内容开发有决定性影响，在对开发技术的阐述中会专门讨论这一问题。同样，工作项目对课程内容的开发有时是会有影响的，但这一影响作用要通过职业能力来发生。(4)依据工作项目建立教学组织。无论项目化到何种水平的课程，只要它期望通过做中学来训练学生的职业能力，就必须以工作项目为载体进行教学组织。

四、项目课程开发的三个核心层面

这四个环节的转换过程，就是项目课程开发的核心技术方案。但是这四个环节中的每一个环节均是内容十分丰富且复杂的过程，比如依据职业岗位确定培养目标，这似乎是个较为简单的过程，然而当我们要求专业主任准确、清晰、依据充分地列出其所负责的专业应面向的职业岗位时，会发现极少有专业主任能顺利地完成这一任务，这充分说明它并非一个简单的过程。然而这又是一个极为重要的过程，如果这个过程发生了错误，那么它不仅将导致大量后续课程开发工作的浪费，而且严重时会直接导致这个专业的萎缩。再比如课程内容开发，这同样也是个非常复杂的过程，因为其中包含了课程标准开发、教材开发等许多复杂任务。为了使课程开发更为有序地进行，我们可以把这四个转换环节归入到三个层面的课程开发工作中，即工作任务与职业能力分析、课程设置与内容开发与教学实施组织。因此我们可以把项目课程开发技术归纳成“三层四环”技术。

需要说明的是，这里所描述的还不是项目课程开发的所有过程，而只是描述了项目课程开发最为核心的过程。除了这三个层面外，完整的项目课程开发在此之前还有一个重要过程，即人才需求与课程现状调研。人才需求调研的目的在于准确、深入地把握行业的最新发展状态及其对人才数量和质量的需求，以便为课程开发的价值及职业岗位的确定提供数据基础。课程现状调研的目的在于通过全面、深入地把握要开发的专业的课程体系所存在的突出问题，确定课程开发的重点任务。对于新确定的专业，其课程开发需要经历完整的过程，而对于大多数专业而言，它们已经有了课程体系，对专业现有课程的问题进行深入剖析，既有利于通过把握其问题确定课程开发任务的重点，也有利于制订针对性更强的课程开发指导思路。但考虑到这一环节其实是课程开发的准备工作，因此没有把它纳入到项目课程开发核心技术方案的范围，但在项目课程开发的整体工作程序中应当包含这一环节。

第三节　项目课程开发的工作模式

项目课程开发的工作模式，指在项目课程理论指导下，为了运用项目课程开发技术方案进行具体的课程开发活动，获得课程产品所设计的工作方式。如果说技术方案属于项目课程开发技术原理层面的问题，那么工作模式就属于项目课程开发工艺层面的问题。课程开发中这一问题非常重要，因为课程开发通常都是一项系统工程，其系统性既指开发过程的层级多、流程长，也指开发工作往往需要一个团队才能完成。工作模式是使系统性的课程开发有序进行的保障。如果职业教育课程开发在省、市或国家层面进行，那么由于参与的人员常以千计，设计严密的工作模式就更显重要。一个清晰的工作模式能大大提高课程开发的成效，达到事半功倍的效果。

项目课程开发的工作模式可从横向和纵向两个维度进行设计，见图 2－2。从横向维度看，课程开发包括三大问题，即谁来开发，如何开发，开发什么。

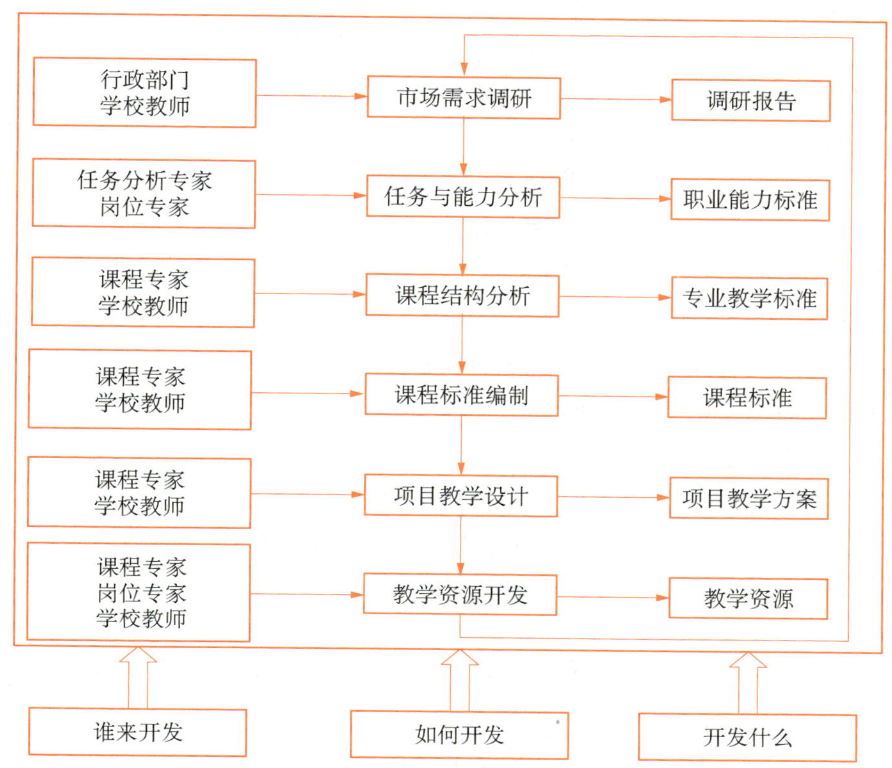

图 2-2 项目课程开发的工作模式

一、谁来开发

从事职业教育课程开发，一定要非常清楚各个环节需要哪些主体参与，不同主体在各个环节所要承担的角色，这是根据其能力特点与课程开发的实践情况来确定的。

首先，课程开发需要获得行政部门的支持，因为课程开发通常都会涉及到对现有课程体系和管理制度的改革，同时它也需要获得教育行政部门的资源支持。行政部门可以指政府的教育行政部门，也可指学校的课程开发管理部门。在学校职业教育中，没有行政部门支持的课程开发基本上是无法进行的，因此在进行课程开发之前，首先要进行行政管理上的准备，包括使课程开发获得行政许可，明确课程开发的目标和任务，建立进行课程开发的组织，制订并颁发课程开发的相关文件，落实课程开发所需要的资源等方面。

其次，课程开发的大部分工作需要由教师承担，他们是课程开发的真正主体力量。职业教育课程开发强调岗位专家(岗位专家指在某一岗位有着 20 年以上工作经验，对该岗位的工作内容与人才需求情况较为熟悉的工作者。他们可能不一定是行业的专家，甚至可能不一定是企业的核心技术骨干，但他们的知识与经验能够胜任课程开发的要求，因此把他们称为岗位专家。由于课程开发并不是总能聘请到行业专家，因而聘用岗位专家可能更加实际。）的参与，但岗位专家只是课程开发的一种资源，他们很难承担具体的课程开发任务，对这一点我们必须有清醒的认识。通常要尽可能由业务能力强的教师来承担开发工作，但在校本课程开发中，普通教师也往往需要承担课程开发任务。参与课程开发的教师要充分考虑其代表性，这不仅仅是为了使所开发的课程体系能更好地体现多方面的意见，同时也是为了有效地促进所开发的课程的实施。参与课程开发是让教师接受新课程的重要途径。课程开发绝对不能仅仅成为专家的行为。

再次，职业教育课程开发必须有资深岗位专家的参与，这是使课程开发能真正基于职业岗位的技术保证。当然，岗位专家如何参与课程开发过程是项十分复杂的技术，后面会详细阐述。要注意的是，岗位专家并非所有课程开发环节都需要参与，或者说有能力胜任。他们最能发挥作用的是任务与能力分析和教学资源开发这两个环节。至于其他环节，比如课程结构分析、课程标准开发，则岗位专家也未必擅长。岗位专家熟悉的是岗位的工作内容，课程与教学理念则不是他们的专长。

另外，课程开发的整个过程还需要一个非常重要的角色，那就是课程专家（他们往往同时兼任任务分析专家。）。课程开发本身是一项非常复杂的专业性活动，然而职业教育课程开发比普通教育课程开发更为复杂，而项目课程开发又比职业教育其他模式的课程的开发更为复杂，比如任务与项目的区分就让许多教师大惑不解，工作任务与职业能力分析技术的掌握更是让教师们倍感吃力。因此课程开发要顺利地取得成果，最好有课程专家团队的全程参与和指导。

由此可见，尽管个人也可以进行一些小型、局部的课程开发活动，但总体上看课程开发是一种团队行为，需要优秀的团队成员紧密配合。

二、如何开发

如何开发既指课程开发的整体程序，也指每个环节的具体操作方法。课程开发作为一种实践活动，开发过程任何技术环节的错误，都很可能严重影响开发成果的质量，甚至会导致结果的失败，造成资源的浪费。图 2-2 把职业教育项目课程开发过程划分成了六个基本环节，即市场需求调研、任务与能力分析、课程结构分析、课程标准编制、项目教学设计和教学资源开发。

完整的课程开发要从人才的市场需求调研开始。市场需求调研的重要性是普遍共识，职业教育如果期望以企业的人才需求为基础来开发课程，那么就必须对企业的人才需求进行深入研究，而且研究得越深，了解得越细，课程与企业人才需求的关联度也就越高。问题在于调研什么？如何调研？目前人们实施人才需求调研最普遍的方法是问卷调查，即首先编制企业人才需求调查问卷，然后到企业中去发放问卷，最后统计出结果。问卷调查自然也没有错，要研究企业的人才需求总是需要进行一些问卷调查的，现在的问题出在调查内容上。绝大多数问卷调查把调查内容聚焦在人才的知识、能力结构，希望通过调查明确企业对人才的知识、能力需求，然后据此进行课程开发。具体方法往往是列出一系列员工素质要求，要求调查对象进行选择。表 2－1 是课程开发中我们非常熟悉的问卷，然而这种问卷恰恰是价值不大的。

表 2－1　企业岗位分析调查问卷

调研内容	工作岗位 A	工作岗位 B
本岗位与技术知识相比，人际关系的技巧重要程度如何？	专业技术(％) 沟通能力(％)	专业技术(％) 沟通能力(％)
本岗位人员的素质要求是什么？	□ 形象/风度/礼仪 □ 沟通能力、社交能力 □ 真诚、敬业、守时 □ 责任心、诚实、正直 □ 专业技能强 □ 有团队合作意识 □ 良好组织能力和协调管理能力 □ 服务意识 □ 总结能力 □ 进取精神 □ 稳定性 □ 自信度 □ 自我控制 □ 成就感 □ 灵活性 □ 创造性 □ 工作主动 □ 好学 其他	□ 形象/风度/礼仪 □ 沟通能力、社交能力 □ 真诚、敬业、守时 □ 责任心、诚实、正直 □ 专业技能强 □ 有团队合作意识 □ 良好组织能力和协调管理能力 □ 服务意识 □ 总结能力 □ 进取精神 □ 稳定性 □ 自信度 □ 自我控制 □ 成就感 □ 灵活性 □ 创造性 □ 工作主动 □ 好学 其他

以上这种调查方法在逻辑上非常能吸引人，然而使用过这种方法的课程开发者无不对调查结果充满了迷惘，觉得调查结果在课程开发中似乎并没有实质性的应用价值。的确如此，这是一种错误的课程开发方法！我们需要弄清楚：课程开发中的人才需求调研到底要解决什么问题？问卷调查这种方法在课程开发中能解决什么问题？

人们对问卷调查的作用总是充满信心，认为只要调查了就能深入地了解对象，这种估计显然过高：(1)能力结构是无法通过调查法获取的。调研，尤其是问卷调查，其实只是一种被动地了解对象的方法，因为问卷中所反映的要素是我们已经知晓了的，不知道的要素在问卷中是无法反映的。虽然在问卷中可以编写一些开放性问题，但其结果并不会很好，至少不会很系统。然而课程开发恰恰是要获取我们所不知道的岗位工作内容，如此才能充分体现出“开发”一词的含义。这就决定了不能把问卷调查作为把握人才知识、能力结构的关键性方法。(2)调查中所列的能力只能是比较笼统的能力，即使通过调查针对这些能力获得了一些结果，对课程开发的实际价值其实也并不大。比如通过调查获得这样的结果：调查对象对团队合作能力的选择数高于对学习能力的选择数。这能为我们制订课程标准、编写教材提供什么思路呢？没有。(3)在没有确定专业的人才培养目标定位前就调查能力结构有意义吗？如果专业定位错了怎么办？事实上职业院校大多数专业在定位上都存在模糊不清的问题，在这种情况下职业能力调查是没多大意义的。人才市场调研要重点解决的其实是专业的人才培养目标定位问题。职业教育一定要非常清楚自己所培养的人才去了哪里，应该让他们去哪里。

其实，“企业人才需求”是一个跨度比较大的概念，如果我们把这一需求理解为对职业能力的需求时，那么该内容的获取必须采用工作任务与职业能力分析技术，且这一分析过程必须严格按照工作任务与职业能力分析技术的要求来进行，否则也无法获得对课程开发真正有价值的材料。而问卷调查是不可能取代工作任务与职业能力分析方法在课程开发中的独特作用的。那么问卷调查在课程开发中能解决什么问题？专业定位！即把哪个行业的哪些岗位作为人才培养的方向。它也是“企业人才需求”的含义之一。“企业人才需求”既可以理解为对人才知识、能力的要求，还可以理解为哪个行业的哪些岗位的人才需求。在课程开发中，后一问题还要置前。课程开发的第一个环节便是要充分把握行业发展态势，以及该行业各岗位对人才数量的总体需求情况，然后综合教育层次、办学条件等多种要素，对专业定位做出判断。这个问题在课程开发中也是极为重要的，只有明确了专业定位才能明确工作任务与职业能力分析的对象。目前许多专业的问题恰恰就是定位不明确，或者明确但不合理。对这个层面的信息的把握当然也应该综合多种方法进行，比如文献法，即通过查阅多种经济数据和分析报告来把握行业的发展趋势，但要掌握更具体和及时的信息，实施一定范围的问卷调查还是非常必须的。遗憾的是，目前在这个环节，问卷调查法的这种作用恰恰没有充分发挥出来。

在明确了人才培养目标定位后，就可进入第二个环节，即工作任务与职业能力分析，其目的是通过严密设计的分析技术获得岗位或岗位群中的任务和能力条目。这是向课程开发迈出的非常重要的一步。只有非常深入、清晰地分析出了任务与能力条目，我们才能对岗位的工作内容有非常清晰的理解，并为后面的课程设计提供直接依据。这个环节不仅必须进行，而且必须由岗位专家在任务分析专家的主持下来完成。有些职业院校在进行课程开发时，跳过这一环节，或者由教师自己来完成这一环节，最多安排几位岗位专家对教师的分析结果进行确认和修改。所有这些做法都是错误的，它会导致课程开发在原地徘徊。这种情况在职业院校中非常常见，往往是几年的课程开发投入却一直没有实质性进展，原因就在于缺乏扎实的任务与能力分析基础，课程开发者的思路没有打开。

有了任务与能力分析结果，就可完成课程结构分析、课程标准编制、项目教学设计与教学资源开发等一系列工作。开发越深入，工作量越大。比如教学资源开发，其中的工作量是非常巨大的，仅仅开发出一本优秀教材，可能就要消耗开发者几年的时间，而教学资源库开发，其工作量更是惊人。这里要注意，在进行单门课程的开发之前，首先要通过课程结构分析获得课程设置。这个环节工作量不大，但是非常困难，因为它要求完全解构原有的学科性课程设置，建立职业性课程设置，这对教师来说是个巨大挑战，因为这很可能意味着他们已教熟、并积累了完整教学资料的一门课程将不复存在，而要求他们去面临一门全新的课程。这个问题如果与中高职衔接、职业资格证书考试、升学考试等问题结合起来，那就更加复杂了。

要完成每个环节的开发任务，还必须有设计得极为严密的开发方法。课程开发要能进行下去，开发方法必须操作性极强。比如职业能力分析，仅仅说要分析职业能力当然是远远不够的，但即使是说明了职业能力的分析要求其实也还是不够的，还必须设计出职业能力撰写的具体格式。再比如工作知识分析，如果仅仅笼统地描述知识分析的方法，虽然已经很实用了，但还是远远不够的，我们还必须设计出进行知识分析的工具。这就是技术与方法的本质。职业教育课程开发往往需要大量教师参与，而教师通常都不是课程专家，对他们来说提供操作性强的课程开发方法就尤其重要了。

三、开发什么

课程开发必须有非常明确的课程产品意识，而要形成课程产品，仅仅有课程开发的思路与技术方法是不够的，还必须对最终获得的课程产品的类型及其形态有非常清晰的设计。项目课程开发最终形成的课程产品主要包括人才需求调研报告、职业能力标准、专业教学标准、课程标准、项目教学方案和教学资源。教学资源不是一种产品，而是一类产品，教材、实训指导手册、关于工作过程的图片与视频等等，均属于教学资源。

课程开发的技术设计，必须设计出课程产品的详细格式要求。教学资源的形式比较多样，难以确定非常具体的格式要求，但前面五种课程产品都必须有详细的格式要求。职业院校的课程开发中存在这样一种现象：课程开发的领导者不给教师提供课程产品的最终格式要求，而是要求教师自己先开发，然后进行汇总。这种做法是错误的，它不仅会使课程开发整个过程完全无效，浪费教师大量精力，而且容易在教师中激发对课程开发的抵制情绪。设计课程产品的格式，并不仅仅是为了保证课程产品形式的一致，更是为了有效地引导教师的课程开发活动，并获得高质量的课程开发产品。

课程产品的格式设计看似容易,其实比较复杂,一份好的格式设计能在很大程度上反映出课程开发技术设计者的水平。首先,课程产品的格式要体现特定课程开发活动的指导理念,其每一要素的背后都应该有着某种课程开发理念做支撑。比如任务与能力分析表,能力本位的 DACUM 表中是没有专门的“职业能力”一栏的,因为在它的理论中能力是等同于任务的,但事实上二者有性质上的区别,至少任务是岗位的要素,而能力是个体的要素,因此在作者所设计的分析表中,任务与能力是分开描述的。再比如课程标准,作者认为课程标准最为核心的部分是课程内容,因此在本书设计的课程标准格式中,课程内容占了很大篇幅。其次,课程产品的格式设计要考虑特定课程开发任务的要求。比如中高职衔接的课程开发,与专门的中职课程或高职课程开发,其许多课程产品的格式会有很大差别。上海市曾受教育部委托开发过 52 份国际水平专业教学标准,其格式设计也是别有特色,主要是考虑如何体现“国际水平”这一维度。另外,课程产品的格式设计还要充分考虑产品的应用范围,国家层面、省市层面以及院校层面的课程开发,其课程产品的格式显然要有很大区别,因为它们要处理的关键问题有很大区别。

第三章

定位职业教育课程

那么该如何开发项目课程？首先要进行课程定位，因为它是课程内容选择等一系列后续课程开发环节进行的前提。课程开发实践可能不一定严格地从课程定位出发，且课程内容的选择可能会进一步促进开发者明晰课程的定位，但作为一个完整的课程开发原理，还是应当首先阐明课程定位的方法。职业教育是面向工作体系的教育，工作体系结构的复杂性，决定了职业教育课程定位方法的复杂性。它包括三个层面，即定位专业所面向的岗位、定位岗位的工作任务和定位任务的职业能力。这些定位将在课程设计中发挥不同功能。

第一节　定位专业面向的岗位

要开发项目课程，首先要定位专业所面向的岗位。岗位定位是职业教育项目课程开发工作的起点。那么为什么要进行岗位定位？能否进行岗位定位？如何进行岗位定位？实际的课程开发中，有许多细节问题需要认真把握。

一、为什么要定位专业面向的岗位

（一）岗位定位是确定人才培养目标的基本方法

“人才培养目标”是人才培养方案的重要内容。如药剂专业的人才培养目标可表述为：“本专业主要面向药物制剂生产企业、保健品生产企业、化妆品生产企业、医药商品经营部门和各级医院制剂科等企事业单位，培养在生产、服务第一线能从事制剂生产、简单的工艺技术管理、产品质量分析检验、药品营销、医药仓储操作及药品调剂等工作，具有职业生涯发展基础的初中等应用型技能人才。”

按照目标——内容的思维范式，确定人才培养目标是职业教育课程开发的重要工作，因为人才培养目标是对专业所培养人才的总体要求，只有准确地界定了人才培养目标，才能够准确地把握课程体系设计的方向。那么该如何定位人才培养目标呢？以往我们一般通过研究职业教育所培养的人才类型来定位人才培养目标，最为经典的是理论型人才、工程型人才、技术型人才和技能型人才这四类人才的划分理论。这种讨论无疑是非常重要的，其结论为确定人才培养目标提供了方向，其重要概念往往要体现在“人才培养目标”的表述中，但对课程开发而言，仅仅停留于人才类型讨论又是远远不够的，甚至可以说对职业教育课程的具体开发基本上是无价值的。因为课程开发更为关注的是理念在操作中的技术实现方式，而不仅仅是人才类型这样一些宏观概念。用人才类型思维方式来定位人才培养目标，以致对具体的微观内容模糊不清，是课程改革难以深入下去的重要原因。

要明确地定位人才培养目标，必须通过确定专业所面向的职业岗位来进行，即要明确某个专业、某个层次的职业教育所面向的具体职业岗位。职业岗位能够给人才培养目标提供最为清晰和准确的答案。只有当职业岗位定位清楚了，才能通过描述这些岗位的工作任务与职业能力，详细、准确地把握这些岗位的人才规格要求。这个时候培养目标才能得到细分，也因此才能具体，从而解决课程开发中的许多难题。比如中高职课程目标的区分，当我们依据所面向的预期职业岗位来定位人才培养目标时，中高职课程目标的区分这个当前职业教育课程中的大难题便很容易得到解决。如市场营销专业，通过岗位调查可得出结论：（1）中职面向市场调查员、市场助理、业务助理、客服专员、销售顾问、电话销售代表和货品专员等岗位；(2)高职面向策划专员、市场督导、市场调查员、客户经理和区域经理等岗位。从这两个层次的岗位定位，可以明显地看出中高职市场营销专业人才培养目标的不同定位。见表3-1。

表3-1 市场营销专业岗位分析[①]

学制	职业岗位	学制	职业岗位
中技	市场调查员	高技	策划专员
	市场助理		市场督导
	业务助理		市场调查员
	客服专员		客户经理
	销售顾问		区域经理
	电话销售代表		
	货品专员		

(二) 岗位定位是确定职业教育课程其他定位的基本依据

岗位定位也是确定职业教育课程其他定位的基本依据。如上所述，职业教育课程定位无法像普通教育课程那样通过课程目标的确定便可进行定位，因为对职业教育课程来说，虽然可以依据职业能力确定课程目标，但职业能力是要依据岗位的工作任务进行确定的；要确定岗位的工作任务，当然首先又要先确定岗位，因为岗位决定了工作任务的范围。可见，职业教育课程定位的内容是个立体的体系，概括地说应当包含岗位、任务和能力三个层面。

从课程开发实际操作角度看，这三个层面并非并列关系，而是清晰的前后关系，岗位定位是起点。只有准确地进行了岗位定位，才能有效地进行工作任务分析，确定岗位要包含的工作任务。因为工作任务分析是由岗位专家完成的，要聘请岗位专家，当然要明确聘请哪些岗位的岗位专家，而这必然有赖于岗位的准确定位。另外，企业的工作任务是十分复杂的，一个专业不可能面向企业的所有工作任务。那么岗位专家应当分析哪些工作任务？任务分析时应当朝哪个方向进行？这是进行工作任务分析时需要严格把握的环节，否则将导致整个课程体系设计方向的偏离。而要把握好分析方向，也必须对岗位进行准确定位。

比如高职的电气自动化专业，其所面向的岗位可确定为电气产品安装与调试员、设备维护员等，朝此方向分析，可得到该专业的电气产品安装、电气产品功能调试、设备维护、产品应用设计等工作领域。技术本科的电气自动化专业，其所面向

---

① 引自深圳高级技工学校项目课程改革成果。

的岗位则可确定为维修工程师、工艺工程师(现场、技术部)、试验工程师、现场技术管理、现场系统调试工程师等,据此方向分析,可得到该专业的设计应用、工艺开发、试验研究、产品维护、系统集成实施、产品应用、设备维护与维修、技术管理等工作领域。把两组任务进行比较,可以清楚地看出同一个专业在本科与高职两个层次的内容差异。如此清晰的差异是如何得到的?无疑是得益于岗位定位的清晰。

二、如何确定专业面向的岗位

岗位定位在职业教育课程开发中的重要性众所周知,职业院校的人才培养方案中通常都有这项内容。问题是尽管有了这项内容,课程设计却似乎并没有实质性变化。何以如此?其中的原因比较复杂,原因的复杂说明岗位定位中有许多复杂的技术问题。

1. 岗位定位的要求

岗位定位要在职业教育课程开发中发挥实际效用,必须准确、清晰地表达专业所面向的岗位。从课程开发实践来看,要做到这一点似乎比较困难。常见问题有:(1)混淆工作内容与岗位。比如有的电子商务专业把岗位确定为网站维护与管理、电子交易、网络营销、客户服务等,有的应用化工技术专业把岗位确定为化工操作技术。(2)不恰当地提升了岗位。比如有的中职计算机信息管理专业把岗位确定为软件工程师,工业设计专业把岗位确定为工业造型设计师、家具设计师等。(3)包含的岗位范围过宽。最为突出的表现是许多专业都把范围延伸到了营销岗位。(4)表达过于笼统。比如应用电子技术专业把岗位确定为生产、技术和管理。

要准确、清晰地表达岗位,首先要理解岗位的含义,把握其表达方法。岗位既不同于工作任务,更不同于技术手段,而是指实际存在的职位,通常采取“……工”、“……员”、“……师”、“……家”等方式进行表达。其次要克服追求高和全的心理。岗位定位的层次应和教育层次相适应,岗位定位高并不意味着就提高了职业教育地位,职业教育地位高低取决于自己的质量;也不要期望学生成为全才,要把岗位范围控制在学生学习能力范围之内。再次,要深入分析企业的实际岗位设置。岗位表达笼统多数是因为不熟悉企业的实际岗位设置,解决的途径是要深入企业调研和充分依靠岗位专家。

2. 岗位定位要考虑的因素

像课程开发的许多环节一样,岗位定位是个复杂的综合与分析过程,而不是一个简单的线性演绎过程。我们可以通过调查获得一些数据来进行岗位定位,但是必须综合考虑许多因素才能对之作出合理判断。

需要考虑的因素主要有:(1)职业教育的性质与层次。必须选择那些具有职业教育特色,符合职业教育人才培养方向,与相应职业教育层次相适应的岗位。

(2)学生的职业生涯发展。所确定的岗位应当有一定前瞻性,要包含学生就业后若干年内能达到的预期岗位,而不仅仅是起点岗位。(3)学校的办学特色。一些宽口径专业如机电一体化,或是新兴专业如电子商务,其岗位定位往往会感到比较困难。对于这些专业,应当依据学校办学特色选择自己的课程开发方向。一些比较成熟的专业,考虑到学校之间错位竞争的需要,也应当采取这一思路。

以上考虑所针对的只是企业的现有岗位设置。但是,企业的经营模式是不断发展变化的,经营模式的变化必然带来岗位设置的变化,从而带来对人才能力需求的变化。比如汽车维修行业,传统的汽车维修工作范围主要是对汽车故障的技术性修理,4S店的出现完全改变了这一工作的性质,使其范围延伸到了服务顾问、客户关系维护、质量索赔等工作领域,技术要求降低了,服务要求提高了。因此要准确定位岗位,还有一个非常重要的方面,那就是研究企业的岗位发展方向。

3. 岗位定位的方法

岗位定位方法如图3-1所示。

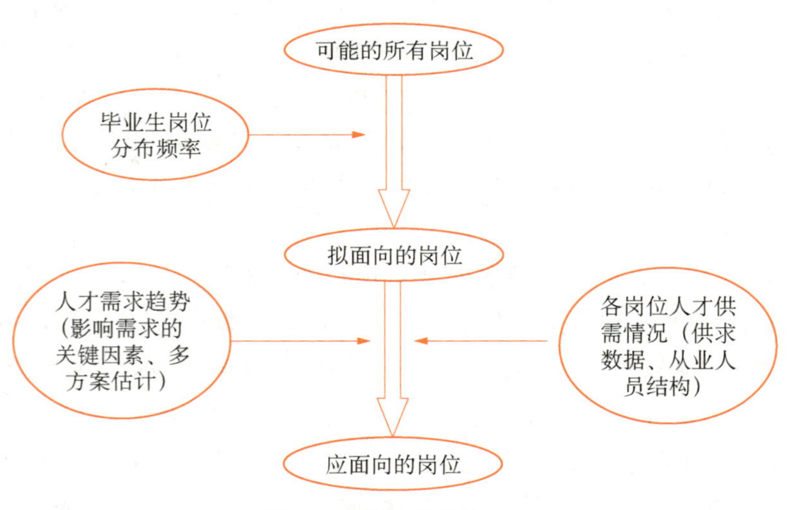

图3-1 岗位定位的程序

(1) 汇总专业可能面向的所有岗位。可以请来自不同企业的多位岗位专家按要求分别提出专业可能面向的岗位,罗列岗位时要充分把握职业教育的性质与层次,然后把岗位专家列出的岗位进行汇总。对于完全偏移教育性质或层次的岗位要断然舍弃。企业生产组织方式不同可能导致岗位设置的不同,比如大型企业与中小型企业的岗位设置就可能不一样,通常前者更精细、后者更综合,这会给岗位汇总带来困难。解决的方法通常是采取更为综合的岗位设置模式,这样可以照顾到不同类型企业的岗位设置情况。

（2）结合毕业生岗位分布频率确定拟面向的岗位。可根据实际情况选择最近3～5年的毕业生进行统计。关注这种数据，是因为它反映了专业发展的现状，以及学生的就业意愿。专业发展现状是专业长期实际运行的结果，它对进一步的课程开发具有重要参考意义，因而在专业定位中需要对这种数据予以充分考虑。当然这种数据只能作为获得最终结论的参考，因为学生就业要受许多因素影响，在某些情况下，毕业生分布比较多的岗位并不一定就是该专业应该重点面向的岗位。比如许多机电专业毕业生所从事的是机电产品营销岗位，那么机电专业的方向是否就应当转向机电产品营销呢？这是个需要慎重思考的问题。

（3）调查各岗位目前的人才供需情况。这种调查既可以通过查阅近期的劳动力市场供需数据来进行，也有必要直接深入到企业的人力资源部门进行调查。劳动力市场的供需数据属于不完整的数据，有多种因素会影响到其数据的完整性，比如并非所有求职者都会到劳动力市场去求职，也并非所有企业都会去劳动力市场招聘员工，因而劳动力市场的数据也只具参考价值。企业的数据反而要真实得多、有价值得多，一个企业的劳动力供需数据往往能在很大程度上代表一个地区该行业的劳动力供需数据。这一数据既要包括目前拟招聘人员的数据和正在求职的人员的数据（可用求人倍率来表示），还应充分调查目前正在从业的人员的数据，包括他们的学历结构、职业资格等级结构、年龄结构等数据，这些数据也是对企业人才需求情况做出判断的重要依据。

（4）分析各岗位未来人才需求的走势。这一步通常是和上一步同时进行的，为了使内容更加清楚，这里分开来进行叙述。企业各岗位人才目前的供需情况，无论是供给大还是需求大，都不能作为确定专业定位的绝对依据，只有未来若干年（至少5年）稳定的供需状态，才能作为对专业定位进行判断的确定性依据，这就需要进行人才需求的预测。人才需求调研中，最为复杂的问题就是对各种影响因素的准确把握。按照劳动经济学的观点，工资是影响劳动力需求与供给的关键变量，如图3-2，通过比较过去若干年某岗位的工资走势，可以对其未来劳动力需求与供给

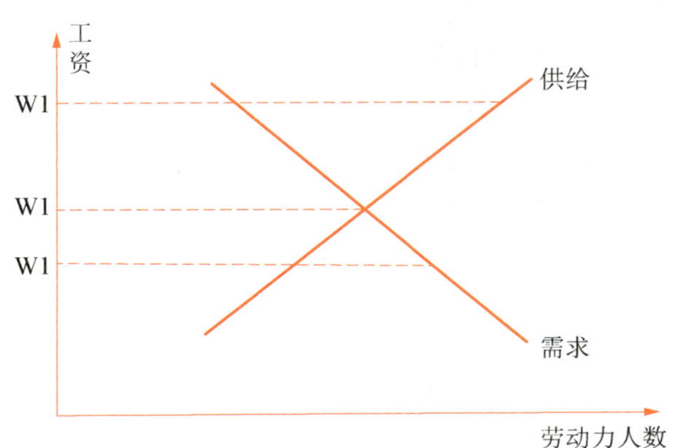

图3-2 劳动力市场供给与需求曲线

的情况做出初步判断。

然而劳动力市场与普通商品市场在性质上有很大不同,除了工资因素外,劳动力市场的供给与需要状况还要受到许多其他因素的影响,这些因素的影响作用有时还可能是关键性的。比如某个产业整体规模如果发展很快,通常就会带来对劳动力需求的快速上升,然而当劳动力供给同样也快速上升时,这种需求的上升就不一定会反映到工资中。有时产业的发展还不一定意味着对职业院校毕业生的需求就会多,很可能出现的情况是产业的快速发展导致对人才的学历层次要求越来越高,以致反而降低了对中高职学生的需求,金融产业就是个典型案例。某些岗位可能因为特定投资项目导致目前对员工的需求量很大,但很快就会饱和,比如前几年富士康的员工招聘。出口在我国产业结构中仍然占据较大比重,因而在全球化背景下,我们还要关注国际贸易对岗位人才需求的可能影响。虽然要确定明确的人才需求走势是不可能的,因为经济发展本身处于不确定状态,但对未来人才需求走势做充分分析还是很有必要的。一些规划项目往往会提出对未来某专业人才需求准确数据的要求,在一些发展更具计划性的行业这或许是可能的,比如医疗卫生,但对多数行业来说这种数据是不可能准确计算出来的,只能做些多种可能性的粗略估计。因此与其把精力放在猜测无意义的数据,不如把精力放在对影响人才需求的因素做更为精准的分析上。

(5) 筛选出专业所应面向的岗位。综合以上分析结果,根据该专业的发展理念,最终筛选出该专业所应面向的岗位。专业定位时应当综合分析地方经济特点、自身的师资与实训条件优势,以及其他院校该专业的发展方向,深入思考该专业的特色与发展方向。目前职业院校普遍存在同类专业发展方向雷同的问题,这正反映了职业教育专业建设尚处于比较初级的水平。

所确定的岗位可以区分为首次就业岗位与发展岗位、迁移岗位。分析结果可绘制成图 3-3 所示的学生生涯发展路径图①。

以上调研方法与职业院校目前流行的调研方法有根本性区别。目前流行的调研方法都是从经济发展趋势分析出发的,这种趋势分析的调研方法存在两个根本性缺陷,从而使得它的实用性并不强:(1)没有先明确岗位,要收集的经济信息针对性不强,以致真正有用的信息并不多;(2)经济发展趋势只是影响人才需求的因素之一,有时甚至还不是决定性因素,按照这种逻辑进行调研,很难真正把握人才需求信息。

---

① 上海市教育委员会编:《职业教育国际水平专业教学标准开发的研究与实践》,华东师范大学出版社 2012 年版,第 33 页。

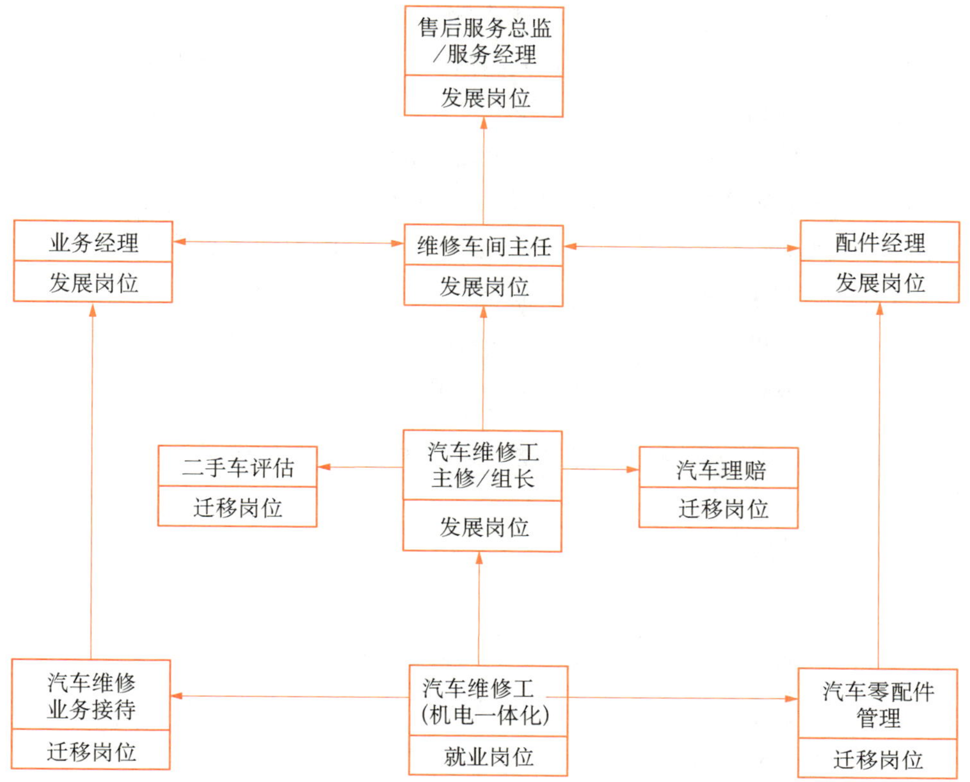

图 3-3 汽车维修专业(中高职一体化)学生生涯发展路径图

第二节 分析岗位的工作任务

工作任务是岗位职业活动的内容,它是联系个体与岗位的纽带,在项目课程开发中处于特殊地位。当我们从岗位的角度看待任务时,它就是岗位的职责要求;当我们从个体的角度看待任务时,它就会体现为职业能力。因此,分析岗位的工作任务,是实现课程内容与岗位能力要求对接的非常重要的中间环节,同时这又是一个技术要求非常高的环节。工作任务分析的方法很多,比如可以组织专家小组到工作现场进行观察和记录。本节拟描述的是会议研讨式任务分析法。

一、工作任务分析与会议研讨式分析法

(一) 什么是工作任务分析

所谓工作任务分析,就是对某一岗位或岗位群中需要完成的任务进行分解的过程,目的是掌握其具体的工作内容。表 3-2① 是一个工作任务与职业能力分析

① 引自瑞安市职业中专教育集团学校项目课程开发成果。

的样例。这个表格中包括了三项内容,即工作领域、工作任务与职业能力。职业能力的分析将在下一节讨论。工作领域其实描述的也是岗位上的员工实际在做的事情,只是由于层级划分的需要,把这列内容称为工作领域,因此它属于广义工作任务的范畴,这样的话,表格中的工作任务就是狭义的工作任务。

要注意的是,工作任务分析的对象是工作而不是员工,即应当关注岗位上需要完成哪些事情,而不要关注这些事情由多少人完成。因为企业规模与管理模式不同,其任务分担的模式也会不同,同样的工作任务,有的企业可能是由一个员工完成的,而有的企业可能是由三个员工完成的。任务分析的主持专家若不能深刻理解这一点,很可能在任务分析中使岗位专家陷于毫无价值的争论中。

表 3-2　服装设计与工艺专业工作任务与职业能力分析

时　　间:2014 年 4 月 18 日
分析专家:徐国庆、濮海慧
企业专家:陈姗姗、徐冬子、丁海龙、刘国义、包贤芬、宋焕勇、徐来芬、张荣、南丽云、娄晓秋、陈少萍、王贻旺、蔡新霞、赵筱菊

工作领域	工作任务	职业能力
A 服装设计	A1 服装材料收集	● 能确定所要收集的布料材质 ● 能确定辅料用途,收集色卡 ● 能判断两块撞色布料是否可行
	A2 服装流行资讯收集	● 能通过时装展等途经收集到有价值的服装流行资讯 ● 能通过流行资讯判断服装流行趋势
	A3 服装主题定位	● 能运用创意开拓新的主题 ● 能编写主题故事
	A4 服装风格定位	● 能将时尚元素与公司风格相结合 ● 能在时装风格中体现出主题元素
	A5 服装辅料设计	● 能设计出带有本公司标志的辅料 ● 能按主题开发辅料
	A6 服装设计稿制作	● 能熟练手绘或用电脑绘制清晰易懂的设计图
	A7 设计意图沟通	● 能清楚表达设计图纸所表达的含义 ● 能解答版师与样衣工对设计意图的疑问
	A8 市场反馈意见收集	● 能对市场反馈意见进行汇总分析 ● 能根据市场反馈,对设计进行小范围调整

续 表

工作领域	工作任务	职业能力
B 服装制版	B1 人体分析	● 能定位目标客户群体,并进行测量,掌握形体特征 ● 能根据人体静态与动态规律对目标客户的体型进行综合分析
	B2 原型制作	● 能根据目标客户群制作原型(包括人体基本活动量) ● 能对制作基型提供依据 ● 能在人台上用立裁方式将胚图制作成成品,再转化为平面原型图 ● 能利用原型准确而快速地进行原型打版
	B3 面料性能分析	● 能根据面料性能特征进行版型处理,确保产品规格和产品风格的稳定性与一致性 ● 能对面料性能进行合理分析,为规格制定和工艺处理确立依据
	B4 工艺设计	● 能有效综合操控性和美观性,设计合理的工艺方案,达到省时、省工的效果,便于生产 ● 能根据面料性能作出合理的归拔工艺 ● 能确保设计意图和工艺细节在样衣中清晰明了地体现出来
	B5 结构设计	● 能进行科学的结构造型设计,使服装造型完美、线条流畅、活动舒适 ● 能在结构设计过程中充分考虑生产的可行性,确保生产顺利进行
	B6 规格制定	● 能根据客户群需求进行规格制定 ● 能在成品试穿后第二次进行规格制定 ● 能根据面料和风格与设计师沟通,使产品规格合理化
	B7 平面打版	● 能利用以往款式进行微调,使基型打版更为快捷、准确 ● 能在平面纸上直接画出结构图 ● 能熟练运用 CAD 软件制图
	B8 立裁打版	● 能将坯布或同等性质的面料,在人台上进行立体塑造,转换成平面样板,使款式图更直观地表现设计意图
	B9 工艺样制作	● 能根据款式需要制作出相应的工艺版(烫样、点位样、色样、修剪样、印结花样),以便样衣制作 ● 能制作定位版(如:袋位、绣花位、小烫版)便于样衣制作

续 表

工作领域	工作任务	职业能力
	B10 坯样制作	● 能利用坯样制作成最初的服装雏形,在人台上进行第二次修正
	B11 工业放码	● 能在生产前将基码纸样进行放缩,使产品有多种尺码供顾客选择,要求比例协调
C 服装材料采购	C1 面料色卡制作	● 能根据设计师提供的样布与供应商资料,按不同品类重新归类 ● 能将剪块 10 cm×10 cm 的面料小样贴在面料卡上,并填好面料缩写、厂家、门幅、价格等信息
	C2 面料信息收集	● 能用电子文档填写面料卡信息,便于存档和查找
	C3 样衣核对	● 能针对样衣中用到的主面料、次料进行校对,确保样衣面料与色卡上面料相符
	C4 单款样衣物料卡制作	● 能根据技术部提供的单件用量进行分组 ● 能按面料主次顺序排制,贴好色样小块 3 cm×3 cm,并注明单件用料 ● 能对单件用料按品类归类保存
	C5 面料统计下单	● 能结合实际单件用量对商品部下达的生产量进行计算,并用电子文档进行编制,便于存档和查找
	C6 面料询价	● 能比对同等品质不同厂家的面料价格 ● 能以最优惠的价格筛选布料品质
	C7 采购合同签订	● 能在面料下单前与供应商进行前期事务联系、协商 ● 能在合同中明确面料品质、货期等条款
	C8 面料进度跟进与反馈	● 能对面料交货期进行跟踪,确保生产线顺利进行和交货期按时达成 ● 能对突发事件及时按规定通知各相关部门,避免停工、停料
	C9 面料入库核对	● 能准确核对面料的品质和数量,制作入库检验报告
	C10 财务台账制作	● 能结合入库实际米数和价格,制作相关台账
	C11 面料问题协商	● 能在不破坏与供应商关系的前提下,对生产或成品及销售中发生的与面料品质相关的问题,与供应商取得联系,协商责任承担问题

续 表

工作领域	工作任务	职业能力
D 服装裁剪	D1 计划单阅读	● 能根据计划单确认面料、辅料并熟悉其性能 ● 能根据计划单确认样板和工艺要求
	D2 领料	● 能根据计划单领料，并核对数量和材质
	D3 排料	● 能根据计划单安排规格排料，尽可能省料 ● 能根据工艺要求排料，掌握段色、边色的排法
	D4 面料检验	● 能在操作过程中及时发现并反映面料质量 ● 能在裁片过程中认真检查疵点，及时处理
	D5 拉布推刀	● 能根据面料性能拉布 ● 能根据工艺要求拉布 ● 能根据工艺要求准确推裁面料和辅料
	D6 验片	● 能根据面料、辅料的工艺要求验片 ● 能对检验次品及时对色换片
	D7 压衬与改版	● 能根据工艺要求摆衬 ● 能根据温度、压力要求进行压衬 ● 能根据面料和样板要求进行改版
	D8 辅料配置	● 能根据计划单配置所需辅料
	D9 裁剪报表制作	● 能根据排料裁单进行层次分隔 ● 能根据裁单数量编制报表 ● 能根据生产要求下达信息
	D10 分包发放	● 能根据报表核对改片 ● 能根据改片分类，整理分包
E 服装缝制	E1 工艺单阅读	● 能通过阅读工艺单掌握工艺操作流程，并判断可行性 ● 能发现不合格的工艺并及时与技术部门沟通
	E2 裁片分类	● 能参照样衣对领、袖及前后片各工艺要求对裁片进行分类
	E3 贴衬与烫衬	● 能按照面料的特性和规格进行选衬 ● 能辨认面料正反面，并进行贴衬 ● 能根据衬的合适温度进行熨烫 ● 能对熨烫后的不合格产品进行处理
	E4 点位	● 能按照衣服款式要求及样板对口袋、省位进行准确点位

续 表

工作领域	工作任务	职业能力
	E5 领子缝制	● 能按照领子样板缝制领子 ● 能使归拔符合工艺要求
	E6 袖子缝制	● 能按照工艺要求拼接袖缝,做到左右对称、圆顺服帖
	E7 前片缝制	● 能按照工艺要求拼接门襟,按点位对省位、口袋进行缝制
	E8 后片缝制	● 能按照样衣拼接后片,做到缝位均匀、压线顺直
	E9 半成品整烫	● 能按工艺要求对各部位进行整烫,确保产品平整服帖
	E10 工序检验	● 能根据工艺要求,对各工序进行检验
	E11 商标、唛头缝制	● 能根据款式和面料成分缝制商标和水唛
	E12 里布制作	● 能根据款式对里布进行缝合
	E13 整件缝合	● 能根据工艺要求将前后片、领、袖组合成完整产品
	E14 锁眼钉扣	● 能按版定位,并打扣眼
F 服装检验	F1 面辅料检验	● 能根据面辅料确认样,判断面辅料是否合格 ● 能根据面辅料基本检测标准,判断面辅料是否存在起球、起毛、褪色、勾纱、缩水等问题
	F2 质量标准确认	● 能根据行业或企业质量标准,准确判断成衣是否合格
	F3 规格尺寸检验	● 能根据工艺单上的标准尺寸对成衣各部位进行测量,并判断成衣是否合格 ● 能根据测量标准确定衣服种类,并选择合适的测量方法进行测量
	F4 包装检验	● 能根据包装确认样,判断包装是否合格
	F5 缝制工艺检验	● 能根据工艺制作要求,按照产前确认样衣,对成衣的平整度、吻合度进行检验
	F6 合格证校对	● 能根据合格证上的信息对水洗唛和吊牌进行检查
	F7 成衣产品合格率统计	● 能正确计算成品合格率 ● 能编制成品合格率表格
G 服装后整	G1 数量校对	● 能对成衣车间领到的衣服进行点数并校对 ● 能将有数量差错的服装批次按程序退还至生产部门 ● 能对领到的衣服数量和退还的衣服数量做好记录并跟踪

续 表

工作领域	工作任务	职业能力
	G2 水洗标核对	● 能分色或分批次进行洗涤方法、面料成分、生产地址、厂家联系方式等水洗标标识的核对
	G3 分类与检验	● 能对服装的款号、号型进行分类并核对 ● 能按照国标、地标或企标进行检查验收 ● 能对合格产品进行盖章或做标记 ● 能将不合格产品进行数量校对并返修 ● 能对合格与不合格产品进行记录和统计
	G4 服装整烫	● 能对烫台、压机的台面进行检查，并作清洁处理 ● 能对熨斗的汽压、漏水、尾气进行检查，并作清洁处理 ● 能按照安全生产守则进行服装熨烫
	G5 单件(套)包装	● 能对熨烫完毕的服装进行整理，并按照生产单要求进行折叠 ● 能按照工艺单对吊牌(不干胶)和衣服的标识进行校对 ● 能对统一合格的衣服进行装袋并封口 ● 能把包装完毕的衣服分类码放整齐
	G6 生产计划单数量核对	● 能对包装完毕的衣服进行点数，并与生产计划单进行核对 ● 能对数量不吻合的衣服批次进行查找核对
	G7 打包装箱	● 能按照要求对码放整齐的服装进行打包装箱 ● 能对装箱单进行记录并备份
H 服装陈列	H1 时尚信息收集	● 能敏锐捕捉时尚元素 ● 能分析服装市场信息 ● 能分析消费群体的需求
	H2 陈列方案设计	● 能根据品牌经营理念和服装风格等设计陈列方案
	H3 橱窗设计	● 能运用设计产品风格进行创意设计 ● 能运用店面布局对服装背景与服装产品进行协调 ● 能根据季节和节日促销，制作宣传海报并张贴 ● 能做到橱窗横度中心线与顾客视平线相协调 ● 能合理地运用灯光效果 ● 能结合防风、防盗、防潮、防尘等功能开展设计 ● 能将橱窗规模与店面规模相协调

续 表

工作领域	工作任务	职业能力
	H4 色彩区域分类	● 能熟练运用色彩进行橱窗创意,达到色彩视觉最优化
	H5 系列搭配	● 能综合主题、款式、风格、造型、色彩、材料等因素进行陈列,便于客户挑选
	H6 饰品搭配	● 能合理搭配饰品,提升服装展示效果
	H7 整体协调	● 能对陈列效果进行分析 ● 能使陈列美感达到最大化 ● 能将道具摆设与店面空间完美结合 ● 能通过音乐、灯光营造舒适的消费氛围
I 服装销售	I1 客户接待	● 能确定目标客户 ● 能运用非销售语言与客户沟通,拉近与客户的关系
	I2 客户需求收集	● 能确定进行需求收集的目标客户 ● 能收集并确定客户对产品风格的需求 ● 能收集并确定客户对产品品质的需求 ● 能收集并确定客户对产品价格的需求
	I3 公司与产品介绍	● 能简单明了地讲述公司概况 ● 能准确描述产品特点和优势 ● 能充分理解设计师的产品设计理念,并向客户介绍
	I4 交易促成	● 能掌握客户消费心理,消除客户消费疑虑,促成交易
	I5 产品交易	● 能完成收银、货品交付等交易过程 ● 能登录销售系统,完成销售信息更新
	I6 客户信息记录	● 能全面记录所收集的客户信息 ● 能对客户信息进行整理、归档
	I7 产品准备	● 能与仓储等部门进行沟通,完成备货 ● 能跟进备货进程
	I8 客户关系维护	● 能协调客户与各部门的关系 ● 能及时与客户沟通,促成不断合作
	I9 售后处理	● 能及时解决客户反映的问题,并对问题进行记录 ● 能及时、准确地向上级反映客户问题

续 表

工作领域	工作任务	职业能力
J 服装生产组织	J1 生产样核定	● 能根据客户对初样的要求对初样进行批注 ● 能与客户一起对生产样进行审核、封样 ● 能安排样衣组进行生产样的制作
	J2 主辅料采购	● 能参照生产样制作物料卡 ● 能参照物料卡,对主辅料进行采购与复核
	J3 生产工艺确定	● 能编制工艺说明书 ● 能把工艺说明书分发至各相关部门
	J4 生产流程编制	● 能对整体产品的生产工艺进行细化 ● 能合理、全面、细致地划分生产工序 ● 能对每个工序的生产单价进行初步认定
	J5 生产员工调配	● 能根据现有员工技术水平,按生产技术的难易程度做出合理的人员安排 ● 能根据生产过程需要进行及时的人员调配
	J6 品质监管	● 能根据生产工艺说明书,对生产中的细节进行监督,并对不良产品提出整改措施
	J7 生产进度跟进	● 能制定生产进度跟踪表,并随时跟进 ● 能根据公司和客户要求,上报生产进度
	J8 生产现场管理	● 能对现场生产员工进行合理安排调度 ● 能对生产现场的所有物品进行合理、整洁的摆放 ● 能随时监督生产现场的清洁卫生、消防安全 ● 能根据职责范围合理解决生产过程中临时出现的问题
	J9 生产总结	● 能结合前期生产经验和客户要求,召集生产人员进行产前动员,明确工艺和质量要求 ● 能在生产结束时进行现场清理、数量核对、品质总结

尽管多数教师能够深刻认识到任务分析对于打破学科课程体系,建构起项目课程体系的重要价值,但仍有不少教师对其价值的理解只停留于从理论传播中获得的见解,他们实际上更为关注的仍然是知识、技能和态度这些直接用于授课的内容。然而对岗位的工作任务进行分析,从而获得详细而准确的工作任务分析表,是项目课程开发的关键环节。可以说,任务分析成功与否对项目课程开发起决定作用。大量课程开发实践表明,任务分析的成功与否,既会影响到课程内容对工作岗位能力要求的准确反映,也会直接影响到后续的课程开发过程。即使对当前正热的技术应用型本科教育来说也是如此。要明确技术应用型本科教育的课程内容,

找到其在层次上高于专科高职、在特色上有别于学术型本科之处，关键的路径还是在工作任务分析。

事实上，依据岗位能力要求开发课程的思路对职业院校来说并不陌生。许多院校的人才培养方案中都有一张表格，用以描述专业所面向的岗位、岗位所需要的能力以及针对这些能力需要开设的课程。然而令人困惑的现象是，最终所获得的课程体系与原有课程体系并无区别。何以如此？其中的一个重要原因便是缺乏对任务这个中间环节的有效分析，以致难以用任务体系取代原来的知识体系，进而也难以详细地描述职业能力，若如此，要打破牢固的学科课程体系谈何容易！

工作任务分析的重大价值体现在：(1)能获得用以组织项目课程所需要的完整的工作任务体系。要解构学科课程模式，围绕工作体系组织课程体系，就必须通过工作任务分析，层层剥开、梳理出常态条件下交织在一起的、复杂的工作任务。这是项目课程从理念走向实践的关键环节。(2)能为准确、细致地定义职业能力提供重要基础。项目课程改革的重要目的是，增强职业教育课程内容的实用性，真正选择出职业岗位所需要的知识和技能。而要实现这一点，必须对职业能力进行具体定义。以往较为流行的宏观的能力描述，如问题解决能力、操作能力、合作能力等，是无益于对课程内容进行精细化分析的。只有获得类似于"能主动、多渠道地寻找信誉好、实力强、合作意向大的客户"、"能明确商品名称、型号、数量、技术参数等要素"等的职业能力描述，才会对课程内容的精细化分析，并最终实现课程内容的完全突破具有重大价值。而要实现职业能力描述方式的这一重大转变，必须以深入、细致的工作任务分析为基础。

（二）会议研讨式任务分析法的优势

所谓会议研讨式任务分析法，就是在分析专家的主持下，岗位专家对岗位中的工作任务进行会议形式的研讨，制定出工作任务分析表的任务分析法。这一方法虽然被命名为"会议研讨式"，但其操作过程与通常的会议进行过程有根本区别，从后面对这一方法的操作过程的详细描述可以清楚地看出这一点。

和其他分析方法相比，这一方法有着明显优势：(1)效率高。只要会议组织得好，一天就可以完成分析任务。(2)发挥团体智慧优势。岗位专家集中在一起，可以就一些存在争议的问题进行深入研讨，获得更加深入的分析成果。(3)充分发挥分析专家的引导作用。分析专家强有力的引导，可以有效地使分析朝所要求的方向进行。当然，这一分析法也存在一些问题，比如所获得的任务分析表包含的信息可能有限；不能对任务的特征等内容进行深入研究。但从目前来看，这一方法是在实践中最为可行，实用性最强的方法，因而被职业院校广泛采纳。在获得任务分析表后，继续对任务特征等问题进行深入研究，可以有效地弥补这些缺陷，为项目课程开发提供更为完整的资料基础。

二、准备工作任务分析会

采取会议研讨法进行工作任务分析，首先要认真准备分析会。准备内容包括人、物和资料三个方面。尤其是人的准备，即分析专家和岗位专家的选择，应当非常慎重地进行。

(一) 选好分析专家

工作任务分析会需要在分析专家的主持下进行，因为岗位专家虽然非常熟悉岗位的工作任务，但他们并非课程开发专家，不熟悉工作任务分析的目的和方法。要按照课程开发要求深入挖掘出岗位专家所理解的工作任务，并进行整理形成工作任务分析表，需要充分发挥分析专家的作用。分析专家的能力水平至少60%地决定了会议能否取得预期结果。其实许多职业院校召开过类似会议，但效果均不明显，会议没有产生对课程开发有实质意义的成果，这一方面是由于聘请的岗位专家多数是管理层面的人员，另一方面就是由于缺乏受过专业训练的分析专家。

1. 分析专家的职责

(1) 使岗位专家理解分析会的工作目标与方式。这对分析专家来说是个具有挑战性的职责，因为所邀请的岗位专家绝大多数没有参加过工作任务分析，他们往往不能很好地理解分析过程的操作方法，尤其对以书写为主的工作方式接受起来比较困难。如果岗位专家未能理解分析的目标、方法与工作方式，他们很可能不配合开展分析工作，严重时会导致分析过程无法进行。反之，若岗位专家理解了分析的操作方法，并能接受以书写为主的工作方式，分析过程将能非常顺利地进行，并取得高质量的分析成果。由此可见，分析会进行之初，分析专家通过讲解分析会的工作目标与方式，使岗位专家尽快进入工作角色在整个分析过程中是十分重要的。

(2) 组织、协调分析进行的全过程。工作任务分析是个非常严密的过程，而且一般地说，这个过程最好在一天之内完成。要在这么短的时间内取得高质量的成果，需要充分协调好人、物，并控制好时间。关于人，分析专家必须协调好岗位专家和记录员的工作，对于什么时间、什么工作需要什么人完成这些问题，分析专家必须非常清楚。关于物，分析专家需要协调好会议桌、电脑、投影、打印机、纸笔等物品的使用。关于时间，分析专家需要控制整个时间的进程，对于什么阶段应当完成什么分析任务，分析专家必须非常清楚。一般地说，整个会议需要从上午8:30开始，一直持续到下午5:00左右，中间最多只能安排1个半小时左右的用餐和休息时间。在整个这个时段中，上午必须完全完成工作任务分析，留出下午半天用于职业能力分析；在上午的分析时段中，工作领域的分析必须在10:30之前结束，因为工作任务的分析大约也需要1至1个半小时。这些工作似乎过于琐碎，然而如果没有做好，很可能在很大程度上影响分析的进程。比如会议桌的使用，如果位置安排不利于主持人直接面对绝大多数岗位专家，会在很大程度上影响某些岗位专家对分析过程的参与。再比如，如果没有适时地把分析成果打印出来让岗位专家仔细核对,而只是使用投影进行核对,也会在很大程度上影响分析的效果与进程。

(3) 指导岗位专家的分析并整合其分析成果。尽管分析会进行之初,分析专家会讲解分析会进行的方法,但岗位专家在分析过程中仍然会遇到许多问题,主要有:①未能真正理解分析的思路与要求,所书写的内容与所要求的内容不符合,比如要求书写工作任务时,很多岗位专家书写的可能是知识或能力;②不能把握从什么角度进行分析更合理,哪种分析角度对课程开发价值更大;③理解停留于宏观层面,不能有效地对内容进行分析,在对任务或能力进行拆分时感到非常困难。当岗位专家遇到这些问题时,分析专家要能辅导他们有效地克服这些障碍,并即时判断岗位专家书写的材料是否符合要求,是否要求其重写。另外,整个分析过程是由11～12位岗位专家共同完成的,把他们的观点进行整合,形成一份高质量的分析表,也是分析专家的重要任务。如果分析专家未能有效地、高水平地进行整合,那么获得的只是大量零碎的、几乎没有价值的词句。

2. 分析专家的能力要求

分析专家的工作十分复杂。为了很好地完成以上任务,分析专家首先应当熟悉工作任务分析的基本操作,并深刻理解这些操作的设计意图。工作任务分析的全过程都是经过精心设计的,比如岗位专家的能力要求,会议现场座次的安排,分析过程的阶段安排,分析专家与岗位专家的互动方式,任务或能力确定的程序,任务分解的逻辑路径等,所有这些环节的操作要求,都是在大量经验基础上总结出来的。即使只是其中某个细微环节操作不当,也很可能导致整个分析会的失败。因此,准备主持工作任务分析的专家应当认真理解这些过程与要求。

其次,分析专家应当深刻理解工作任务分析的质量要求,即什么样的分析是好的,什么样的分析是不好的。因为会议研讨式工作任务分析是即时进行的,即要在分析现场确定分析成果。即使分析工作结束后,可以通过进一步的分析使任务分解更加完善,但现场确定的成果是具有决定性的。另外,整个分析过程是层层递进的,如果前面的分析成果不符合要求,必然直接影响到后面的分析成果。这就要求分析专家对任务分析成果的评价标准非常熟悉,并能依据这些标准即时地判断岗位专家所提供材料的优劣程度。事实上,职业院校在运用这一方法进行课程开发时,往往并非不知道分析的基本操作,而是不能有效地把握分析成果的质量标准,以致分析成果低劣,甚至难以依据它进行课程开发。

此外,工作任务分析有不同目的,不同目的可能导致分析重点与要求的不同。这里阐述的工作任务分析属于课程开发的基础工作,因此其分析过程应当朝着有利于课程开发的方向进行。把握这一点非常重要,否则很可能出现任务分析很成功,却无法依据它进行课程开发的现象。这就要求分析专家跨出任务分析本身,能深刻理解项目课程的基础理念,以及任务分析成果在课程开发中的应用方式,并能根据任务分析成果预测可能的后续课程框架。比如,人们在进行任务分析时,往往习惯于根据工作流程划分任务。如应用生物技术专业的“药品生产”这个工作领域，人们很可能把它的任务划分为“生产准备”、“生产操作”、“清场清洁”、“生产记录整理”等几项。这种划分看似非常清晰，其实为课程设计所提供的信息是非常少的，因为它掩盖了不同类型药剂生产工艺的巨大差异，而这些差异恰恰是课程设计非常重要的信息。如果分析专家能根据课程设计理念进行任务分析，就能有效地避免这种情况。

(二) 选好岗位专家

项目课程继承了任务课程重视岗位专家参与课程开发这一理念，因为对工作任务最为熟悉的人就是那些长期在相应岗位从事工作，且善于反思的岗位专家。虽然通过双师型师资队伍建设，许多职业院校教师获得了一些实际工作经验，但这些经验相对岗位专家来说仍然是非常肤浅的。项目课程为了确保其任务定位的准确，必须有岗位专家的深度参与。选好岗位专家是决定任务分析能否取得成功的非常重要的环节。岗位专家甄选需按以下要求进行。

(1) 数量要求。一般聘请 11～12 位为宜。许多人担心岗位专家人数这么少，所分析的结果能否具有代表性？这一担心是完全没有必要的，因为工作任务确定所采用的并非调查法，而是专家分析法。也就是说，它并非依据专家数量来确定任务的取舍，而是依据专家观点的质量来确定任务的取舍。岗位专家过少自然不利于分析的深入进行，岗位专家过多则将给分析专家的组织工作带来极大难度，同样不利于分析的有效进行。

(2) 职务要求。岗位专家以一线技术骨干，班组长、车间主任为宜。人力资源部的人员、行业协会的人员一般并不具备任务分析所需要的能力，而企业老总对于任务分析通常也是不合适的。职业院校往往倾向于请企业老总帮助进行专业论证，但事实上他们的能力主要不在技术，而在企业的发展战略管理，更为重要的是，他们已形成了宏观思维习惯，这种思维习惯恰恰与任务分析所需要的分析思维是相反的。

(3) 岗位要求。岗位专家要覆盖本专业所面向的工作岗位，并合理分布。前面所确定的岗位是聘请专家的基本依据，如果没有完全覆盖到这些岗位，或者不同岗位的专家分布不平衡，将严重影响任务分析结果的完整性、均衡性。另外，企业类型也要有代表性，至少大、中、小型企业均应有代表。

(4) 能力要求。应尽量聘请善于思考，表达能力强(至少书面表达能力要强)，并乐于、善于与人合作，能努力听取他人意见的岗位专家。岗位专家虽然对岗位的工作任务通常都非常熟悉，但不善于思考的岗位专家，或是不善于表达的岗位专家，很难对工作任务进行系统分析和整理，以获得清晰的工作任务分析表。

(5) 经验要求。要聘请经验丰富的岗位专家，他们最好拥有 20 年以上的工作经历，且拥有技师以上或相应职业资格证书。企业通常都制定了明确的岗位职责，但岗位上的实际工作任务通常和岗位职责所规定的工作任务会有很大差距,因此不宜简单地把企业岗位职责作为任务分析的依据,而是要依靠岗位专家进行全面、彻底的分析。显然,经验越丰富的岗位专家,越能有效地进行任务分析。

(三)选好记录员

工作任务的分析成果要求进行现场记录。因此记录员也是任务分析会非常重要的成员。人们很容易忽视记录员的重要作用,不是很重视记录员的甄选,只是简单地挑选计算机文字录入快的人员担任。而事实上,如果记录员对工作任务分析的技术要求理解比较深刻,并能主动、灵活地协助分析专家,将大大减少分析专家的琐碎工作,使之能把更多的精力用于引导岗位专家进行任务分析。记录员最好由相关专业的教师担任,因为他们能更为准确地理解专业词汇。一天的分析工作中,记录文字的数量分布是不平衡的,有的阶段文字录入不多,只需要一位记录员,有的阶段则文字录入非常多,往往需要3～4位记录员。把专业老师安排到岗位专家当中,在岗位专家进行任务分析的同时进行记录,可大大减少专门用于分析结果录入的时间。

(四)组织好教师

参与课程开发的教师应当列席任务分析会,认真听取岗位专家的意见,仔细理解和记录每条工作任务确立的过程。岗位专家的分析材料最终要转化为可供教学的方案和材料,需要经历非常复杂的课程设计过程,而这个过程是要由教师承担的,这就要求教师能深刻理解岗位专家的分析材料。对这些分析材料的把握,教师不能仅仅通过阅读最终的结果材料来进行,而是要认真地参与全过程。在分析过程中,教师们还可以根据自己对本专业课程的理解,就工作任务分析的重点与方向提出参考意见。有时候教师的意见可能非常重要,分析专家应当高度重视。这与CBE课程的开发理念是不相同的,我们主张的是一种校企联合的课程开发机制,第五章将详细阐述这一机制。把教师分散地安排到岗位专家中,既可以大大缩减专门用于分析结果录入的时间,同时还可有效地解决教师参与任务分析过程的问题。

(五)准备好物质环境

组织工作任务分析会,首先需要一个能容纳30人左右的中型会议室。会议室不宜过大,也不宜过小。会议室过大不利于形成轻松、自由的思考环境,过小则会因为拥挤而影响到专家的情绪。会议室的桌子应当是圆形的,以利于专家之间面对面的沟通。此外,应当为每位专家准备好用于书写的纸和笔。一些现代化的电子设备,如投影仪、电脑、打印机也是必须具备的。考虑充分的话,还应当准备好一些文具,如订书机。这些物品虽小,如果缺乏,会在很大程度上影响分析效果。

(六)准备好资料

需要准备的资料包括:(1)作为参考样板的优秀的工作任务与职业能力分析

表，如表3－3；(2)工作任务分析的理念与基本操作要求说明；(3)分析专家与岗位专家名单。资料应当围绕着促进岗位专家对工作任务分析理念与操作要求的理解来进行。

表3－3的案例中包含了职业能力的分析内容。虽然这里阐述的只是工作任务分析方法，但在实际的分析中，工作任务分析与职业能力分析是同步进行的。事实上，二者也是不可分割的。没有拓展到职业能力分析的工作任务分析对课程开发是没有价值的，不建立在工作任务分析基础上的职业能力分析则很容易空洞。因此，为了保持表格的完整性，让读者对之有个更为完整的感知，这里把职业能力也放到了表中。

三、组织工作任务分析会

(一) 任务分析现场的布置

图3－4比较直观地描述了工作任务分析现场的布置。分析专家的位置宜安排在圆桌一边的中间，以利于分析专家与岗位专家最大范围地进行沟通。记录员的位置应安排在分析专家旁边。教师则可安排到岗位专家之间。对教师做这种安排时要注意明确他们的角色，即他们的任务是协助岗位专家完成分析任务，而不是让岗位专家回答其在课程建设与教学实践中的困惑。

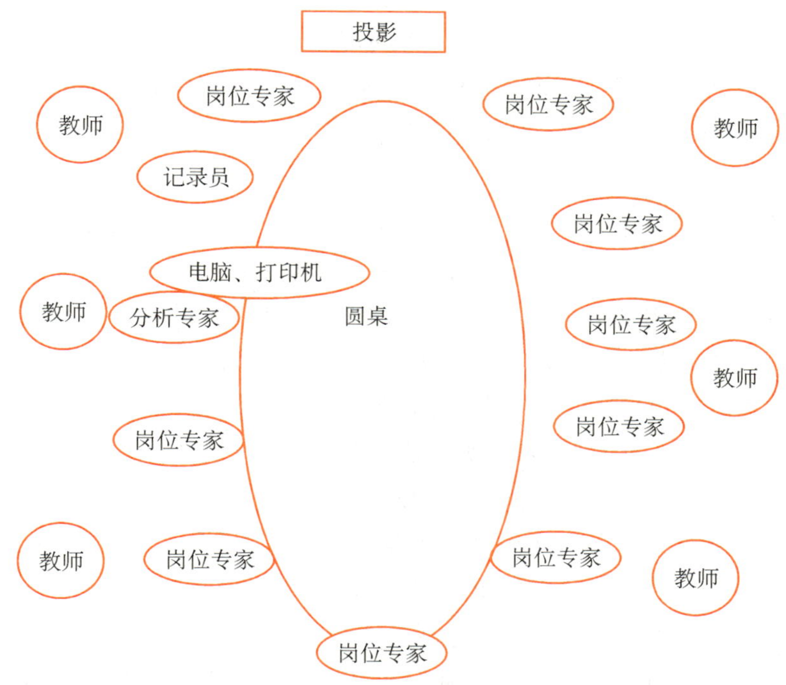

图3－4 工作任务分析现场布置图

(二) 工作任务分析的程序

1. 开幕式

对分析会的成功召开来说,开幕式是必要的,但时间不用过长,大约10分钟。开幕式主要要达到两个效果:(1)使岗位专家能全身心地投入分析过程,为了达到这一目的,有必要逐个介绍每位岗位专家的工作单位与专业领域;(2)明确分析范围。这可以通过给岗位专家介绍本专业的范围,说明前面确定的工作岗位来进行。切忌给岗位专家介绍大量与工作任务分析无关的信息,如学校的办学概况。

2. 讲解分析会的目标与工作方式

分析专家结合实例,给岗位专家讲解分析会一天的工作目标,以及需要采取的工作方式。讲解应当简明扼要,清楚准确,利于岗位专家理解和接受,并形成宽松、积极的工作氛围。

这一阶段分析专家需要讲解清楚的要点:(1)召开分析会的目的是使课程能与岗位的实际要求最大限度地对接起来,但解决这一问题的办法不能仅仅停留于思路的讨论,停留于请岗位专家给职业教育的专业课程建设提供建议,多年的实践经验已基本说明了这种方法的无效,解决这一问题的唯一有效办法是开发工作任务与职业能力分析表。(2)分析要解决的主要问题是岗位的从业人员实际在做什么事,以及胜任这些工作所需要的职业能力,即分析课程建设的原点问题,不涉及要学习哪些知识,开设哪些课程等问题。如果不把分析的对象聚焦于任务与能力,会使整个会议陷入对无法解决的问题的讨论中,很可能导致分析会的最终失败。(3)分析必须从岗位专家的独立撰写开始。岗位专家要在分析专家的引导下,把自己的意见按规定的表述要求书写出来。这是使分析会产生预期成果的重要保证。

3. 分析工作领域

正式的分析从工作领域开始,即分析出工作岗位中的主要工作领域。这是整个分析的起点,如果工作领域分析有误,将严重影响后续的任务分析,因此要慎重。

工作领域分析需要特别注意:既然一个职业教育专业会面向多个岗位,那么工作任务(广义的)分析应当按岗位逐个进行,还是应该把这些岗位综合在一起进行呢?在以往的职业教育课程开发中,工作任务分析是依职业岗位分别进行的,每个职业岗位要完成什么工作任务,就教什么课程内容。传统的技工学校执行的完全是这一课程模式。这种课程模式能够有效,是因为传统技工学校是以工种为基本教学单位的,即使一个工种可能面向多个职业岗位,这几个职业岗位往往也限制在非常狭小的范围内,且各自独立。然而职业教育发展到今天,其模式已发生了根本变化。现在的职业学校完全是以专业为基本单位组织教学的,即使是尚存的技工学校,也把教学单位由工种改为了专业。在目前的职业教育情境中,如果继续针对每个职业岗位分别进行工作任务分析,就会产生分析的结果之间存在严重交叉重复的问题。因为这些岗位之间的任务往往不是界线分明的,许多工作任务需要由多个职业岗位共同完成。这种相互之间有工作关系的岗位的组合即是岗位群。比如服装设计专业(时装零售与管理方向)面向的职业岗位有导购、店长、营运主管、督导、商品主管、客户服务、拓展、陈列师、区域经理,这些岗位构成了一个岗位群,这个岗位群的许多工作任务需要由多个职业岗位共同完成。比如店铺现场管理、盘点及账务管理这两种工作任务会同时涉及导购和店长这两个岗位。如果分别对这些岗位进行工作任务分析,就会产生工作任务的交叉重复现象。而这正是许多课程开发面临的困境。正确的方法应当是把由各岗位所构成的岗位群作为一个整体进行分析,从这个角度看,可以把工作领域理解为岗位群所执行的功能。

工作领域分析阶段分析专家需要讲解清楚的要点:(1)把岗位群作为一个整体进行分析;(2)工作领域指岗位群所执行的较大范围的功能,这些功能应当是实际在做的工作,而不仅仅是企业岗位职责中规定的内容;(3)在工作领域分析阶段,不需要考虑课程、知识、能力等内容,只需要考虑岗位上的员工实际在做什么;(4)用"名词+动词"的短语进行表述;(5)根据自己的工作经验独立进行撰写,每位专家撰写10条左右工作领域。

4. 分析工作任务

对工作领域中的具体任务进行分解。完成工作领域的分析后,岗位专家基本熟悉了工作任务分析的方法要求,因此通常能较轻松地完成工作任务分析这个环节。到了这个阶段,可以给岗位专家分工,即每位专家承担一个工作领域的分析任务,这样既可以加快分析工作的进度,又可以发挥每位岗位专家的专业优势。如果到了这个阶段不采取分工形式,将无法在一天内完成所有分析工作。这个分工安排要持续到职业能力分析。分工以后,为了避免每位专家因视野局限而导致分析结果偏离,应在把全部分析结果汇总后,集中全体专家对分析结果进行修改和确认。

工作任务分析阶段分析专家需要讲解清楚的要点:(1)工作任务的分析思路与工作领域的分析基本相同,只不过它的分析更加具体,是对工作领域的进一步拆解;(2)工作任务的分析应针对每个工作领域分别进行,应当涵盖岗位的所有要求;(3)拆解时要尽量详细,一般每条工作领域的工作任务至少在5项以上,目的在于获得对岗位工作更加深入的把握;(4)工作任务分解要体现出清晰的逻辑线索,要避免任务之间的交叉,还要注意同级的工作任务应当大小比较均衡;(5)工作任务表述也采取"名词+动词"的短语形式,如"产品制作"。

在完成工作任务分析的基础上,还要进一步进行职业能力分析。职业能力是把工作任务转化为课程内容的纽带,缺少了这个环节的分析,工作任务分析就很难在课程开发中发挥实质性作用。这是以往的DACUM法在分析技术上的根本缺陷。实际操作中,职业能力分析是与工作任务分析安排在同一天完成的。鉴于叙述的方便,职业能力的分析方法将在第三节专门阐述。

(三) 分析会的工作过程

分析会的工作过程由三个基本环节构成。

1. 岗位专家的书写

务必要求岗位专家采取书写的工作方式,即在分析专家的引导下,把自己的观点按照所要求的格式写在纸上。这种工作方式既有利于岗位专家深入地思考分析内容,提高分析成果的质量,也有利于使分析会产生实际的分析成果。

对工作任务进行分析时,涉及的概念主要有:(1)工作领域,一组具有相对独立性的工作任务。它可能与工作岗位相对应,也可能不对应,这取决于不同职业的劳动组织方式,如饭店前厅管理。一个专业由多少工作领域组成,要视具体专业而定,通常是10个左右。(2)工作任务,这是狭义的工作任务,指工作过程中需要完成的单件任务,如统计员工的工资。工作领域与工作任务在内涵上没有实质区分,均指工作岗位上所要完成的事情,二者的区别只在分解层级的不同。但在书写时,岗位专家要注意根据分解的层级,把握所书写材料的具体化程度。书写"工作领域"时应当宏观些,书写"工作任务"时则应具体些。

工作任务的表述要求采取"动词+名词"的格式(或"名词+动词",采取哪种表达格式可依据习惯确定。)比如选择和使用常用玻璃仪器,识别和挑选零件,采集和处理样品,配制和标定溶液,测定物理常数,鉴定离子和官能团,维护、保养仪器及设备,处理实验数据等。工作任务的表述必须明确,能反映出岗位的职责,或实际要做的事情,并且必须是能被行业普遍接受的术语。通常使用的动词有:(1)基本操作类。这类动词常见的有:操作、采集、配置、标定、使用、挑选、估算、计算等。(2)调试维护类。这类动词常见的有:连接、调整、调试、维护、安装等。(3)资料处理类。这类动词常见的有:阅读、摘录、寻找、编制、分析等。(4)问题解决类。这类动词常见的有:设计、诊断、排除、选择、布置等。(5)管理组织类。这类动词常见的有:计划、组织、管理、指导、协调、监控等。

2. 分析专家的判断与整合

分析专家要判断岗位专家所书写的材料是否符合要求。这一点在获得"工作任务",以及通过下一步分析获得"职业能力"的时候尤其重要。因为通常情况下,"工作领域"是由企业专家集体书写的,而"工作任务"与"职业能力"是由岗位专家分工书写的,这样既可以加快分析的时间进度,又可以充分发挥不同岗位专家的能力优势。当由岗位专家集体书写时,某些岗位专家优质的书写材料,能够弥补少部分岗位专家书写材料的不足问题。而由于"工作任务"与"职业能力"是分工书写的,无法在不同岗位专家之间相互弥补,因此每位岗位专家所书写材料的质量将在很大程度上影响最终分析材料的质量。这就要求分析专家能及时判断并提高每位岗位专家所书写材料的质量。

所分析的任务是否符合要求,除了需要按照常规标准进行判断外,如是否符合书写的格式要求，是否是岗位的实际工作任务等，还需要考虑以下两个非常重要的方面：

（1）任务的教育价值。工作任务分析的目的是要提高职业教育课程的专业化水平。但如果对这种方法掌握得不好，所分析的只是一些琐碎的任务，那么反而将严重降低课程的专业化水平。因此要重点分析那些对能力有着较高要求的工作任务。要注意的是，任务在工作中的重要性与在教育中的重要性是不完全等同的。比如建筑专业中的"技术交底"这项工作任务，在实际工作中是十分重要的，而在教育中却未必重要。因为实际工作中更多地是从"质量控制"的角度考虑每项任务的重要性，而教育中则是从"能力培养"的角度考虑每项任务的重要性。

（2）任务分解的逻辑路径。通过任务分析，我们将获得丰富的工作世界图景。分解过程中要注意把握不同专业工作任务分析的逻辑路径：(1)有的专业的工作任务可以其产品为逻辑线索展开。某些加工专业的工作任务可能按这一逻辑展开，如应用生物技术的产品生产操作，可能被分解成生物制品生产操作、合成生产操作和制剂生产操作等工作任务；(2)有的专业的工作任务可以其工作对象为逻辑线索展开，如电气自动化专业；(3)有的专业的工作任务可以其操作程序为逻辑线索展开，如电子产品制造；(4)有的专业的工作任务可以设备或系统的结构为逻辑线索展开，如汽车维修、空调与制冷设备的安装和维修；(5)有的专业的工作任务可以岗位为逻辑线索展开，如酒店服务、烹饪；(6)有的专业的工作任务可以典型工作情境为逻辑线索展开，如导游。分析专家要在分析过程中有意识地引导岗位专家按照最佳的逻辑路径进行分析。

选择哪种逻辑路径，既要符合工作的实际过程，也要考虑其教育的价值。前者指所采取的分析路径在实际工作中应当是存在的，后者指实际工作中可能存在好几种对任务进行分解的逻辑路径，应当选择最具教育价值的那种逻辑路径进行分析。比如"模具测量"这项工作领域，可以把它的工作任务分解成"主要零件检测"和"次要零件检测"，实际工作中的确是这样分工的，但这样的分解对教育有什么价值呢？基本没什么价值，因为"主要零件检测"和"次要零件检测"对能力的要求是基本相同的，二者的区别只是对象不同而已。还可以按照检测的过程进行分解，许多时候人们喜欢按照这一路径进行分解，但事实上多数情况下这种路径是不合适的，因为它很可能使非常复杂的工作任务简单化。这里比较合适的方式是根据检测内容把它分解为"几何尺寸检测"、"粗糙度检测"、"硬度检测"等任务。需要注意，一个专业通常要综合用到多种分析路径。

要特别注意的是，工作领域的分析不要按工作流程进行，即使采用工作流程的分析思路，也只能用于局部的分析，而不能作为整体分析的思路。近年来在我国职业教育课程改革中比较盛行"工作过程"这一概念，然而人们往往把工作过程简单地理解为工作流程，并用流程的思路进行工作领域的拆解。比如汽车维修专业便按汽车维修的程序来拆解工作领域，外贸专业便按外贸业务的流程来拆解工作领域。这种分析思路往往导致分析结果非常抽象，无法根据分析结果设计课程。对整体流程的分析可以帮助我们理解各部分工作内容之间的关系，但为了获得更加具体的分析结果，还需要在此基础上做进一步拆分，获得具有实质意义的工作内容。

归纳起来，“能力原则”是任务分析非常重要的原则。由此可见，依据任务组织进行职业教育课程组织设计只是一条基本原理，遵循这一原理可以有效地解构传统的学科课程，但毕竟工作组织不能等同于课程组织：(1)岗位的重要性不完全等同于课程的重要性。有些任务在工作岗位上是十分重要的，然而对课程来说并不重要，因为工作岗位考虑的是工作体系能否有效进行，而课程考虑的是是否有教育价值。(2)岗位的任务组织方式不完全等同于课程的任务组织方式，因为岗位的任务组织方式考虑的是岗位之间的分工，而课程的任务组织方式必须考虑学生的能力发展顺序和教学组织的方便。因此，只有把工作岗位的任务组织规律与学习规律、教育规律结合起来，才可能获得对课程设计有实际价值的工作任务分析成果。

岗位专家完成书写材料后，分析专家要对不同岗位专家的材料进行整合，形成一份分析材料。整合的基本方法是寻找“共同的工作任务”，即在不同岗位专家中出现频率高的工作任务。当然，整合不是平面地相加，而是一个弹性非常大，且非常富有创造性的过程。有的工作任务虽然只有个别专家提及，却是非常重要的，应当予以保留。某些情况下，很可能最终采纳的只是某一位岗位专家的材料。分析专家整合出来的材料的质量，会在很大程度上影响最终确认的成果。把分析材料的质量提高寄希望于下一步“最终结果的确认”是不可能的。因此，在提交全体岗位专家最终讨论、确定之前，分析专家要对材料做一次全面修改。

3. 最终结果的确认

为了确保分析成果的质量，分析专家所整合的材料要经过岗位专家集体修改和最终确认后才能定稿。为了便于岗位专家的修改和确认，所获得的初稿应当用投影呈现出来，如果文字比较多，应当打印出纸质稿，这样可以极大地方便岗位专家的阅读。需要修订的内容可能包括：(1)书写格式不符合要求；(2)工作任务有遗漏，或是多余；(3)工作任务的划分不清晰，需要进行局部合并或删减；(4)工作任务编排的顺序需要调整。应当逐条对工作任务进行确认，且只有当岗位专家意见一致时才能进行修改。修改的决定权在岗位专家，而不是分析专家。一旦决定修改后，记录员要即刻进行修改。

表 3－3① 是最终获得的一个工作任务与职业能力分析表。为了保持表格的完整性，表 3－3 同样包含了职业能力的分析内容。当然，这里的工作任务只是纲要性的，课程开发可能需要更多有关工作任务的信息，这就需要进一步对工作任务进行完整描述。描述的方法将在课程标准的编制中详细阐述。

① 引自青岛港湾职业技术学院项目课程改革成果。

表 3-3 机械制造(设计)与自动化专业工作任务与职业能力分析[①]

时　　间:2014 年 8 月 24 日
分析专家:徐国庆
岗位专家:刘明礼、徐鸿书、孙华、马继峰、杨宝鑫、万兆伟、辛珍阳、李效义、牛庆伟、阙卫平、类成龙、石泉

工作领域	工作任务	职业能力	
		高职	本科
A 产品设计	A1 产品策划		● 能根据市场产品需求反馈进行必要性的市场调研 ● 能根据市场调研结果对产品的市场、技术与经济效益等方面进行分析,提出开发建议
	A2 产品方案确定	● 能对产品的分系统提出设计方案	● 能对符合要求的产品确定设计方案 ● 能分析不同设计方案的优劣
	A3 标准选用	● 能了解所需引用的有关标准	● 能根据产品的特点选用合适的标准
	A4 设计计算及校核	● 能对部件及简单系统进行简单计算及校核	● 能对系统及影响到产品的主要性能进行计算及校核
	A5 材料及部件选用	● 能了解相关材料的性能 ● 能根据设计要求选择简单的部件	● 能熟悉相关材料的性能及用途 ● 能根据产品设计要求选择正确的部件
	A6 产品工艺性与成本控制	● 能了解产品工艺性 ● 能获取产品成本构成的信息	● 能熟悉产品及零部件的工艺性 ● 能根据实际工艺条件提出降低成本的措施
	A7 图纸设计及文件输出	● 能绘制零部件及简单分系统的图纸 ● 能整理零部件及分系统的技术文件 ● 能运用二维 CAD 绘制分系统的图纸 ● 能运用三维 CAD 绘制简单件	● 能绘制产品的总体设计图纸 ● 能撰写产品开发、验证、试验等阶段的技术文件 ● 能运用三维 CAD 绘制产品图纸
	A8 产品性能验证	● 能运用所需的实验方法对分系统进行性能验证	● 能编写产品性能的实验任务书 ● 能运用所需的实验方法进行产品整体性能验证

① 引自青岛港湾职业技术学院项目课程改革成果。

续 表

工作领域	工作任务	职业能力	
		高职	本科
	A9 产品故障分析	● 能分析产品的简单故障 ● 能分析零件制造过程中的简单故障	● 能分析较为复杂的产品故障 ● 能提出产品故障的解决方案
	A10 产品改进与完善	● 能根据零件的工艺及质量要求提出改进措施	● 能根据工艺、质量、售后反馈对产品提出改进措施 ● 能对改进措施实施验证
B 产品生产工艺编制	B1 工艺路线制定	● 了解工艺流程图的绘制规则 ● 能读懂产品工艺流程	● 掌握工艺流程图的绘制规则 ● 熟知产品工艺流程 ● 能应用流程图工具软件(Visio)进行工艺路线制定
	B2 设备选型	● 了解产品的特性要求 ● 能够根据产品特性要求选择通用设备	● 熟知产品的特性要求 ● 能够根据产品特性要求选择符合相应精度要求的设备
	B3 现场布局规划	● 了解现场布局的一般规则 ● 能够看懂平面布置图	● 能熟练使用 CAD 软件 ● 能深刻理解现场布局的一般规范与常见模式 ● 能绘制一般现场布局规划图
	B4 生产工艺编制	● 能读懂产品设计图 ● 能读懂生产工艺图及工艺卡片	● 能熟悉相关产品国标 ● 能熟知现场设备参数和现场工作条件 ● 能根据产品图纸编制工艺卡片 ● 能确定关键工序
	B5 关键工序控制		● 能熟知相关检查标准 ● 能熟知各产品关键工序及相关分布 ● 能合理安排时间巡检 ● 能及时掌握关键工序的操作状态 ● 能选用合适的工具、仪器、仪表测量关键工艺参数 ● 能针对关键工序的差异点及时纠偏处理

续 表

工作领域	工作任务	职业能力	
		高职	本科
	B6 工作量分配		● 熟知产品各工序工作量及劳动强度 ● 能根据公司要求简单核算成本，并依据现场实际情况进行分配和调整 ● 能熟练进行人员和工时的分配
	B7 设备操作标准转化		● 熟知设备参数、操作规程及安全注意事项 ● 能把以上参数及要求转化为员工操作标准
C 工装设计与制造	C1 设计目的确定	● 能根据产品图纸理解设计目的 ● 了解设备工作原理	● 能根据产品图纸确定设计目的
	C2 工装结构设计	● 能进行简单的校核计算 ● 能掌握常用材料的性能参数	● 能进行复杂工装的结构设计、校核计算
	C3 工装制造流程编制	● 能编制简单工装的制造工艺流程	● 能编制复杂工装的制造工艺流程
	C4 工装装配	● 能看懂工装装配图纸 ● 能熟练使用工具进行工装装配	● 能编制工装装配工艺
	C5 工装调试	● 能理解工装调试流程 ● 能对工装调试过程中出现的问题做出条理清晰的记录报告 ● 能对工装调试过程中出现的故障进行排查与解决	
	C6 工装维护与改进	● 掌握工装的工作原理、工作过程 ● 能对工装进行日常的维护保养 ● 能对工装工况参数进行数据记录积累，为工装的改进优化提供数据支持	

续 表

工作领域	工作任务	职业能力	
		高职	本科
D 产品试验	D1 试验目的确定		● 能准确理解试验要求,明确试验目的 ● 能根据产品图纸及相关文件,了解产品基本原理及操作方法
	D2 试验方案选择		● 能掌握常见产品的试验方案 ● 能根据试验目的、试验条件制订并给出试验方案
	D3 试验材料与设备选择		● 能熟练掌握常见试验材料的性能、使用条件,并能对其进行分类管理和保存 ● 能熟知试验设备的性能并进行日常维护保养 ● 能根据试验方案,确定合适的试验材料和设备 ● 能根据试验方案,设计制造必要的工装夹具
	D4 试验过程实施		● 能根据试验方案制订试验步骤 ● 能根据试验步骤组织实施试验过程 ● 能处理试验过程中的异常情况并及时根据试验方案调整试验步骤
	D5 试验数据分析		● 能准确掌握获取有效数据的方法 ● 能掌握常见试验数据分析方法 ● 能掌握常见数据分析工具 ● 能根据试验数据分析得出对应的结论
	D6 试验报告编制		● 能根据试验报告格式编制标准的试验报告 ● 能分析整个试验过程并给出改进建议 ● 能分析整个试验过程,加以改进并固化

续 表

工作领域	工作任务	职业能力	
		高职	本科
E 零件机加工	E1 图纸识读	● 能识读机加工图纸的图形和符号 ● 能识读图纸中的公差配合要求	
	E2 工艺识读	● 能准确识别工艺文件的相关内容及工艺参数，并能判断其正确性 ● 能对简易加工件自主编制工艺	
	E3 数控设备编程	● 能按照工艺文件要求进行简单的手工编程 ● 能运用至少一种 CAM 软件进行电脑编程 ● 能掌握主流数控操作系统的编程语言及操作	
	E4 数控设备操作	● 能掌握数控设备的工作原理 ● 能操作主流数控设备 ● 能熟练使用刀具和机床附属件	
	E5 普通机加工设备操作	● 能掌握普通机加工设备的工作原理 ● 能操作普通的机加工设备 ● 能熟练使用刀具和机床附属件	
	E6 机加工过程检验	● 能熟悉各类检验工具 ● 能根据图纸和工艺文件选用正确的检验工具 ● 能运用正确的检验工具进行过程检验	
	E7 设备日常保养与维护	● 能熟悉设备的保养周期、保养内容 ● 能编制设备的保养与维护计划 ● 能根据设备保养与维护的基本方法进行设备的日常保养 ● 能排查设备简易故障并维修	

续 表

工作领域	工作任务	职业能力	
		高职	本科
F 车间生产管理	F1 计划管理	● 能对生产计划进行分解并合理下达任务指标 ● 能编制合理有效的考核计划 ● 能根据生产实际对生产计划进行调整	
	F2 人员管理	● 能掌握员工心理动态，并对员工进行有效沟通 ● 能有效协调车间员工人力资源 ● 能对生产能力提出人员需求计划 ● 能对车间员工进行有效绩效考核 ● 能对车间人员技能进行有效培训	
	F3 设备管理	● 能熟悉、了解车间设备状况 ● 能对设备建档建账	
	F4 材料管理	● 能对材料建档建账 ● 能按照 6S 标准对材料进行科学存档、保管 ● 能按材料件号对毛坯、半成品件、成品件进行分类放置 ● 能把材料按检验状态在待检区、不合格品区分类放置，并粘贴不同的标识	
	F5 成本控制	● 能制定车间各工种低值易耗品的领用标准 ● 能对车间的低值易耗品进行分类有序控制	
	F6 安全管理	● 能了解国家的安全法律法规 ● 能熟知企业的安全生产规章制度 ● 能建立有效的安全生产机制与管理体系 ● 能对车间人员设备安全进行有效培训和管理 ● 能对本车间的安全隐患具有预见性	
G 质量管理	G1 质量管理文件编制与管理		● 能熟练掌握部门的工作职责、业务范围 ● 能根据本部门的职责编制工作流程体系文件 ● 能根据要求做好文件、记录等的日常管理

续 表

工作领域	工作任务	职业能力	
		高职	本科
	G2 体系运行审核		● 能掌握体系审核的标准、方法 ● 能根据文件的要求去现场检查体系文件的执行情况并编制审核报告 ● 能通过审核发现体系和文件的不足并修订完善
	G3 质量分析与总结		● 能掌握相关质量分析工具的应用 ● 能掌握会议组织相关知识和技巧 ● 能通过分析、沟通制订相关改进方案并实施
	G4 质量管理体系培训		● 能熟知 ISO9000、QC080000 等质量管理体系知识 ● 能掌握 QC、质量标准等质量文件 ● 能掌握产品知识、加工技术技能(如焊接) ● 能掌握基本的培训组织方法、授课技能 ● 能掌握六西格玛等专业质量工具
	G5 质量改善		● 能分析一般故障的产生原因 ● 能复现现场装配问题并制定改善方案
	G6 质量追溯与实现		● 能熟知产品加工的重点工序、重要部件 ● 能制订问题与工序的对照关系表 ● 能根据问题追溯到具体发生工序
	G7 质量工艺流程完善		● 能熟知本行业内的前沿技术、工艺 ● 能对照本公司与行业的差异制定改善变更方案
	G8 工程设备监理与监造		● 能了解工程设备监理与监造的要求和意义

续　表

工作领域	工作任务	职业能力		
		高职		本科
H 检验与检测	H1 无损检测	● H1－1 表面检测	● 能应用 PT、MT 方法进行表面检测 ● 能根据检测结果,编制书面报告并存档	
		● H1－2 内部检测	● 能操作 UT、RT、TOFD 设备进行内部检测 ● 能根据底片图形,对照标准判断是否有缺陷及缺陷等级	
	H2 材料检验	● H2－1 力学性能检验	● 能操作各种力学性能试验设备进行力学性能检验 ● 能根据试验数据编制试验报告	
		● H2－2 化学成分分析	● 能操作光谱分析设备,编制化学分析报告 ● 能根据化学分析方法,做出数据,编制分析报告	
	H3 尺寸检验	● H3－1 形状检验	● 能使用各种检测工具进行检验 ● 能根据图纸、标准、技术条件,判断检验结果,做出检验结论	
		● H3－2 表面检验	● 能使用各种检测工具进行检验 ● 能根据图纸、标准、技术条件,判断检验结果,做出检验结论	
		● H3－3 公差检验	● 能使用各种检测工具进行检验 ● 能根据图纸、标准、技术条件,判断检验结果,做出检验结论	

续 表

工作领域	工作任务	职业能力	
		高职	本科
	H4 状态检测	● 能根据受力分析，布置应力分析贴片的位置，汇集数据，并编制试验报告	
I 设备维护与维修	I1 设备传动系统维修	● 能看懂机械装配图 ● 能判断失效零部件并更换	● 能根据机械装配图对传动系统进行分析 ● 能对较复杂传动链的拆装进行技术指导 ● 能判断失效零部件，并选择、更换可替代品
	I2 设备液压气动故障处理	● 能看懂一般液压、气动原理图 ● 能了解基本和常用的液压、气动元件 ● 能根据原理图分析、判断一般设备故障的原因	● 能看懂较复杂的设备液压、电气原理图 ● 能熟悉常用元件的性能及失效原因 ● 能根据原理图分析、判断故障的原因
	I3 设备简单电气故障处理	● 能识读电气原理图 ● 能用常用电气工具处理故障	● 能识读电气原理图 ● 能了解电气控制原理 ● 能根据原理图分析判断故障原因
	I4 设备精度检测及修复	● 能使用常用的检测工具对设备精度检测 ● 熟悉精度的概念	● 能使用常用的检测工具对设备精度检测及修复 ● 能根据产品质量分析机床精度并恢复
	I5 机械零部件测绘加工	● 能使用常用测量工具 ● 能现场测绘轴套类零件	● 能用各种测量工具 ● 能现场测绘较复杂零部件(如齿轮等)并正确标注各工艺要求
	I6 设备预护维护标准定制	● 能根据设备现状制定合理的维保标准 ● 能制定合理的中修方案	● 能制定较复杂设备的维保方案 ● 能根据实际制定设备的大、中修方案
	I7 设备维护记录	● 能记录重点设备的故障及处理方法 ● 能统计设备故障，分析故障形成原因并改进 ● 能记录设备故障	

续 表

工作领域	工作任务	职业能力	
		高职	本科
J 设备资产管理	J1 设备资产前期资料建档	● 掌握设备资产前期管理的定义和内容 ● 能收集并建立资料档案	
	J2 设备调拨管理	● 熟知设备调拨的有关管理规定 ● 能根据设备的性能、分类、技术状况、利用率进行设备的调拨管理	
	J3 设备转让管理	● 熟知转让设备的有关制度和流程	
	J4 设备租赁管理	● 掌握常见的租赁方式和租费支付方式 ● 掌握设备租赁合同的格式和内容	
	J5 设备新增管理	● 能对设备投资进行技术经济分析 ● 能建立设备资产卡片 ● 掌握设备常见的技术参数	
	J6 设备备件管理	● 能对设备配件进行分类 ● 熟知不同配件的消耗频率 ● 能使用一种库存管理软件对库存进行定期的统计分析 ● 能使用条形码技术	
	J7 设备运行数据统计与分析	● 掌握设备常用的统计内容和指标 ● 能对统计数据进行汇总和分析,并提出改进措施和目标对策	
	J8 设备资产全寿命周期费用统计与分析	● 能使用统计分析方法对设备的全寿命周期进行统计分析 ● 能根据分析结果提出设备最佳经济寿命的建议	
	J9 设备报废管理	● 掌握设备资产报废程序 ● 掌握设备报废的条件和原则 ● 能执行报废流程和手续	
	J10 设备档案管理	● 能建立设备档案 ● 能检查设备档案的准确性和真实性	

(四) 任务优先程度调查

为了给课程开发提供更多信息,需要对所获得的工作任务在工作中的操作频率、重要性程度、掌握的难易程度、是否是入职的必备条件等指标进行调查,为确定每项工作任务在课程设计中的优先程度提供依据。表 3－4 是技术应用型本科教育电气自动化专业工作领域的操作频率与重要性调查结果,该结果对于必修课程和选修课程的确定、每门课程的课时分配以及课程内容的重点和难点确定都具有非常重要的价值。

调查的基本方法是,要求岗位专家依据表格,对每项工作任务的操作频率和重要性程度进行赋值，分三个等级进行，1 代表最低，3 代表最高，然后分别统计每个选项所占的比重。

表 3 - 4 工作领域的操作频率与重要性调查①

工作领域	操作频率			重要性		
	1	2	3	1	2	3
设计应用	40%	40%	20%	10%	40%	50%
工艺开发	30%	60%	10%	30%	40%	30%
试验研究	60%	30%	10%	20%	60%	20%
产品维护	20%	40%	40%	10%	50%	40%
设备维护与维修	20%	30%	50%	30%	20%	50%
产品应用	30%	30%	40%	0%	80%	20%
集成系统实施	20%	20%	60%	0%	30%	70%
技术管理	50%	30%	20%	40%	50%	10%

一般地说，操作频率高且重要性程度高的工作任务，应当作为课程的核心内容；操作频率低且重要性程度低的工作任务，则可作为课程的选学内容。

四、工作任务分析的质量标准

工作任务分析成果的质量，决定了这些成果对于课程设计的价值。下面四个标准似乎比较普通，却是绝大多数工作任务分析很容易发生问题的环节。

(一) 真实性

即所分解出来的应当是岗位上实际存在的工作任务。首先，不能把知识分析、技能分析与工作任务分析相混淆。有的工作任务分析中出现"……基础知识"、"……技术"等内容，便是犯了这一错误。这种错误比较明显，但工作任务分析的初学者仍然经常可能发生。其次，不能把教学中学生的操作任务与工作任务相混淆。有些工作任务分析，其表述方式符合要求，但其内容并非岗位上实际存在的，而是学校实践教学中学生进行的操作任务。这种错误比较隐蔽，需要仔细分析才能发现。这些错误的发生，都是由于没有完全依靠岗位专家进行分析所致。

(二) 全面性

即所分析的工作任务应当涵盖岗位的所有要求。许多工作任务分析往往只关注岗位最为核心的任务，完全忽略了地位相对边缘，但其实同样重要的工作任务。比如汽车维修专业，往往只分析汽车的机械维修和电路维修，而在现代汽车维修业中，服务顾问、客户关系维护、质量索赔、配件管理等，同样是非常重要的工作任务。造成这

① 引自上海电机学院项目课程改革成果。

一问题的主要原因是，人们关注的往往只是专业核心技术，而不是完整的工作过程。

（三）逻辑性

首先任务分解要体现出清晰的逻辑线索。清晰的任务逻辑既有利于学生把握特定行业的工作思维，也有利于促进学生对课程内容的记忆。项目课程要求解构学科逻辑，并非意味着不需要逻辑，而是主张用任务逻辑取代学科逻辑。其次要避免任务之间的交叉。同级工作任务之间不能存在交叉。比如电子应用技术专业，如果分析出了“电子产品维修”和“电子产品售前、售后服务”这两个工作领域，那么它们之间就存在交叉关系。若存在交叉现象，应当对工作任务进行合并，或采取新的分解路径。另外还要注意任务的均衡关系，即同级的工作任务应当大小比较均衡，不能出现有的工作任务范围比较大，有的则非常小这种现象。比如有的专业的工作任务分析，可能把材料编写作为工作领域，这通常是不合适的，因为材料编写的范围比较小，通常放到第二级更合适。

（四）具体性

工作任务分析的价值就在于内容的具体。一般地说，越详细的工作任务分析越有价值。有的工作任务分析只有简单的几块内容，这自然不符合要求，依据这种分析成果是无法进行课程体系设计的。通常每个专业的工作领域要达到 10 条左右，每个工作领域的工作任务至少 5 条以上，具体能分析出多少取决于专业的口径。有的专业如果口径过宽，可考虑增加分析的层级。

第三节 定义任务的职业能力

职业能力是确定课程内容的基本依据，因此职业能力定位是项目课程开发中课程定位的第三个重要环节。有些课程开发过于关注任务分析，忽视职业能力分析，这必然使得其成果难以转化成课程体系。从操作角度看，职业能力分析是与工作任务分析同时进行的，工作任务分析结束后即要进行职业能力分析。但在分析方法上职业能力与工作任务有很大区别，因此需要专门对之进行阐述。

一、什么是职业能力

什么是职业能力？这是做好职业能力分析首先要回答的问题。许多人会认为这是一个多余的问题，其实不然，目前课程开发中的许多问题便是源于缺乏对职业能力内涵的准确理解。

人们往往望文生义地把职业能力简单地理解为职业活动中所需要的能力。这一理解原本没有错，但由于缺乏对内涵的深入解读，因而人们在获得这一理解的同时，往往又把职业能力的内容与普通能力的内容相混淆。比如，常常会罗列出合作能力、表达能力、沟通能力等职业能力。表 3－5 是电子商务专业部分工作任务的职业能力分析。如果按照这种方式进行职业能力分析，那么这份分析材料对于项目课程开发基本没有什么价值。表3-6的职业能力分析则是符合要求的，它们对于该专业的项目课程开发具有非常重要的价值。

表3-5 电子商务专业部分工作任务的职业能力分析

工作领域	工作任务	职业能力
电子商务网站运营	1. 网站定位	● 市场调查能力 ● 数据分析能力
	2. 栏目策划	● 报告写作能力
	3. 网页设计	● 熟悉文字、图片处理软件 ● 熟悉网页设计软件 ● 具备审美能力
	4. 产品推广	● 文案写作能力 ● 表达沟通能力 ● 效果监测能力
	5. 单据制作	● 熟悉文字处理软件 ● 熟悉数据处理软件
	6. 信息采编	● 熟悉搜索工具 ● 编辑写作能力 ● 熟悉网络政策与法规

表3-6 电子商务专业部分工作任务的职业能力分析

工作领域	工作任务	职业能力
网上客服	1. 客户咨询问题回答	● 熟悉本企业的各个功能以及详细业务流程，对新功能及时跟进 ● 能从本企业客户角度出发，制定并随时更新可能的FAQ ● 能通过倾听，分析客户通过电话/网络所反映的最主要的问题，并给出最有效的解答 ● 做出解答后，能针对行业特性进行问题回访，并自行制作填写反馈表
	2. 根据规则处理客户投诉/举报	● 熟悉本企业对于客户投诉或举报的规则 ● 能以正确的态度以及心态来对待各种客户投诉/举报，第一时间给出正确的应对措施 ● 熟悉自我心理调节方法 ● 能严格按照规则对投诉/举报进行处理 ● 能自行填写制作处理满意度反馈表
	3. 客服数据整理分析	● 能制作客户信息表，并填写各基本数据 ● 能通过数据分析出希望进行方向性指导的几方面 ● 能统计客户数，购买客户数，投诉客户数，投诉后主动撤销客户数等数据 ● 能针对相关数据对上一阶段工作进行总结，及时弥补欠缺点 ● 能对客户档案信息进行更新，老客户档案要维护，新客户档案要跟进 ● 能对投诉处理等各项反馈表进行整理分析 ● 能根据自己直接接触客户的经验与所获取的信息及数据，及时发现本企业管理或生产中的潜在问题及危险，或是新的机会

那么表3－5与表3－6的能力描述有什么区别呢？初步印象是,后者比前者要具体得多。以这种具体化方式描述的能力正是职业能力,且正是这种具体化的职业能力描述,才对项目课程开发有着非常重要的价值。依据职业能力开发课程内容的思想并非项目课程首创,然而多年来职业教育课程改革一直难以深入下去,并在实践层面取得重大突破,这是为什么呢？其重要原因之一就是对职业能力的描述过于笼统。用普通能力的描述方法来描述职业能力,使得对课程内容的分析难以真正深入到职业内部,这必然使得用基于工作体系的课程来取代基于学科体系的课程成为空中楼阁。这就是职业教育课程中的黑箱现象。

要走出传统职业教育课程改革的困境,就必须打开这个黑箱;而要打开这个黑箱,获得真正实用的职业知识,就必须进行具体化的职业能力描述。严格地说,表3－5中的能力并不是职业能力。要深入理解职业能力的内涵,需要继续观察上述现象,即为什么表3－6的职业能力表述会比表3－5具体得多。仔细分析可以发现,表3－6的职业能力表述其实都是结合工作任务进行的。比如“能通过倾听,分析客户通过电话/网络所反映的最主要的问题,并给出最有效的解答”这条职业能力,即是结合倾听、分析客户问题等任务进行描述的。当然,这些职业能力并非与普通能力没有任何关系,比如从上述这条职业能力便可从中抽取出分析能力、问题解决能力等普通能力。因此可以说,职业能力就是普通能力在具体任务中体现的结果。在英文中,职业能力对应的词是“competence”,准确地,应当译为“任务胜任力”。这里有两个关键词,即“任务”和“胜任”。“任务”说明任何职业能力都是具体的,是和一件件任务相联系的。言外之意,脱离具体任务的职业能力是不存在的。

由此可看到,职业能力与我们通常所说的能力是完全不同的。关于能力这个概念我们一点也不陌生,但我们通常所听到、看到的都是诸如观察能力、记忆能力、思维能力、想象能力等能力。这些能力是对人的能力心理要素进行划分所得到的能力,也可以说是一种人工能力,因为在现实中我们是无法把这些能力区分开来的。比如说人在思维的时候怎么可能没有记忆呢？与这些纯心理学意义上的能力不同,职业能力则是一种做事的能力,是人的能力心理要素与具体情境相结合后所表现出来的现实的能力,其成分既包括实际工作内容,也包括容纳这些工作内容的心理结构。比如,“能综合考虑施工工艺、计价依据、市场行情、施工方案等综合因素,正确计算工程量、单价、费用,得出工程预算价”这条职业能力,其中既包含了思维能力、判断能力等能力要素,也包含了施工工艺、费用、工程预算价等工作内容,该条能力陈述是这两方面内容的结合。

二、如何分析职业能力

在方法上,对职业能力的分析需要继续采用任务分析专家引导下的岗位专家书写这一形式,其操作过程与任务分析相同。职业能力分析要特别注意以下五个方面。

(一)不能把能力等同于能力形成所需要的知识条件

知识是形成能力必不可少的条件,我们只有具备了关于某个行动的性质与过程的知识,才可能获得行动的能力。然而知识只是能力的一个要素,它毕竟不同于能力。但是在职业能力的描述中,最常见的问题就是避开能力本身,只描述能力形成所需要的条件。比如服装营销专业中的“服装售卖”这条工作任务,我们往往把其所对应的职业能力描述为“掌握服务礼仪”、“掌握销售技巧”。这种非常常见的能力描述的话语结构,已成为阻碍职业教育课程、教学改革深化的关键性因素。

基于工作任务进行能力描述的主要策略是从能力的角度分解任务中的“动词”。比如“服装售卖”这条工作任务的关键动词是“售卖”,要描述出其对应的职业能力,基本方法是深入分析“售卖”对个体的能力要求来说到底意味着什么。表3-7[①]中的六条职业能力是岗位专家分析出来的,与工作实际非常吻合。

表3-7 工作任务“服装售卖”的职业能力

工作任务	职业能力
服装售卖	● 能与顾客建立非销售语言,拉近与顾客之间的距离 ● 能清楚掌握服装的FAB与USP,准确向顾客推销 ● 能掌握顾客的服饰消费心理和需求,把握销售节奏及不同阶段的重点 ● 能把握好各种销售机会,促成多单或者连单销售 ● 能有效排除销售过程中顾客的疑议,帮助顾客作出销售决定 ● 能承担业绩目标及来自顾客的压力,一直保持销售激情

(二)不能把能力等同于任务

依据任务来描述能力,并非意味着简单地重复任务的内容来获得对职业能力的描述。比如“图纸识读”这条工作任务,不能把其对应的能力描述为“能识读图纸”;“设备维护”这条工作任务,不能把其对应的能力描述为“能进行设备维护”。因为能力与任务毕竟是不同的内容,它们的承载主体是完全不同的。任务所描述的是岗位上要完成什么事情,而能力所要描述的是为完成这些事情人应具备的条件,即它要描述出在什么条件下人能够把事情做到什么状态,它是人的个性心理特征。

因此,在进行职业能力分析时不能对职业能力只做这种粗略的描述,否则前面所获得的工作任务分析成果无论多么完美,均没法把它转化为课程内容,这也意味着课程开发将中断。即使后面开发出了课程,它也必然不是严谨地基于工作任务分析结果的。然而在职业教育领域,长期以来人们对职业能力的理解和描述并没

---

① 引自杭州职业技术学院项目课程改革成果。

有摆脱要素能力的理解范式。尽管近20年的课程改革一直把目标指向更为有效地培养学生的职业能力，但是人们往往习惯于停留在高度抽象的层面进行职业能力描述，如问题解决能力、设备操作能力、市场调查能力、合作能力、表达能力等。这种描述的本质问题就是没有区分任务与能力，它们既不能清晰地告诉我们能力的具体内容，也无法准确地界定能力要达到的标准，因而事实上无法依据它进行课程开发。

深化能力分析的策略是，深入分析工作任务完成对人的能力要求。比如“图纸识读”，“识读”是一项活动，进行能力分析时，分析者的思维不能停留于“识读”活动本身，而是要深入考虑：个体具备了哪些能力才能完成好“识读”活动？这里需要的能力可能包括：(1)能准确理解图纸中各种符号、标识的含义及其相互关系；(2)能确定图面要求所指的含义，明确产品加工成型后的各项性能等等。再比如“设备维护”这项工作任务，其需要的能力可能包括：(1)能按照规程完成设备的日常维护项目，使设备处于良好的运行状态；(2)能在维护过程中发现设备的常见潜在故障，并予以排除等等。

(三) 不能混淆职业能力与工作要求

结合工作任务的具体内容进行职业能力描述，非常容易出现的一个问题是混淆职业能力与工作要求。比如，“能够第一时间检查货物是否为特殊货物，是否有特殊操作要求”，“能随时对比现阶段施工进度与进度表间的时间差”，“能够对应收账款的呆坏账进行清理，并提交销售部门”，等等。这些显然只是工作要求而不是职业能力，因为这些描述给我们的直观感觉是没有实施的难度，掌握它们无需经过专业的培养，完成它们所需要的最多只是工作态度。岗位专家在进行职业能力分析时很容易出现这种问题，因此岗位专家提供的职业能力必须经过分析专家的加工处理才能最终确认。

区分职业能力与工作要求的办法，是看这种描述是否对个体心理有“力量”要求。因为所谓能力，必然是一种力量，是一种需要经过锻炼才能达到的心理水平。因此如果某项描述对个体心理而言并无力量上的难度，而只是一种工作中的规范，就不能把它纳入职业能力，这种内容即使具有普遍性，需要纳入课程，也只需归入到职业素养。对过于情境化的工作要求则完全可以放弃。

(四) 要描述出能力中的工作结果

要跳出我们现在熟悉的这些分析思路，真正分析出职业能力，还需要抓住职业能力的另一个重要特征，即职业能力包含对行动结果的描述。因为既然职业能力即是胜任工作任务的能力，而能否胜任是要通过工作结果来体现的，因而获得职业能力的重要线索是对工作任务完成结果的思考。这意味着在分析过程中我们必须转变思维方式，从思考“我们应该知道什么”转向思考“我们应该能做出什么”，它同时也意味着我们可以用对工作结果的要求来描述职业能力水平要求，表3-8的分析结果在这方面是个很成功的案例。从表3-8中我们可以看到，其职业能力的水平要求基本上都是用对工作完成结果的要求来描述的。要注意的是，这里所描述的职业能力要求，是完全工作状态下的职业能力要求，而在学校情境中，则可以根据学校教学所能达到的实际水平进一步区分职业能力学习水平。比如我们可以根据学校教学的特点，依据“在教师的指导与帮助下完成任务、独立熟练地完成工作任务、创造性地解决工作任务中的问题”等标准进一步区分职业能力学习水平。

表3-8 船舶驾驶专业的部分工作任务与职业能力

工作领域	工作任务	职业能力
航前准备	1. 船舶清洁	● 能按船舶清洁作业要求，清洁驾驶室、客舱、甲板、绞缆机、锚机、操纵台等，确保视线清晰或便于工作 ● 能安全、规范地使用清洁设备
	2. 航前联系	● 能按规定程序与有关海事部门、公司调度联系，取得开航许可 ● 能正确使用VHF，向来往船只报告船舶动态
	3. 航前备车	● 能校对车钟、舵钟、船钟 ● 能配合机舱进行试舵、试车，使船舶处于适航状态
	4. 适航确认	● 能开启高频AIS等航海仪器，确保其处于适航状态 ● 能对货物进行合理配积载，使稳性满足适航要求 ● 能正确识读航道图并绘制计划航线

（五）要深入揭示职业能力的内涵

职业能力描述必须抓住工作任务中的能力关键点，有些职业能力描述，看似是依据工作任务所分析出来的结果，但如果对能力的关键点理解不够全面和深入，也会影响到能力分析的质量。岗位专家分析能力的差异更多地是体现在能力分析方面，而不是任务分析方面。以中职教师的岗位为例，现有工作任务“知识教学”，其对应的职业能力，第一种分析结果是：(1)能按教学设计要求，准确、易懂地把理论知识进行讲解；(2)能让学生正确理解、应用知识点。第二种分析结果是：(1)能深入理解所教知识的内涵以及与其他知识的关系；(2)能深入理解所教知识在实际工作中的应用方式；(3)能运用语言等信息传递手段准确地阐述和解释知识点；(4)能运用比较、比喻、案例、活动等方式帮助学生深入理解所教知识点；(5)能根据学生知识学习情况灵活地调整知识教学的方法；(6)能在知识教学中根据学生的差异选择有针对性的教学方法。后者的分析质量明显要高。

回到表3-7。其职业能力描述的成功还体现在，它在我们习以为常的工作任务中，并且按照通常理解并无太多复杂内容的工作任务中分析出了这么多职业能力，从而把我们对服装售卖这项工作任务所需职业能力的理解推进到了一个很深的层面。它不仅在事实层面给我们揭示了为什么一些表面看似简单的工作任务，不同个体在完成该任务时能力的差距却如此之大，而且给我们有效地培养胜任该项工作任务的能力提供了清晰思路。从这份材料中我们还可以看到,真正有价值的职业能力分析,应当分析出超越常规理解却又非常重要的职业能力。如果我们把胜任某工作任务所需要的职业能力比喻成一座浮在水上的冰山,水面上那部分是比较容易分析出来的,甚至学校教师也能分析出这部分职业能力,真正难分析出来的是水面下的部分。对不同专业来说,水面上和水面下职业能力的比重是不同的,比如表 3-7 中的职业能力多数是水面下的,而表 3-8 中的职业能力多数是水面上的。比重大小取决于工作任务执行过程的标准化程度。

对水面下职业能力的分析过程,也是挖掘工作情境中诀窍知识的过程。对表 3-7和表 3-8 中的职业能力表述进一步分析可以发现,水面上职业能力形成所需要的知识一般都是标准知识,即在现有教材、企业资料等文本中已经得到了清晰表述的知识,水面下职业能力形成所需要的知识则往往是教材、企业资料等文本中难以找到的,存在于个体经验中的诀窍知识。工作诀窍知识是工作者遭遇工作问题时,自我建构的能有效解决该问题的策略知识。工作诀窍知识的形成,可能是创造性应用科学原理的结果,也可能是基于试误的经验总结。但这不是其价值的判断依据,判断依据只在于解决具有普遍性的工作问题的有效性。工作诀窍知识不同于一般的经验知识,它是经验知识中的精华,是在关键工作问题解决中最为现实而有效的知识。工作诀窍知识尽管是个体自我建构的,但我们完全可以通过对它的显性化描述,使之成为可普遍学习的知识。职业教育课程内容开发不能简单地按照新的逻辑重新筛选和组织原有学科知识,而是要通过工作诀窍知识的开发,建立职业教育所特有的基于行动的知识体系。

工作诀窍知识的开发应在职业能力描述的基础上,通过专家型员工的自我反省,对专家型员工的访谈或问卷调查等方式来获得。专家型员工是这类知识的生产者,但只有在课程开发专家的引导下才能有效地"诱导出"这类知识。用于诱导的基本问题是:"实现这一行动时你的经验是什么?"尤其要注意描述超越常规的有效策略。教师在企业进行业务实践是他们收集工作诀窍知识的重要途径,充分利用这一途径,可大大提高双师型教师的培养效率。

三、如何描述职业能力

(一) 职业能力分析阶段的引导语

到了职业能力分析阶段,为了帮助岗位专家获得高水准的职业能力陈述,分析专家的引导语需要包含以下几个方面:(1)职业能力的分析思路与工作任务的分析思路不同,工作任务分析的目的是为了获得岗位的工作内容,而职业能力分析的目的是为了获得岗位胜任对人的能力要求;(2)职业能力的描述要结合工作任务进行,要描述实际的能力,而不是抽象的、概括的能力,它应通过对工作任务中的关键动词做进一步拆解来获得;(3)通常只描述对职业能力的要求,不描述对知识的要求，除非是特别重要的、需要独立体现的知识；(4)职业能力的描述格式是“能(会)使用什么进行什么操作，达到什么要求”；(5)职业能力的描述要针对每项工作任务分别进行，不能把多项工作任务综合在一起来分析其能力要求，如果不能区分不同工作任务对职业能力的要求，是因为对职业能力的描述不够具体，能力与具体内容结合的程度不够；(6)每项工作任务至少要拆解出两种以上职业能力，要尽量避免一项工作任务只描述一种职业能力的情况，因为这种分析所产生的新信息是不够的。

(二) 区分职业能力与职业技能

比较难以区分的是能力的描述与技能的描述，因为在形式上它们通常都要求采取“能(会)做什么”的格式。表达格式的接近使得课程开发者对二者的区分非常困难。比如“能对网络系统中所需的 LAN 和 WAN、计算机、操作系统、数据库及其他应用的情况进行需求收集和可行性分析”，这里描述的是能力还是技能？区分二者的关键是看“能(会)”所指向的是任务还是肢体或心智。若指向的是任务(且通常是具有整体性的任务，因此可以把能力理解为人对外的整体功能。)，那么所表达的则是能力；若指向的是动作或心智(局部操作)，那么所表达的则是技能。按照这一区分标准，上述这种陈述所表达的应当是能力，而“能熟练使用综合布线的各类材料”所描述的则应当是技能。比较典型的例子是，“能驾驶汽车”所描述的应当是能力，而“能操控离合器”所描述的是技能。

(三) 开发专家经验中的职业能力

对职业能力的分析，应当尽量避免简单地从现有教材中抽取内容，同时也要避免重复一些常规的能力内容，如问题解决能力、人际沟通能力等。职业能力是确定课程目标，选择课程内容的基本依据。职业能力能否突破常规表述，具体地描述出岗位任务实际需要的能力，在很大程度上决定了项目课程开发能否成功。

表 3 - 6 中的职业能力表达是符合要求的。再比如国际贸易专业，诸如“能主动、多渠道地寻找信誉好、实力强、合作意向大的客户”、“能准备双赢互利的意向书”、“能说服对方接受对我方有利的价格条款”、“能根据供方的生产能力，考虑多种突发因素(如，停电、缺水、交通等)，合理确定交货期”等职业能力表述也是符合要求的。这些能力表述非常具体，与岗位任务联系紧密，它们使得依据岗位任务要求开发课程成为可能。

要开发出这些职业特色鲜明，与岗位任务联系紧密的职业能力，必须深入挖掘岗位专家的工作经验，即依据岗位专家的经验获得对职业能力的定位。因此分析专家在引导岗位专家进行职业能力分析时，应当尽力引导岗位专家通过对自我经验的反省来获得职业能力定位，并要努力引导他们对职业能力进行细致的描述，尽量避免宏观的描述。有些职业能力描述虽然已具备了职业特色，但由于内容过于宏观，因此其课程开发的价值仍然是有限的。如模具专业的“计算成本及交货时间”这项工作任务，如果仅仅把其能力要求表述为“能够计算成本及交货时间”，那么课程开发者仍然难以把握其具体内容。事实上这里只是在简单地重复工作任务的内容。比较好的方式是把它表达为“能够对模具材料、加工费用、加工时间等作出合理估算”。

（四）对职业能力进行分层

以上对职业能力的定位是综合地进行的，即只是综合地描述了每项工作任务对职业能力的要求，而没有对不同等级员工的职业能力进行分层。如果课程开发需要对课程进行分层，那么就对职业能力定位提出了新的技术要求，即对职业能力进行分层。如中高职课程的一体化设计，就是课程分层的重要应用。许多技工类学校正在努力建立从中级工到高级工再到技师的分层次、一体化课程体系，要建立这一体系，也必须充分应用职业能力分层这一技术。

表3－3对高职和技术应用型本科的职业能力进行了分层，表3－9也是职业能力分层的一个案例，这一分层是依据目前应用最广泛的技工等级进行的。从表中的内容可以看出，针对每项工作任务，在不同技能等级工人之间所做的能力分层是非常清晰的，这将为课程分层提供非常重要的基础。职业能力分层的基本方法，是在岗位专家进行职业能力分析时，要求他们分别对应不同技能等级的技工描述职业能力要求。这种非常复杂的区分，将由于岗位专家对岗位内容的熟悉而变得比较简单。大量类似的成功分析，充分说明工作任务与职业能力分析，必须充分发挥岗位专家的优势。

表3－9　汽车维修专业“机械修理”工作领域职业能力分层①

工作领域	工作任务	职业能力		
		中级工	高级工	技师
机械修理	1. 发动机修理	● 会拆装发动机 ● 会测量发动机各部件 ● 能分析发动机零部件故障 ● 熟悉发动机及零部件工作原理	● 能熟练拆装发动机 ● 能进行发动机大修作业 ● 能进行发动机电器测量	● 能进行发动机综合故障分析 ● 能进行尾气分析 ● 能进行波形分析
	2. 变速器修理（手动）	● 能拆装变速器 ● 能进行变速器档位调整 ● 熟悉变速器构造与工作原理	● 能熟练拆装变速器 ● 能进行变速箱总成修理 ● 能进行变速箱部件测量	● 能进行变速器综合故障分析

① 引自山西交通技师学院项目课程改革成果。

续 表

工作领域	工作任务	职业能力		
		中级工	高级工	技师
	3. 自动变速器修理	● 能拆装自动变速器 ● 能进行自动变速器相关调整 ● 熟悉自动变速器构造与工作原理	● 能进行变速箱总成修理 ● 能进行分解后部件测量 ● 能进行相关电器测量	● 能进行综合故障分析 ● 能进行波形分析
	4. 底盘修理	● 能进行制动检查及维修、更换 ● 熟悉底盘工作原理	● 能进行 ABS 系统检查测量 ● 能进行相关元件的测量	● 能进行综合故障分析 ● 能进行波形分析
	5. 悬挂传动修理	● 能进行部件更换 ● 能进行车轮平衡，轮胎更换 ● 能进行减震更换 ● 熟悉悬挂传动工作原理	● 能进行转向调整 ● 能进行四轮定位 ● 能进行总成更换	● 能进行四轮定位参数分析 ● 能进行悬挂综合故障处理
	6. 维护保养	● 能按照流程规范进行维护保养	● 能进行车辆检查 ● 能使用仪器进行车辆测量	● 能解释疑问 ● 能发现潜在隐患

需要注意的是，并非每项工作任务都对不同技能等级的技工有能力要求，有些工作任务可能比较复杂，中级工不能承担，那么它对中级工就没有职业能力要求，表格的相应部位表现为空白；有些工作任务可能比较简单，不需要技师承担，那么就对技师没有职业能力要求，表格的相应部位也表现为空白。有些工作任务，可能对中级工和高级工的能力要求没有差异，那么就可以把相应表格进行合并。

总之，岗位、任务与能力，是职业教育课程定位的三个重要变量。要使职业教育的课程内容与工作岗位的要求紧密地配合起来，就必须采取有效技术，准确、细致地定位专业所面向的岗位，以及岗位的任务与能力。当我们获得了这三个变量的定位，也就获得了职业教育课程的基本方向。但是，要把这个方向变为适合学生能力循序渐进发展过程的，在学校教学条件下可实施的课程方案，还必须经过更加复杂的课程设计过程。教师的智慧将在这一过程中发挥非常重要的作用。

第四章

设计项目课程体系

从岗位、任务和能力三个维度对职业教育课程进行定位后，接下来的问题是如何依据这些定位设计职业教育的项目课程体系，把前期的开发成果转化成可实施的课程产品。我们要充分认识到这一过程的复杂性，因为其中不仅要综合运用知识论、学习论、教学论等原理，而且要进行大量的创造性设计。目前的课程开发中有一种趋势，认为任务决定了课程的所有要素，似乎只要获得了工作任务便获得了课程，对课程设计本身没有予以足够重视。这种观点首先对课程开发中人的价值估计不足，人的能力发展是个非常复杂的过程，课程设计必须反映这一过程；其次，这种观点对教学过程的复杂性也估计不足，教学实践要受许多因素的制约，且不同的教学思想会产生不同的教学过程，因而需要不同的课程模式做支持。只有把课程开发建立在对学习过程、教学过程的深入、科学的研究基础上，才可能开发出科学的、符合学生学习过程与学校教学实际的课程。其复杂性甚至远远超出了前期的岗位、任务和能力分析。从项目课程开发的角度看，涉及的主要环节有专业教学标准编制、课程标准编制、项目教学方案编制和项目课程教学资源开发，以下拟从这四个方面详细阐述项目课程的设计方法。

第一节　编制专业教学标准

专业教学标准是对人才培养各方面要求的整体性规定，是学校全面展开人才培养工作的基本依据，它通常包括入学要求、学习年限、职业范围、人才规格、工作任务与职业能力标准、课程结构、课程计划、师资要求、实训实验装备要求等内容。它类似于职业院校以往通常使用的人才培养方案。这里说类似于，是因为二者并不完全等同：(1)专业教学标准所包含内容的范围比人才培养方案要广泛，它强调规范教学的所有要素。比如实训、实验装备标准是专业教学标准的重要内容，而通常的人才培养方案是不涉及这一内容的。(2)专业教学标准对各项内容的规定比人才培养方案更为详细。比如对职业范围、人才规格等的描述，专业教学标准通常都要求非常具体。按照项目课程开发的思路，专业教学标准编制最为复杂的环节是确定专业课程设置，因此，本节拟首先详细阐述确定课程设置的方法，然后简要阐述专业教学标准主要环节的编制要求。

一、确定专业课程设置

(一) 改革专业课程设置的重要意义

确定课程设置是设计项目课程体系的第一个环节，也是非常重要的一个环节。一个好的课程体系，不仅有利于提升课程资源使用效率，而且有利于学生获得清晰的课程内容结构，提升人才培养质量。学校的课程资源是以课程为单位进行配置的，设置了一门课程，就意味着要为这门课程的实施提供师资、场地、设备等课程资源，因此在职业教育课程开发中要充分重视对课程体系的规划。在此基础上，还要探索按照什么原理规划课程体系，因为这会根本性地影响到人才培养质量。比如目前职业院校盛行“平台 + 模块”的课程设置模式，其目的是为了平衡共同性与选择性，然而其人才培养的效果真的好吗？可能未必！

传统的职业教育课程多数是依据知识分类方式进行设置的，这种课程设置方式是项目课程开发的重要障碍，如果不能根本性地扭转这一课程设置方式，转向以任务或项目为参照点设置课程，项目课程改革很可能就要流于形式，因为突出课程设置实质上就是突出课程的组织理念，而转变课程内容的组织方式是项目课程改革的重要理念和切入点。其重要意义可以从以下三个方面得到论证。

1. 突出组织理念是解构学科课程体系的重要抓手

解构学科课程体系，围绕岗位任务设计课程，是自 20 世纪 90 年代初以来职业教育课程改革的主旋律。90 年代把改革的重心放在课程内容调整，它是基于这样一种理念，即职业教育课程的关键问题是课程内容与岗位任务对职业能力的要求不相匹配，因为传统职业教育课程内容选择更多地是依据知识本身的完整性进行的，它忽视了岗位任务对职业能力的要求，导致学生学习了大量深奥却又不实用的知识。

然而那次轰轰烈烈的课程改革似乎并没有取得预期效果。传统的学科知识在课程中的核心地位坚固如初。何以如此？人们通常把它归结为教师对学科知识的特殊情结。但随着研究的深入，人们逐渐认识到导致这一结果的关键原因是没有触动传统的课程组织。组织与内容的关系正如瓶与酒的关系，新瓶可能被用来装旧酒，但旧瓶是不会用来装新酒的；当人们只拥有旧瓶时，往往难以想象到有什么新酒可装，更不会努力去寻找新酒。可见，要实现职业教育课程模式的突破，仅仅从课程内容入手的改革效果是微弱的，首先必须打破的是课程设置，进行课程组织改革。因此可以说，当前职业教育课程面临的首要问题是组织问题，而不是内容问题；只有变革了课程组织，课程内容的彻底调整才有了可能性。这是 20 世纪 90 年代课程改革所给予的基本经验。

2. 突出组织理念体现了组织与内容互动的课程发展机制

以上论述隐藏着一个深刻的课程理论问题，即课程组织与课程内容之间的互动。课程改革既不能忽视对课程组织的改革，也不能简单地用线性观点看待课程组织与课程内容之间的关系，而是要深刻看到课程组织与课程内容之间的相互制约与促进关系。理解这一原理对于课程改革的顺利进行非常重要，因为传统课程观中关于这一问题存在两种理解上的偏差，它们使得人们未能充分认识到课程组织变革本身及其对推动课程内容改革的重要性。

首先，传统课程观中课程组织的重要性没有获得充分理解。虽然泰勒把课程问题归纳为目标、内容、组织和评价四个基本问题，但实际上在人们的理解中，这四个问题的重要性是不平衡的。许多论述往往或多或少地隐含一个观点，即课程的首要问题是内容，而组织只是内容的附属问题。比如在很长时期内，我国教育学中就一直没有课程论，当时对课程的研究被等同于教学内容研究。在实践中，教师比较关注的也只是知识、技能等课程内容，他们把自己的工作仅仅理解为如何最有效地让学生掌握已确定的课程内容，而极少意识到如何更好地组织这些内容的重要性。尽管对课程组织的研究一直就没有停止过，近年来我国也开始出现了一些关于课程组织的专题研究成果，对课程组织的复杂性也随着研究的深入有了更为深刻的认识，课程组织的含义已远远超越了泰勒的“为了使教育经验产生累积效应”① 这一理解，而被扩展到了社会、学校等层面，但课程组织仍被简单地理解为一种“安排”，其核心含义只是“把各个不同的课程要素作恰当的安排，使学生可以学得更

---

① 泰勒著：《课程与教学的基本原理》，罗康、张阅译，中国轻工业出版社 2008 年版，第 73 页。

好"[①]。对课程的这种浅层化理解,使得课程组织的核心地位难以得到凸显。

其次,没有认识到课程组织对课程内容的促进或制约作用。人们通常把泰勒原理视为最为经典的课程原理。泰勒的确用最为简洁的方式描述了复杂的课程问题,然而泰勒原理容易给人们一个误解,即课程开发是一个从目标到评价的单向的线性过程,且每个课程开发环节是独立存在的。目标是整个课程开发的源头;内容是依据目标确定的,内容不会制约目标;组织是对内容的安排,进行组织的前提是有了内容,内容不会受组织的干扰。尽管泰勒也曾强调:"改进课程计划,可以从任何角度入手"[②],但这只是一种课程改革的实践策略,对这一策略的阐述未能改变对以上关系的理解。基于这种理解,不仅容易把组织看作为比内容更为次要的问题,而且看不到组织对内容的促进或制约作用。

而事实上,组织是课程非常核心的含义。理解课程的重要途径是理解为什么要有课程。课程概念的形成是基于:(1)如何协调集体教学行为;(2)如何使知识形成一个整体。正是这两大因素促进了现代课程理论的形成,而这两大因素的本质都是课程组织。另外,就泰勒的四个课程基本问题而言,它们所构成的应当是网状的双向互动关系。如实践中所确定的课程目标是否清晰,很大程度上会取决于人们对课程内容的理解。课程组织与课程内容的关系尤其如此,在课程问题的所有互动关系中,课程组织与课程内容的互动是最为明显且最为重要的。课程组织既不仅仅是促进知识累积的手段,也不仅仅是课程要素的恰当安排,而是决定课程内容的实践机制,对课程内容调整有着明显的促进或制约作用。这一原理促使我们从组织与内容互动的视角重新审视组织变革在课程改革中的地位。

3. 突出组织理念是基于职业能力形成机制的联系观

课程理论研究兴起于20世纪初,和人们对知识性质的新的理解有着密切关系。杜威的实用主义哲学打破了人们对知识的纯符号化理解,转而强调知识与生活、与情境的联系。"在杜威看来,所谓'儿童'的思维与'教材'的知识,在教育过程中应当获得连续性。建构知识的意义,就是课堂沟通的社会过程。"[③]实用主义的这种知识观,促使人们开始意识到,教育过程不仅要关注知识本身,还要关注知识与生活、与情境的联系。"联系"本身也应被看作为课程内容,课程设计必须体现出集中原理与联系原理。这一认识对现代课程理论的发展起了非常重要的作用。正如我国台湾学者杨龙立等所述:"20世纪影响西方教育甚巨的进步主义思潮,对于课程与课程组织理论和实务有相当的影响。"[④]

---

① 林智中、陈健生、张爽著:《课程组织》,教育科学出版社2006年版,第3页。
② 泰勒著:《课程与教学的基本原理》,罗康、张阅译,中国轻工业出版社2008年版,第117页。
③ 佐藤学著:《学习的快乐——走向对话》,钟启泉译,教育科学出版社2004年版,第55页。
④ 杨龙立、潘丽珠著:《课程组织——理论与实务》,台北高等教育文化事业有限公司2005年版,第119页。

实用主义对课程组织的理解其实远远高于作为“教学安排”的课程组织的理解。实用主义教育思想家强调课程组织，既不是基于泰勒所说的“使教育经验产生累积效应”，也不是基于大量后继课程专家所理解的提高教学效率的需要，而是内在地由教育本身所决定的；课程组织的含义应当是在知识与个体经验之间建立联系。这些观点对职业能力的形成机制研究有重要启示。

职业能力是如何形成的？这是研究职业教育课程首先要回答的问题。通常认为决定能力形成的首要因素是知识、技能等能力的具体构成要素。也正是基于这一理解，90 年代职业教育课程改革把重心放在了内容调整上。而事实上，如果可以把能力比喻为个体对外的功能的话，那么按照结构功能主义的观点，影响能力形成的主要因素不是能力的具体构成要素，而是这些要素之间的组合关系。围绕着什么来学习课程内容，远比给学生什么课程内容重要得多，静态、抽象地学习知识是导致知识多而能力弱的关键原因。职业教育要有效地培养学生的职业能力，就必须让学生动态地、与情境相联系地学习知识。这就是前面所阐述的项目课程联系论的基本思想，它在更深层面论证了突出课程组织的重要性。

（二）项目课程体系的设置原理

项目课程体系并不仅仅指项目课程，而是指以项目课程为基本思想所开发的职业教育课程体系，广义地可以把普通文化课程也纳入其中。项目课程体系的设计可归纳为以下四条基本原理。

1. 任务优先原理

它包括三层含义：(1)从程序看，要先确定围绕任务设置的课程，然后再确定需要在此基础上进一步延伸，或者需要作为其支持条件的课程；(2)从知识与任务的关系看，能结合任务学习的理论知识，均要尽可能地结合任务进行学习，要尽可能地把这些知识编制到项目课程中去；(3)尽管这里所论述的是项目课程开发，但课程设置的首要参照点是任务而不是项目。若以项目为基本参照点，那么将难以明确项目设计的目的，即为什么要设计这些项目？能否再设计其他项目？需要明确的是，真正要学习的内容是任务，项目只是教学的载体。若以项目为课程设置的基本参照点，那么由于项目是无法穷尽的，课程也将变得无法穷尽。

表 4-1 是德国学习领域课程方案的一个案例，这一案例很好地体现了课程设置的任务优先原理。从其所确定的学习领域（课程）看，它们基本上都是以“名词+动词”形式表达的工作任务，这种设置方式不仅使得课程的目标更为清晰，针对性更强，而且与岗位要求对接得也更为紧密。虽然该案例中课程的范围比较窄，相对而言我国职业教育课程的范围要宽一些，但其课程设置的基本思路是值得我们借鉴的。

表 4-1 “机电一体化工”教育职业的学习领域课程方案[①]

教育职业:机电一体化工(1998.3.3)

编号	学习领域	基准学时(小时)		
		第一学年	第二学年	第三学年
1	机电一体化系统功能关系分析	40		
2	机械子系统的制作	80		
3	根据安全技术要求的电气运行器材安装	100		
4	电动、液动和气动组件的能源流与信息流检查	60		
5	使用数据处理系统的联通	40		
6	工作过程的计划与组织		40	
7	简单机电一体化部件的制作		100	
8	机电一体化系统的设计与制作		140	
9	复杂系统的信息流检查			80
10	安装与拆卸计划的制定			40
11	运行、查障与检修			160
12	预防性检修			80
13	机电一体化系统的客户移交			60
	总计(1 020 小时)	320	280	420

2. 项目分解原理

在优先以任务为基本参照点进行课程设置的同时,应当引入另一条原理,即项目分解原理。其含义是对于范围比较宽的任务,应当结合具体项目把它进一步分解为若干门课程进行设置。在结合项目分解任务时,可对一个任务进行分解,也可综合多个任务进行分解。如高职计算机通信专业的小型网络系统设计与实施、中型网络系统设计与实施、园区网络系统设计与实施三门课程,便是综合了网络系统设计、系统安装与实施、系统联调、通信线路维护、网络设备维护这五条工作任务。

结合项目对任务进行拆分后获得的课程更具项目课程特色,其所学习的内容更具体,因而更有利于培养学生的职业能力。表 4-2 是产品设计专业传统课程体系与项目课程体系的比较。项目课程体系中虽然还保留了一些针对基本知识和基本技能开设的课程,但大部分课程是依据项目设置的。通过新、旧课程体系的比较,可以清楚地看出其项目课程体系的特色。

① 姜大源主编、吴全全副主编:《当代德国职业教育主流教学思想研究》,清华大学出版社 2007 年版,第 143 页。

表 4－2 产品设计专业项目课程体系①

产品设计专业		
	原有课程	现有课程
中级工	艺术设计英语(一)	艺术设计英语(一)
	产品专业岗位实习(一)	产品专业岗位实习(一)
	产品专业风景写生	产品专业风景写生
	产品设计素描	产品设计素描
	产品设计色彩	产品设计色彩
	产品二维效果图(一)	平面构成设计
	画法几何	玩具设计
	产品构成基础	文具礼品设计
	立体形态设计	数码产品设计
	产品二维效果图(二)	通讯产品设计
	产品手绘表达	灯饰设计
	产品制图	
高级工	产品专业设计考察	产品专业设计考察
	产品专业岗位实习(二)	产品专业岗位实习(二)
	产品毕业设计	产品毕业设计
	产品专业综合实训	产品专业综合实训
	产品三维效果图	首饰设计
	产品模型制作	视觉识别设计
	人因工程应用	小家电设计
	视觉传达设计	IT 产品设计(一)
	PRO－E 基础建模	自家电设计
	产品结构设计	IT 产品设计(二)
	产品三维渲染	钟表设计
	产品材料与工艺	家具设计
	产品设计方法与程序	运动产品设计
	玩具文具礼品设计	安防产品设计
	首饰钟表珠宝设计	医疗产品设计
	日用家电设计	无障碍产品设计
	IT 与医疗产品设计	

① 引自深圳高级技工学校项目课程改革成果。

3. 目标唯一原理

计划确定的一门课程能否构成课程的重要前提是它是否有独立的核心目标，且只能有一个核心目标。尤其在项目课程设置中这一原理非常重要。职业教育的许多课程，往往只有一个笼统的名称，如“……基础”、“……实务”，其定位与目标均非常模糊，只是许多知识的简单综合，严格地说，这种课程并非真正的课程。但是，一门课程如果存在事实上的多元目标，也并非真正的课程。目前项目课程设置中有一种比较严重的现象，激进的改革者往往主张完全解构传统的课程，要求把所有专业理论知识，甚至是普通文化知识完全融入到项目课程中。这种改革不仅会导致课程的实施非常困难，而且会由于一门课程的内容过于杂乱而破坏了这门课程核心目标的凸显，学生将因为缺乏核心而无法有效地建构这门课程的知识。可见，课程的确立必须遵循目标唯一原理，项目课程在整合知识时必须合理地控制知识范围。

4. 经验递进原理

项目课程要求按照学生经验递进的原理编排课程。职业教育课程设置要解决的一个重要问题是，如何使课程与学生自己的经验结合起来，使课程真正成为学生的课程。传统课程体系更多地是基于教师的知识观、教学观进行设置的：或者基于“实践是理论的应用”这一认识论，强调按照从基础理论到实践应用的顺序展开课程，或者从教学组织的便利性出发，主张“平台 + 模块”的课程设置，以节约教学资源。而课程要对学生有意义，最重要的是必须与学生自己的经验结合起来，依据学生的经验、成长规律编排课程。

（三）项目课程体系的设置方法

项目课程体系的设置，可按照以下十一条基本方法进行。

1. 确立严格依据任务进行课程设置的理念

整个课程设计过程都是由教师完成的，课程设置也不例外，无论是课程专家还是岗位专家都无法替代教师完成这一过程，因为教师不仅拥有丰富的专业知识，而且非常熟悉学生和本专业的教学特点。但是由教师进行课程设置的分析也存在一个致命缺陷，即容易受传统课程设置的束缚，甚至由于习惯或利益的原因不愿意改变原有的课程设置。事实上，在整个项目课程设计中，这可能是阻力最大的一个环节，有的时候迫于教师意见转变的难度，不得不采取分阶段改革的策略。但是，如果没有确定出科学的课程体系，后续的课程设计工作将很可能是徒劳的。因此，在讨论具体的课程设置之前，有必要在教师中确立一个基本理念，即“忘却”原有的课程设置，抛开个人的利益关系，严格依据任务进行课程设置。

2. 逐个对任务进行讨论，确定其课程设置

当教师们确立了严格依据任务进行课程设置的理念后，就可以逐个对任务进行讨论，确定其课程设置。所谓“逐个”就是按照“工作任务与职业能力分析表”中的任务从上往下一个个地对其进行讨论，这既可以确保课程体系的完整性，逻辑的

清晰性,又可以大大提高工作效率。一般地说,这一环节的讨论是依据"工作领域"进行的,因为单件工作任务往往过细,不足以构成课程。但这只是基本原则,有些情况下也有必要依据单件任务进行课程设置的分析,这取决于任务分解的细化程度。讨论时主要围绕着两个问题进行:(1)是否需要针对该工作领域单独设置课程?(2)如果需要单独设置课程,那么是设置一门课程,还是几门课程?

为了提高工作效率,确保课程体系的完整性,可以借助表 4-3 进行讨论。表 4-4 是会计电算化专业的工作任务与职业能力分析表,表 4-5 是依据这一分析结果所确定的课程体系。

表 4-3　工作领域与课程设置对应表

工作领域	课程设置
工作领域 1	课程 1
工作领域 2	课程 2、3
工作领域 3、4	课程 4

表 4-4　会计电算化专业工作任务与职业能力分析表①

工作领域	工作任务	职业能力
A 出纳	A1 收款业务办理	● 能使用刷卡机、保险柜 ● 能填写收款收据、发票、银行进账单等单据 ● 能熟练点钞,并分辨其中的假币
	A2 付款业务办理	● 能根据公司财务制度审核付款手续 ● 能正确填写支票及其他有价证券 ● 能使用支票打印机打印支票
	A3 银行对账处理	● 能填写银行余额调节表 ● 能密切配合会计对账
	A4 现金与有价证券保管	● 能在规定时间内及时盘点并出具盘点表 ● 能将盘点后的现金与有价证券进行妥善保管
	A5 现金日记账处理	● 能按开户行分清账户 ● 能按规范要求登记现金日记账 ● 能熟练使用计算工具
	A6 银行存款日记账处理	● 能按开户行分清账户 ● 能按规范要求登记银行存款日记账 ● 能熟练使用计算工具
	A7 资金日报表制作	● 能核对公司账户余额和当日发生额 ● 能及时准确制作资金日报表

① 引自新疆职业大学项目课程改革成果。

续 表

工作领域	工作任务	职业能力
B 会计核算	B1 原始票据审核	● 能审核原始票据的真伪、准确性与完整性 ● 能辨别业务真实性 ● 能审核自制原始凭证的合理性、合法性、真实性
	B2 原始票据分类	● 能对成本票据进行分类 ● 能对费用票据进行分类 ● 能对收入票据进行分类
	B3 记账凭证填制	● 能熟练使用会计软件 ● 能正确使用会计科目 ● 能按会计基础规范的要求填制凭证 ● 能对错误凭证进行更正
	B4 记账凭证审核	● 能正确审核收集的会计科目 ● 能审核规范的填制方法
	B5 账簿登记	● 能做到账证相符 ● 能做到账账相符 ● 能做到账表相符 ● 能按会计基础工作规范的要求进行账簿登记
	B6 财务报表编制	● 能正确处理勾稽 ● 能真实准确地编制财务报表
	B7 财务档案管理	● 能及时打印、装订记账凭证等财务资料并归档 ● 熟悉财务档案管理的期限要求 ● 能按时完成账套的备份
C 财务预算	C1 成本费用预算	● 能明确界定成本费用构成 ● 能明确成本费用预算标准和计算方法 ● 能根据市场物价水平与企业管理要求，准确测算出成本费用
	C2 收入预算	● 能明确企业收入构成 ● 能根据企业生产经营计划测算营业收入及其他收入
	C3 利润预算	● 能根据收入预算和成本费用预算，测算利润总额 ● 能根据税收制度测算出应纳税金 ● 能测算净利润

续 表

工作领域	工作任务	职业能力
	C4 项目预算	● 能根据项目任务确定收支内容 ● 能确定收支预算标准和计算方法 ● 能预测项目经济效益
	C5 资金预算	● 能掌握企业经济活动的资金需求 ● 能把握企业现金流变动规律
D 成本控制	D1 直接成本核算	● 能正确区分直接成本和间接成本 ● 能根据产品生产工艺过程,确定直接成本的构成 ● 能准确归集直接成本
	D2 间接成本核算	● 能正确区分直接成本和间接成本 ● 能根据产品生产工艺过程,确定间接成本的构成 ● 能准确归集间接成本
	D3 成本分析	● 能准确分析各要素生产成本构成所占比例 ● 能提出成本控制的合理化建议
	D4 成本考核	● 能将实际成本与定额成本进行对比分析 ● 能提出成本考核的合理化建议
E 资产管理	E1 存货管理	● 能准确掌握存货种类、数量、金额 ● 能与库管进行存货核对 ● 能编制存货差异报告 ● 能根据存货类型标准计提减值准备
	E2 固定资产管理	● 能准确掌握固定资产种类、数量、金额、存放地点、折旧方法、年限、残值 ● 能与固定资产保管人员进行核对 ● 能编制固定资产差异报告 ● 能准确掌握固定资产减值标准
	E3 无形资产管理	● 能掌握无形资产类型、摊销与否、摊销年限标准、计账价值 ● 能根据无形资产存在的形式标准计提减值准备 ● 能准确掌握无形资产减值准备标准
	E4 在建工程管理	● 能掌握工程总量、完工进度 ● 能区分成本、费用资本化、费用化 ● 能准确结转在建工程
	E5 有价证券管理	● 能掌握有价证券的形式、记账金额、数量、种类 ● 能做到账实相符

续 表

工作领域	工作任务	职业能力
	E6 应收账款管理	● 能掌握应收账款账龄、明细金额 ● 能定期与对方单位进行账务核对，取得往来对账确认单 ● 能根据账龄计提坏账准备 ● 能针对应收账款提出合理收款依据
F 融资管理	F1 融资渠道开拓	● 能了解融资渠道 ● 能分析出这些融资渠道的优劣势 ● 能选择出适合企业的融资渠道（如银行、非金融机构）
	F2 融资模式选择	● 能熟悉企业的运营模式 ● 能分析企业运营模式，并判断适合的融资模式
	F3 金融工具分析	● 能了解金融工具的优缺点 ● 能选择适合公司的金融工具
	F4 金融瓶颈分析	● 能查找出推动融资的阻力点 ● 能分析阻力点的影响因素
	F5 金融信息收集	● 能及时了解各类金融信息 ● 能整理归类出符合公司要求的信息
	F6 融资分析	● 能根据融资渠道、选定的融资模式、金融工具与相关信息的收集，计算出各种融资业务的成本 ● 能合理分析融资成本
	F7 融资决策	● 能从各类统计数据中选择适合企业的融资手段并配合执行
	F8 融资后的跟踪与管理	● 能对融入资金的流向进行跟踪 ● 能监督分析融入资金是否按要求使用 ● 能根据融入资金使用后的反馈意见归纳出更优的融资方案
G 投资管理	G1 投资项目的前期财务调查与分析	● 能使用财务分析工具 ● 能与相关人员良好沟通，全面、准确获取财务调查所需要的信息 ● 能对投资项目进行财务计算，提出财务可行性建议
	G2 投资过程的财务控制	● 熟悉投资过程的财务控制关键点 ● 能编写投资项目财务预算 ● 能与项目实施负责人有效沟通项目进展和资金供需等情况，并判断项目运行的财务风险情况 ● 能根据项目进展情况编写项目预算执行情况报告

续 表

工作领域	工作任务	职业能力
	G3 投资项目绩效的分析与报告	● 能使用绩效分析工具 ● 能编写投资项目绩效的分析报告
H 财务决算与分析	H1 财务年度报表编制	● 能准确掌握资产负债的会计科目定义 ● 能了解会计准则内容 ● 能掌握会计报表间的勾稽关系 ● 能掌握会计报表种类与编制方法
	H2 财务指标计算与分析	● 能准确掌握各项财务指标及关系 ● 能了解重要财务指标内容 ● 能依据各种财务指标做数据分析
	H3 预算执行情况分析	● 能准确掌握年初预算制度情况 ● 能准确掌握本年度各项指标实际发生额 ● 能对预算及实际发生额做差异对比及说明
	H4 财务报告编制	● 能对现有财务数据进行综合分析 ● 能了解行业财务指标参考值 ● 能对企业年度财务状况、经营能力、资金状况进行综合分析与指标说明 ● 能编制有价值的财务报告分析
I 纳税筹划	I1 涉税业务活动分析	● 能掌握本行业所有纳税法规及最新的税务政策 ● 能熟悉本公司实际账务处理与前期的纳税情况 ● 能了解本地税务管理机关对各税种征收细则 ● 能对具体业务涉及的各税种进行准确判断 ● 能充分利用各地域税务政策,对公司上下游业务进行整体纳税筹划
	I2 纳税测算	● 能掌握各税种的计算方法 ● 能根据不同商业模式进行多方案测算
	I3 涉税风险评估	● 能根据筹划方案测算的结果进行风险判断 ● 能对预期的后果设计可补救的措施
	I4 纳税方案确定	● 能根据不同的结果,结合公司的实际情况以及当地的税收执法环境进行方案的推荐 ● 能向管理层陈述纳税方案的执行可能带来的效益和风险
	I5 纳税方案实施	● 能协同相关部门配合涉税实施 ● 能与税务机关人员就纳税工作进行有效沟通 ● 能按纳税方案正确提交涉税文书

续 表

工作领域	工作任务	职业能力
J 数据统计	J1 数据收集	● 能明确数据的目的和用途 ● 能确定数据的范围(时间、区域) ● 能明确数据来源渠道并收集数据
	J2 数据整理	● 能对照审核业务数据 ● 能对错误数据纠错调整 ● 能将数据系统化、条理化并分类筛选
	J3 数据录入	● 能熟练掌握办公软件 ● 能按整理意图分类归集数据
	J4 报表生成	● 能掌握简单制表功能及系统公式运用 ● 能按数据统计目的呈现统计报表
	J5 勾稽关系审核	● 能明白相关数据之间的关系 ● 能检验相关数据间的逻辑关系、勾稽关系是否正确
	J6 报表完善	● 能根据生产经营的需要,科学分类数据 ● 能给需求部门提供最直接的分析报表
K 内部审计	K1 财务审计	● 能读懂财务报表、账簿和凭证 ● 能明确财务审计要求及要点 ● 能使用审计、财务与办公等相关软件,正确进行财务审计 ● 能出具财务审计报告
	K2 离任审计	● 能读懂财务报表、账簿和凭证 ● 能明确离任审计要求及要点 ● 能使用审计、财务与办公等相关软件,正确进行离任审计 ● 能出具离任审计报告
	K3 项目审计	● 能读懂财务报表、账簿和凭证 ● 能明确项目审计要求及要点 ● 能使用审计、财务与办公等相关软件,正确进行项目审计 ● 能出具项目审计报告
	K4 经济责任审计	● 能读懂财务报表、账簿和凭证 ● 能明确经济责任审计要求及要点 ● 能使用审计、财务与办公等相关软件,正确进行经济责任审计 ● 能出具经济责任审计报告
	K5 外部审计工作配合	● 了解外部审计项目配合工作的要求 ● 能根据外审要求提供恰当的相关资料 ● 能对所提供资料进行恰当合理的解释与说明

表 4-5 会计电算化专业课程设置①

序号	工作领域	课程名称	课程性质
1	A 出纳	出纳实务	核心
2	B 会计核算	会计核算	核心
3	C 财务预算 H 财务决算与分析	财务预算与决算	核心
4	D 成本控制	成本会计	核心
5	E 资产管理	会计监督与控制	核心
6	I 纳税筹划	纳税筹划(含税法)	核心
7	K 内部审计	审计	核心
8	G 投资管理	财务决策及投资分析	特色
9	F 融资管理	融资管理	特色
10	J 数据统计	统计	特色
11		会计电算化	核心
12		Excel 在财务中的应用	核心
13		会计基础规范	特色
14		会计行业法规	特色

3. 依据接近原理,对任务进行合理的归并

依据任务设置课程,并非意味着一一对应任务设置课程。任务分析成果是课程设置的重要依据,但学校教学亦有学校教学自身的规律,因此在讨论课程设置时,往往需要对工作任务进行合适的归并。这并不违反任务优先原理。比如高职计算机通信专业,所划分的工作领域有系统安装与实施、系统联调等,对于这两个工作领域,单独对其设置课程是符合工作原理的,然而却不符合教学原理,因为缺少系统联调这个环节,安装与实施好的系统难以检测其整体运行效果,而没有系统安装与实施,系统联调的实践教学基本无法进行,无论从哪个方面看都是不利于学生能力培养的。可见,从任务到课程存在灵活组织的空间,但要注意把握的原则是,依据任务的接近性进行归并,而不能依据知识的接近性进行归并。

4. 有些工作领域可能要结合项目拆分为几门课程

课程设置的第二条原理阐述的就是这一含义。过于宽泛的工作领域不利于学生学习具体的职业知识,进而影响到职业能力的培养。情境教学要求在情境中学习知识、发展能力,必然要求把普遍化的知识转化为特定情境的知识。结合项目对

① 引自新疆职业大学项目课程改革成果。

工作领域进行拆分，一方面要充分考虑所选择的项目的典型性，另一方面要充分考虑项目之间的能力区分度，即不同项目对学生职业能力要求的差异是否足以使它们需要通过不同课程来培养。由于传统教学以普遍化的理论知识为主，教师们对具体的情境知识不熟悉，没有充分认识到其在能力培养中的重要价值，因而对任务项目化的重要性理解不深，这会影响到教师在这一环节中的操作，需要引导教师克服这一倾向。

5. 依据共同的任务与能力，设计专业核心课程

项目课程设计，有时候需要在原有专业设置的基础上划分出专门化方向，主要基于两方面考虑：(1)给学生提供多种选择机会；(2)培养学生专深职业能力。专业方向的设置，使得课程体系由原来的“专业基础课程 + 专业课程”，变成了“专业核心课程 + 专业方向课程”。这就产生了一个非常重要的课程概念，即“专业核心课程”。专业核心课程不同于专业基础课程，专业基础课程是以专业方向之间共同的原理知识为依据设置的，其目标是学习适用于不同专业方向的共同原理，所依据的是“实践是理论的延伸和应用”这一传统知识观，而专业核心课程是指以培养某个专业核心职业能力为目标的课程，这些课程要求以不同专业方向之间的共同工作任务和职业能力为基础来设计，要求避免过去用“知识”代替“能力”为基础来设计这些课程的倾向。图 4 - 1 提供了一个专业核心课程设计的实例。专业核心课程具体设计时可以采取合并法，即先设置各专业方向的课程，然后合并其中的共同课程。

6. 依据职业能力对课程进行分层，实现课程体系的完全对接

在进行课程设置时有时候需要对课程进行分层，以构建学生职业能力发展的阶梯。比如技工学校(技师学院)的课程开发，往往要求实现从中级工到高级工再到预备技师逐层递进的课程体系，不同层级的课程应当实现完全对接。这一设计在中高职课程衔接中也是非常重要的，只是由于目前中高职的分部门管理，使得这一要求没有展现出来。这是课程设置中更高要求的操作，设置得好的课程体系，将为学生能力发展提供非常清晰的路径。分层的基本依据是职业能力分析阶段所获得的职业能力分层结果。分层设置课程时，能区分课程名称的要区分课程名称，如公路施工与养护专业的概预算编制和工程造价分析这两门课程；不能区分的可暂时用“Ⅰ”、“Ⅱ”表示，如“成本分析Ⅰ”。

7. 不要从支持的角度考虑课程设置，而是要直接依据工作领域进行课程设置

在依据任务讨论课程设置时，往往存在一种现象，即从支持的角度考虑课程设置。如针对“客户关系维护”这一工作领域，有人往往提出可以设置公共关系学、心理学等课程。这些课程自然与“客户关系维护”能力的形成相关，然而它们与该能力形成的心理过程的联系是非常松散的，因而在相关能力形成中的作用非常微弱。它与项目课程设置的思路完全违背，很容易使课程体系回归到传统，是课程设置中

要极力避免的现象。因此要开发出合乎要求的课程,需要深刻理解项目课程原理,直接依据工作领域进行课程设置。

8. 课程名称要突出任务特色,明确反映出该门课程的学习目标

确定了一门课程后,就需要对该门课程进行命名。课程命名过程其实是明确课程的目标定位的过程,因而应当受到重视。按照项目课程开发要求,课程名称要尽量避免"……基础"、"……学"、"……概论"、"……实务"等传统表述方法,直接用"名词+动词"的任务表述方式来表述课程名称,如高职投资与理财专业的证券、期货客户开发、证券投资分析、理财方案设计、理财产品营销等课程。用传统表述方法所表述的课程名称往往存在目标定位不清晰的问题,因此当很难用一个明确的概念来表达一门课程的名称时,我们就要注意是否真的对这门课程的目标定位非常清晰了。要尽量避免直接把职业资格证书考试作为课程名称。双证融通应当体现在课程内容的融通中,而不是机械地设置出考证课程。受根深蒂固的传统习惯的影响,有些课程一时可能难以找到符合要求的名称,但通过逐步的探索,我们将一步步地接近目标。如传统的"机械制造技术"这门课程,人们已逐步把它改造成了"零件的普通机械加工",这里并不仅仅是名称的改变,而是课程思想的根本性转变。

9. 把握好课程容量,建议每门课程100学时左右

课程学时确定的主要依据是对任务的操作频率重要性程度等指标的分析结果。在传统职业教育课程中,许多专业的课程往往学时多达200多,甚至更多。一门课程的学时过多,不仅教和学的压力会过大,而且不利于及时检查学生的学习效果。当然课程学时过少也会导致课程设置过于零碎,不利于课程的整合。因此项目课程开发强调合理设计每门课程的学时,这是课程开发中的艺术。一般地说,一门课程的学时在100左右是比较合适的。当然,这只是个经验数据,课程开发中应当灵活处理。

10. 设置面向基本理论知识和基本技能的课程

项目课程体系强调以任务为中心设置课程,并不完全排除以其他课程内容要素为参照点设置课程的可能性。过分极端的课程改革不仅可能带来严重的实践后果,而且并不符合课程原理,因为职业教育课程内容在知识性质上具有多样性,而不同类型的知识有适合它的最佳课程模式。有些课程改革不仅强调把所有专业理论知识都融合到任务中,甚至要求把所有文化知识,如外语、数学,均融合到任务中。这种改革虽然很彻底,然而是不科学的,因为一门课程应有唯一的核心目标,过于庞杂的课程内容必将破坏这一基本原理,这不仅会给教师的教学带来极大难度,而且不利于形成核心学习意识,并破坏学生的认知结构。

另外,尽管以项目为载体、以任务为中心融合相关知识和技能,有利于提高学生的学习兴趣,促进学生对知识、技能按工作逻辑进行建构,但通过这一形式学生

能学习到的理论知识，并不足以满足他们未来适应多变工作环境对理论知识的需要，而项目中的技能学习也不可能给学生提供足够的使技能达到娴熟水平的时间。为了弥补项目课程的这一不足，有必要设置针对基本理论知识和基本技能的课程。当然，应当把这些课程所占课时比例控制在比较小的范围之内。这些基本理论知识和基本技能可以在项目课程中以应用的形式继续出现。

11. 认真研究课程设置的逻辑路径，绘制课程结构图

在确定课程设置以后，还需要按照学生学习经验的建构规律对这些课程的展开顺序进行编排，并以课程结构图的形式来表达这些课程的逻辑关系。图 4－1 是汽车运用与维修专业的课程结构图。

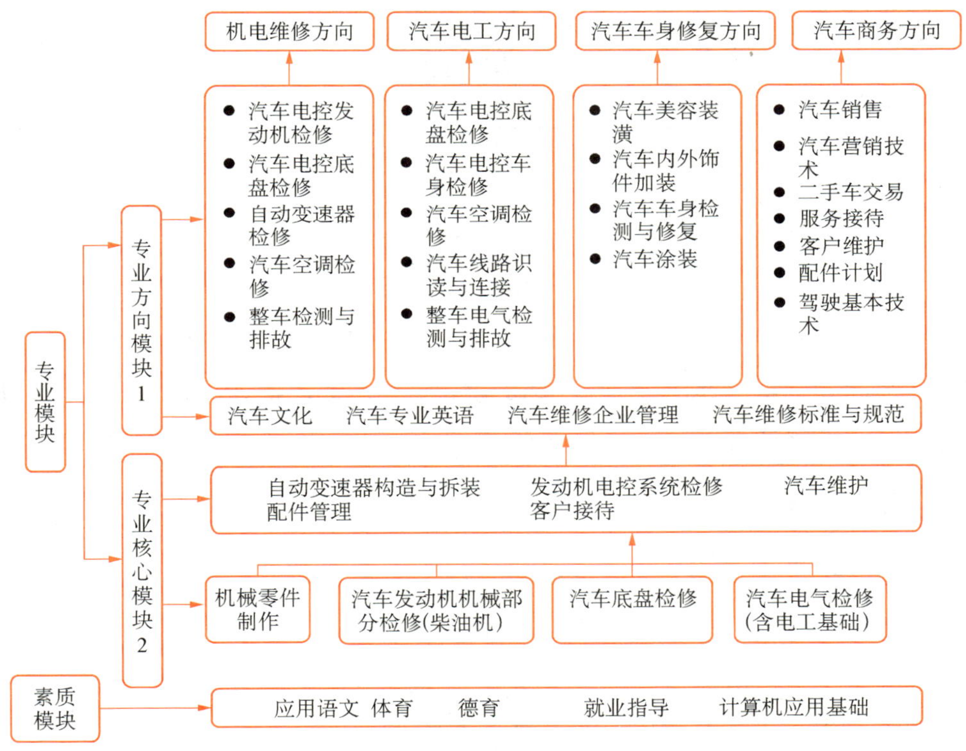

图 4－1 汽车运用与维修专业课程结构图①

需要注意的是，这里所说的课程的逻辑关系，不是指课程内容的逻辑关系，而是指学生学习这些课程的心理顺序。学生进入一个专业后，应当先学习什么课程，然后再学习什么课程，是一个非常重要且应有充分的学习论依据和专业特色的课程问题，因此在课程设置时对这一问题应高度重视。

① 引自山西交通技师学院项目课程改革成果。

二、编制完整的专业教学标准

确定课程设置后,已具备了专业教学标准的主要信息,可以着手编写完整的专业教学标准了。

(一) 专业教学标准体例

表 4-6 是一份专业教学标准体例,它涵盖了专业教学标准的主要信息。

表 4-6　专业教学标准体例

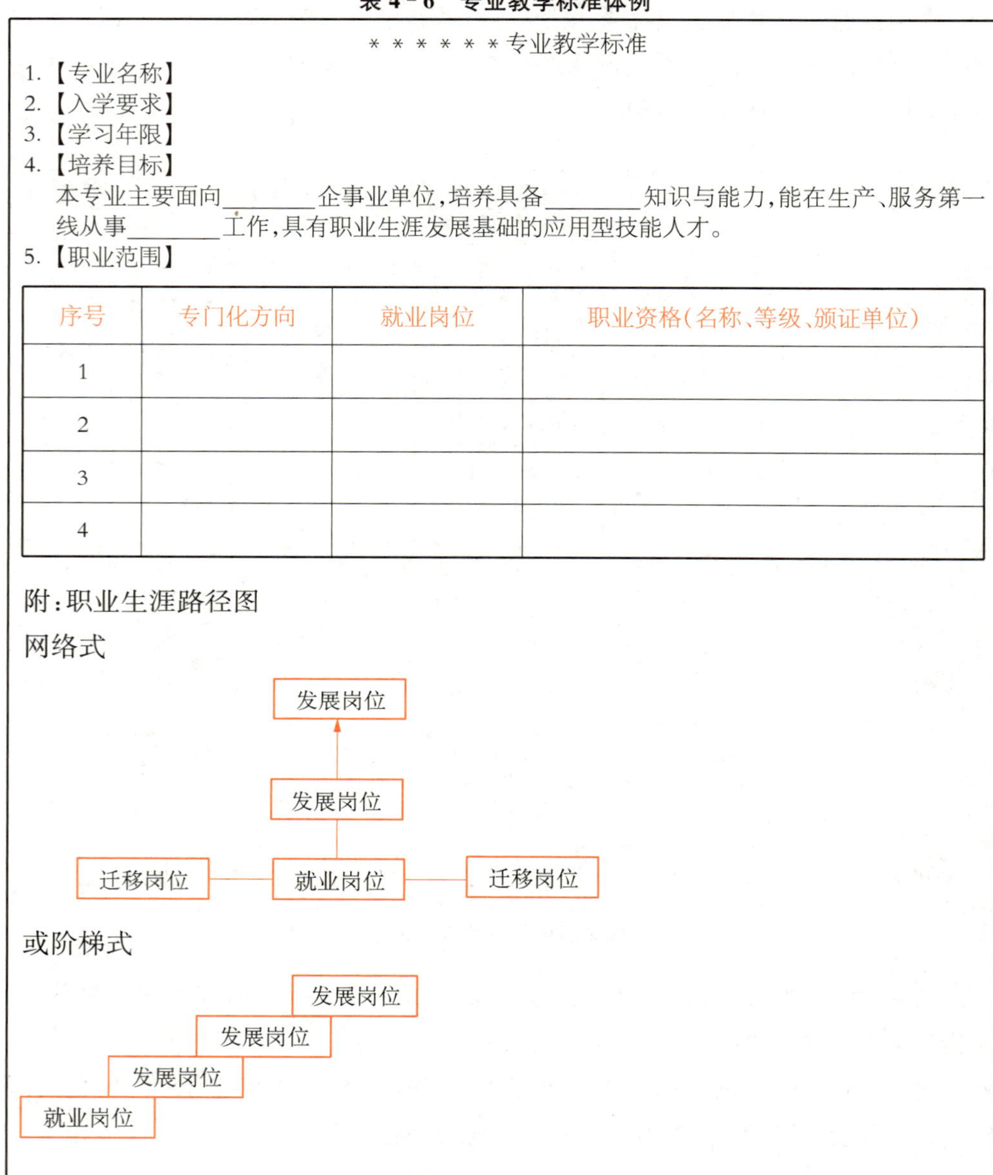

* * * * * * 专业教学标准

1.【专业名称】

2.【入学要求】

3.【学习年限】

4.【培养目标】

本专业主要面向________企事业单位,培养具备________知识与能力,能在生产、服务第一线从事________工作,具有职业生涯发展基础的应用型技能人才。

5.【职业范围】

序号	专门化方向	就业岗位	职业资格(名称、等级、颁证单位)
1			
2			
3			
4			

附:职业生涯路径图

网络式

或阶梯式

续 表

6.【人才规格】

本专业所培养的人才应具有以下知识、技能与态度：

●
●
●
●
●
●
●
●
●
●

……

××××专业(技能)方向：

●
●

……

××××专业(技能)方向：

●
●

……

××××专业(技能)方向：

●
●

……

7.【工作任务与职业能力分析】

工作领域	工作任务	职业能力
A.	A-1	A-1-1 A-1-2 A-1-3 …
	A-2	A-2-1 A-2-2 A-2-3 …
	A-3	A-3-1 A-3-2 A-3-3 …
	…	
B.	B-1	B-1-1 B-1-2 B-1-3 …
	B-2	B-2-1 B-2-2 B-2-3 …
	…	
…		

续　表

8.【专业(实训)课程】

序号	课程名称	主要内容与要求	技能考核项目与要求	参考学时
1				
2				
3				
4				
5				
6				
7				
8				
…				

注：如专业下设若干专门化方向，须分别列表说明。专业课程名称一般按照“名词＋动词”的格式来表述，如“数控机床维修”、“电子产品在线测试”。

9.【课程结构】

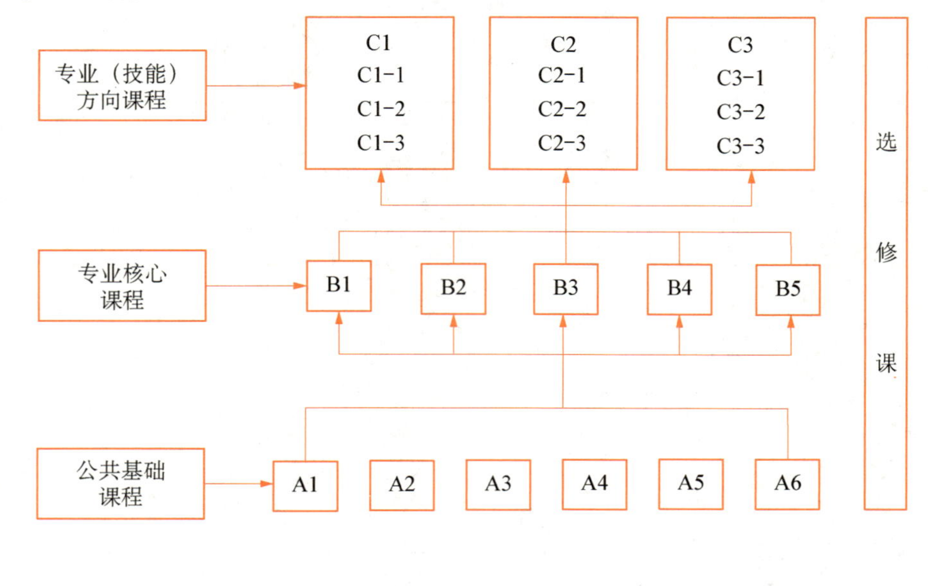

续 表

10.【教学安排】

10.1 学年制教学方案

<table>
<tr><th colspan="2" rowspan="3">课程分类</th><th rowspan="3">课程名称</th><th rowspan="3">总学时</th><th colspan="6">各学期周数、学时分配</th></tr>
<tr><th>1</th><th>2</th><th>3</th><th>4</th><th>5</th><th>6</th></tr>
<tr><td></td><td></td><td></td><td></td><td></td><td></td></tr>
<tr><td colspan="2" rowspan="8">公共课程</td><td></td><td></td><td></td><td></td><td></td><td></td><td></td><td></td></tr>
<tr><td></td><td></td><td></td><td></td><td></td><td></td><td></td><td></td></tr>
<tr><td></td><td></td><td></td><td></td><td></td><td></td><td></td><td></td></tr>
<tr><td></td><td></td><td></td><td></td><td></td><td></td><td></td><td></td></tr>
<tr><td></td><td></td><td></td><td></td><td></td><td></td><td></td><td></td></tr>
<tr><td></td><td></td><td></td><td></td><td></td><td></td><td></td><td></td></tr>
<tr><td></td><td></td><td></td><td></td><td></td><td></td><td></td><td></td></tr>
<tr><td></td><td></td><td></td><td></td><td></td><td></td><td></td><td></td></tr>
<tr><td colspan="2" rowspan="4">专业核心课程</td><td></td><td></td><td></td><td></td><td></td><td></td><td></td><td></td></tr>
<tr><td></td><td></td><td></td><td></td><td></td><td></td><td></td><td></td></tr>
<tr><td></td><td></td><td></td><td></td><td></td><td></td><td></td><td></td></tr>
<tr><td></td><td></td><td></td><td></td><td></td><td></td><td></td><td></td></tr>
<tr><td rowspan="8">专门化方向课程</td><td rowspan="4"></td><td></td><td></td><td></td><td></td><td></td><td></td><td></td><td></td></tr>
<tr><td></td><td></td><td></td><td></td><td></td><td></td><td></td><td></td></tr>
<tr><td></td><td></td><td></td><td></td><td></td><td></td><td></td><td></td></tr>
<tr><td></td><td></td><td></td><td></td><td></td><td></td><td></td><td></td></tr>
<tr><td rowspan="4"></td><td></td><td></td><td></td><td></td><td></td><td></td><td></td><td></td></tr>
<tr><td></td><td></td><td></td><td></td><td></td><td></td><td></td><td></td></tr>
<tr><td></td><td></td><td></td><td></td><td></td><td></td><td></td><td></td></tr>
<tr><td></td><td></td><td></td><td></td><td></td><td></td><td></td><td></td></tr>
<tr><td colspan="2" rowspan="3">综合实训</td><td></td><td></td><td></td><td></td><td></td><td></td><td></td><td></td></tr>
<tr><td></td><td></td><td></td><td></td><td></td><td></td><td></td><td></td></tr>
<tr><td></td><td></td><td></td><td></td><td></td><td></td><td></td><td></td></tr>
<tr><td colspan="2">选修课程</td><td></td><td></td><td></td><td></td><td></td><td></td><td></td><td></td></tr>
<tr><td colspan="3">合计</td><td></td><td></td><td></td><td></td><td></td><td></td><td></td></tr>
</table>

续 表

10.2 学分制教学方案

课程分类		课程名称	学分	总学时	各学期周数、学时分配					
					1	2	3	4	5	6
必修课	公共必修课									
	专业必修课									
	综合实训									
限定选修课【选一个方向】										
任意选修课										
合计										

续 表

11. ________实训(实验)室
功能:
(说明适用的课程名称及其他)
主要设备装备标准:(以一个标准班 35 人配置)

序号	设备名称	用途	单位	基本配置	适用范围(职业资格鉴定项目)

……
12. 【说明】
对以上不能涵盖的内容作必要说明。

(二) 专业教学标准编制中的特别注意点

1. 关于职业范围的描述

职业范围指某专业所面向的工作岗位,确定专业的职业范围是课程开发工作的起点。职业范围的确定应以前期的调研和论证为基础,一般均要求以"……工"、"……员"、"……师"等形式表述。进行专业定位时,应当在就业岗位确定的基础上,进一步确定迁移岗位和发展岗位。迁移岗位是指学习完本专业的课程后,通过迁移性地运用专业知识与能力也可从事的岗位。发展岗位指学生就业后可升迁的岗位。确定这两类岗位的目的是为了在广度和深度上扩大专业定位的范围,使学生具有更强的就业适应和发展能力。职业资格证书部分,一般只列出社会认可度高的职业资格证书,并注明是必考证书还是选考证书。

2. 关于人才规格的描述

人才规格指以上工作岗位对员工知识、技能和态度的整体要求，是对人才培养整体要求的勾勒。人才规格描述要注意：(1)人才培养规格的核心是职业能力培养目标，但德育与文化知识要求也必须包含，并要单列；(2)职业能力培养目标应把知识、技能与态度综合起来进行描述，按知识目标、技能目标、态度目标三大类别分别描述职业能力的方式反而容易导致内容的碎片化，如表 4－7；(3)对人才规格的描述不能过于笼统、不知所指，否则对教学的指导意义不大，应认真研究工作任务与职业能力分析表，从中归纳出对学生核心能力的要求，并准确、清晰地对其进行表述，每条人才规格应表述出学生某一方面的重要能力要求；(4)职业能力培养目标通常 10 条左右，其中综合素养最多两条，剩余条目应全部为专业能力条目。有些专业教学标准中，综合素养条目占职业能力培养目标总条目的比例多达 80%，这是不合适的。

表 4－7　服装设计专业人才培养规格——职业能力培养目标①

1. 熟悉人体体表结构和运动规律，能运用各种测量工具进行人体测量，并能将测量数据应用到服装结构设计中
2. 熟悉服装面辅料性能和运用的相关知识，能根据款式要求选择面辅料，根据既定的面辅料进行样板和工艺设计
3. 理解服装结构设计原理，掌握服装平面制图和立体裁剪方法，能对服装设计稿进行分析，选择合适的方法进行服装结构设计
4. 掌握服装试样的方法，熟悉服装弊病产生的原因，具有精益求精的精神和挑剔的眼光，能根据试样效果进行结构调整
5. 熟悉服装样板制作及样板推档的原理与方法，能对结构图进行复样并制作完整、规范的系列工业样板
6. 熟悉服装工艺制作的流程和各环节、各部位的质量标准，能制定工艺技术文件，按照产品质量标准制作样衣
7. 熟悉服装设计基本原理，能根据产品风格与设计企划方案进行单品设计
8. 能准确把握流行元素，熟悉国内外知名品牌的风格特点，具有专业必备的艺术修养和服饰审美眼光
9. 具有较好的学习能力，能基于岗位要求和特点学习新知识和新技能，根据客户要求或款式特点进行技术创新，解决技术问题
10. 具有较强的人际沟通能力和团队协作意识，能和设计师沟通设计意图并提出自己想法，与样衣工沟通工艺设计并优化加工工艺

课程设置和课程内容选择，应显示出其与人才规格的内在一致性。

3. 关于教学方案中的课程编排

课程编排要根据各类课程之间的内在联系，遵照教学规律和学生经验建构顺

① 引自杭州职业技术学院项目课程改革成果。

序，将各门课程按一定的时间和空间合理地排列组合，形成有机的课程体系。其中要根据实际需要安排综合实训项目，包括企业实习、综合实训等。

就宏观的课程框架结构而言，要变传统的应用模式为建构模式，就是要把原来的顺三角形课程排列顺序变为倒三角形课程排列顺序，见图 4－2。表 4－8 是加拿大乔治·布朗学院建筑专业的课程计划，这一课程计划就是按照倒三角形模式编排课程的，这种课程编排模式是美国、加拿大、澳大利亚等国家应用型高等教育机构课程编排的通行模式。两种模式的本质差别在于：(1)应用模式依据的是“实践是理论的应用”这一哲学理念，它更多地考虑的是课程实施的方便；(2)建构模式则依据的是学生学习的心理规律，它首先分析学生到什么学习阶段适合学习什么课程，然而开设出什么课程，它更多地考虑的是人才培养目标的达成。

中职、专科高职与技术应用型本科衔接性课程体系的设计必须采取倒三角形模式，否则所设计出的课程体系根本无法实施。

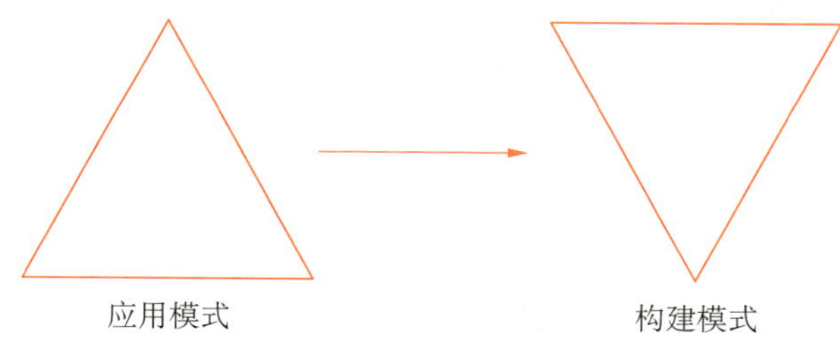

图 4－2 职业教育课程结构的两种模式

表 4－8 加拿大乔治·布朗学院建筑专业课程计划(2 年制与 3 年制)

专业名称：建筑技术员(architectural technician)
课程目标：本课程的目标是帮助毕业生形成完整的建筑绘图知识及设计技能，并能理解建筑设计及建造过程。课程内容覆盖了计算机辅助绘图与设计、选址调查、建筑介绍，同时还能学习建筑材料、定量调查(估计项目所需的劳动力、材料和设备)、建筑编码、合同及规格。重点采用小组工作和项目本位学习实施教学。
就业：毕业生可以在建筑业的许多领域就业，可以作为建筑业的技术助理，作为计算机绘图技术员参与各类图纸的绘制，此外还可以作为销售代理及到政府部门工作。

第一学期	ARCH1005 ARCH1012 BLDG1041 COMP1082 GHUM1106 COMM1007 MATH1025	建筑绘图——woodframe 建筑计算机绘图——CAD 建筑业实践 计算机技能及应用 建筑史 学院英语 技术数学

续 表

第二学期	ARCH1006 BLDG1013 BLDG1043 CADE1002 GSCI1022 COMM1113 MATH1078	住房及小型建筑 小区及建筑管理 定量调查 建筑计算机设计与工作绘图 建筑科学与环境 CABT 专业交流 建造技术数学
第三学期	ARCH2004 BLDG1027 BLDG2019 BLDG2046 CADE2001 GNED	建筑设计与技术Ⅰ——混合应用/工程木材 结构工程——木料设计 定量调查与估计Ⅱ 机械及电子设备安装 建筑三维模拟 普通选修
第四学期	ARCH2005 BLDG2012 BLDG2022 BLDG2034 BLDG3003 CADE3001 COMM1035 GNED	建筑设计与技术Ⅱ——钢筋结构 建筑编码 法律及建造合同 结构工程——钢筋结构 建筑安全实践 建筑计算机设计及文件 专业交流Ⅱ 普通选修

专业名称:建筑技术(architectural technology)
课程目标:作为小组的成员,可以与建筑师、设计者和建造管理者一起工作。本课程的目标是帮助毕业生获得建筑技术与管理技能的牢固基础,课程广泛地涉及建筑的商务方面,包括建筑法、合同及规格、项目管理和定量调查,同时还可以学习计算机辅助设计。
就业:毕业生通常在工作中要负更高的责任,可以成为计算机绘图技术师,项目管理者,销售和市场专业人员,建筑官员,也可以运作自己的建筑绘图与设计商务。
(注:前两年的课程与 2 年制课程完全相同)

第五学期	ARCH3007 ARCH3009 BLDG3001 BLDG3008 CADE3002 HRM3001	建筑设计与技术Ⅲ——高层 建筑与混凝土工程 建筑科学 规格与文件 建筑概念设计 劳动关系与人力资源管理
第六学期	ARCH3008 BLDG3009 BLDG3010 BLDG3011 BLDG3012 BLDG3013 CADE3003	建筑设计与技术Ⅳ——革新 建筑经济——成本核算 建筑经济——开发 建筑法——个案研究 项目管理 建筑科学及细节

从顺三角形到倒三角形意味着，课程排列顺序由原来的从一般到具体、从基础到应用、从理论到实践，变为从具体到一般、从应用到基础、从实践到理论。课程体系的切入口由原来的宽泛、抽象变为狭小、具体，其出口由原来的狭小、具体变为宽泛、抽象。这种倒三角形的课程展开模式虽然切入点小，但是很具体，离学生的实际生活很近，容易激发学生的学习兴趣；而顺三角形的课程展开模式虽然切入点宽，但是很抽象，离学生的实际生活很远，难以激发学生的学习兴趣。

把课程编排模式从正三角形转变为倒三角形，并不是简单地改变课程排列的顺序，而是意味着复杂的课程组织模式的变革：(1)应当有一条核心能力主线贯穿整个专业课程体系的展开过程，并且这条核心能力主线应当根据能力水平划分为不同阶段。比如表 4－8 这个案例，由于专业为建筑设计，因此它把建筑设计能力作为整个专业课程的核心能力而贯穿始终，并且把建筑设计能力划分成了四个水平，分别开设了四门课程以实现对这四个阶段的能力的培养，即建筑设计与技术Ⅰ——混合应用/工程木材、建筑设计与技术Ⅱ——钢筋结构、建筑设计与技术Ⅲ——高层、建筑设计与技术Ⅳ——革新；(2)每个阶段的专业课程应当围绕核心能力培养的需要进行设置，以更为清晰地体现课程之间的关联性；(3)文化课程应与专业课程并行开设，以促进两类课程的互动。见图 4－3。

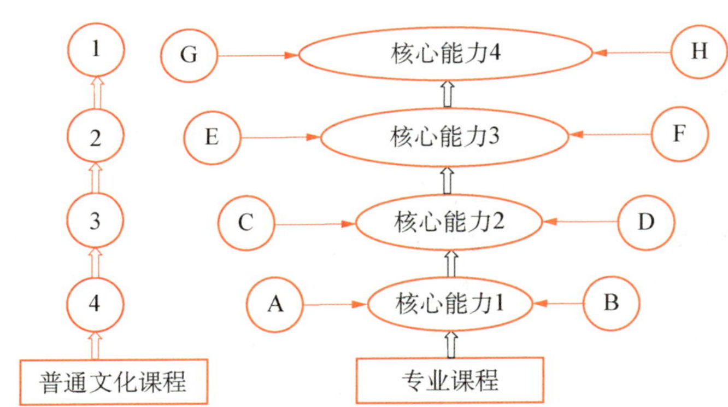

图 4－3　课程编排建构模式的内部结构

4. 关于实训实验装备标准的编制

实训实验装备标准的编制，要按照新的专业课程设置和教学改革要求，构建新的实训(实验)体系。实训(实验)室的功能定位要打破传统模式，实训(实验)室设计要按项目课程的要求进行，实训室的划分要与项目课程体系相匹配，讲解区、训练区要有机融合。要分别对实训(实验)室名称、功能与要求、装备标准提出规范要求。

5. 关于专业教学标准编制的语言加工

专业教学标准，以及下面要阐述的课程标准，均属于课程文件，因此其语言应当精炼、准确和简洁,用规范对象的方式进行表述。精炼指叙述不要过于冗长,要用少量的词表达丰富的含义。特别是专业名称、课程名称的表述,更加要注意精炼。准确指语言要能准确表达内容。简洁指版面设计要注意大方、明快。这项工作需要由专门的版面设计人员来完成。此外,还要注意充分利用表格。表格是表达专业教学标准的最好手段,它能够以非常简洁的形式表达复杂的内容。

第二节 编制专业课程标准

从专业教学标准编制到课程标准编制,是项目课程开发的一个重要转折点,它意味着课程开发从专业层面过渡到了科目层面,课程开发开始走向更加深入的细节,开发主体也由专业教师集体转向了承担各门课程开发任务的教师个体。因此,在课程标准开发过程中,不仅要认真把握好以下将要阐述的各环节的开发要求与方法,而且要注意加强对开发过程的管理,以确保最终开发出来的课程标准的质量。如果是政府层面的课程开发,那么难点在于如何给每个课程标准的开发小组成员提供大量面对面的讨论机会;如果是学校层面的课程开发,那么难点在于如何缩小不同教师开发成果的巨大差距。解决这些问题的办法无外乎扩大经费投入、加强过程控制和提供更加细致的指导。

一、什么是课程标准

(一) 为什么需要课程标准

尽管课程开发理论一直非常强调课程标准的重要性,人们普遍知道课程标准是课程的重要构成要素,但在职业教育领域忽视课程标准的现象仍然大量存在。不仅教师们授课前极少认真研究课程标准,而且许多教材编写者在没有任何课程标准的前提下便编写了教材。迄今为止,我国并没有颁发职业教育的国家课程标准。似乎人们更加看重的是教材而不是课程标准。而事实上课程标准比教材重要得多,一门课程可以有许多版本的教材供选择,而课程标准只能有一份。

课程标准的价值何在?其价值类似于大楼建设中的施工图,编制课程标准便是编制课程的施工图。有了施工图,才能知道大厦的规模、外形、功能、材料要求等等,也才可能顺利地进行施工。编制课程标准,就是研究课程的总体功能定位、课程目标定位,仔细地选择能达到目标的课程内容,并确立教材编写、教学方法等实施环节的基本思路。这是形成一门课程的非常重要的研究过程。只有认真、深入地研究清楚了这些问题,才能知道如何编写教材,如何进行教学;否则,便是在用教师本人的经验代替课程。由此可见,课程标准的重要性。

(二) 课程标准的含义

课程标准是对某门具体课程的目标、内容、组织及教材编写与实施要求等要素的规定，是重要的课程文件。它既是教材编写、教学实施、评价考核的依据，也是教育行政部门管理和评价课程的手段。课程标准作为一份独立的课程文件形成的主要原因，在于能给教材开发乃至教学过程提供更大的创新空间。教材编写应当以课程标准为依据，否则就是盲目的，但实践中往往容易忽视这一点。对教育行政部门来说，应当提升对课程标准开发重要性的认识，并加强开发力度，使其角色从产品（教材）管理更多地转向标准（课程标准）管理。

在使用课程标准这个概念的过程中，人们比较困惑的是它和教学大纲有什么区别。尽管课程专家们一直在努力区分这两个概念，但这其实是非常困难的，因为二者并非完全对立，而是不同话语体系对同一事物的不同称谓而已。我国先后从苏联和美国引入教育学，这才产生了独有的教育学概念之争。当然，既然是不同的话语体系，那么其内涵自然不可能完全相同。二者最大的区别应当在于立足点的不同。课程标准的立足点是完整的课程本身，而教学大纲的立足点是教学过程。这一不同决定了二者在内容安排和编写角度方面均存在差异。比如课程标准要研究的一些重要问题，如课程的性质与定位、课程的设计思路、教材的编写要求等，在教学大纲中是不研究的。可见，课程标准要研究的问题比教学大纲更为宏观，范围也更大。为了提升教师的课程意识，促进课程建设，目前使用课程标准这个概念更为合适。

二、确立课程的设计思路

课程标准编制中，要研究的第一项重要内容是课程的设计思路，即研究一门具体课程的思想。具体地说，就是要研究课程设置依据、课程目标定位、课程内容选择标准、项目设计思路、学习程度用语、学时和学分等内容。只有把课程开发建立在对这些重大问题的研究基础上，才可能开发出高水平的课程。设计思路的研究是否深入，是否形成了该门课程独有的思想，能否在同类课程中处于领先地位，是判断一份课程标准质量高低非常重要的指标。

教师们普遍感觉设计思路的撰写非常困难，这反映了教师们对所开发课程的相关问题思考不够深入，同时也反映了职业教育课程研究的不成熟状态，其与普通教育课程的最大差距正在于此。设计思路的撰写，既要体现项目课程改革的基本原理，更要结合具体专业、具体课程形成该门课程所特有的思想。突破的角度有：（1）本专业的工作任务的特点，以及由此延伸出的职业能力的特点；（2）目前阻碍这些职业能力有效培养的最重要的因素。

三、确定课程的目标

课程目标指预期的学习结果，即期望学生学习某门课程后，在知识、技能、态度方面要达到的要求，理解课程目标这一概念时要特别注意以下几点：（1）课程目标指的是预期的学习结果,而不是实际的学习结果。通过学习以后,学生或许并不能完全达到预期的结果,但所设定的课程目标必须高于学生现有的学习水平,这意味着在制定课程目标时课程开发者应充分发挥想象力。(2)课程目标指的是学习结果而不是学习过程。课程目标表述要聚焦最终的学习结果状态,不能把结果与过程相混淆,但这是课程目标、编写时很容易发生的错误,许多课程目标所表述的是要学生做什么(活动),而不是做了以后要达到的心理与身体的变化结果。(3)课程目标的承载主体是学生而不是教师。无论教师做了什么,能做什么,它要表达的都是学生所要产生的变化。(4)这种变化不能仅仅停留于知识层面(如对知识的掌握程度),而是要深入到心理结构层面(如对能力和价值观的改变),要表达出学生在学习课程内容后在认知与行为方面改变的结果。(5)课程目标指的是通过对课程的学习后能获得的学习结果,而不是完全现实中的要求。它是一个教育学的概念。职业教育课程在某些时候会要求课程目标与岗位实际能力要求尽可能地接近,但它们仍然是两种不同要求,课程目标开发中应注意区分。

课程标准是把课程理念转化为课程内容和课程实施要求的关键性纽带,开发出明确、清晰、能有效促进学生发展的课程目标,对课程标准来说极为重要。课程开发者往往感觉到制定明确、清晰的课程目标非常困难,这不是因为这一要求过高,而是因为我们对该门课程的目标定位研究得不够深入。比如表 4-9,它是几位语文教师开发的职高语文基础模块阅读与欣赏课程的目标,这门课程的目标本应当是比较抽象的,然而教师们仍然把它们描述得非常清晰。很明显,这种描述能很好地指导教师如何实施该门课程的教学。

表 4-9 职高语文基础模块阅读与欣赏课程目标[①]

● 能整体感知不同类型散文的内容,理清文章思路;通过分析文章中运用的各种写作方法来品味散文语言,明确作品中人物形象、情感、意境、哲理
● 能明确故事的开端、发展、高潮、结局的情节,理清小说思路;通过分析社会环境和自然环境的作用,结合分析人物描写方法把握人物形象,提炼小说主旨
● 能通过反复诵读,品味诗歌语言,分析诗歌意象,把握诗歌中蕴含的情感
● 能通过把握戏剧矛盾冲突,分析个性化的戏剧语言明确人物形象,理清人物之间的关系,理解戏剧的内容和主旨
● 能诵读欣赏浅显的文言文,能获得重点文言实词及 18 个文言虚词的积累,区分特殊文言句式,大体理解文言文内容

传统的课程目标表达习惯用布鲁姆的教学目标分类理论,即把课程目标区分为知识目标、技能目标和素质目标。由于布鲁姆当时只是完成了这三大领域的划

① 引自宁波市鄞州职业教育中心校项目课程改革成果。

分，以及认知领域的亚领域的划分，其他两个领域的进一步细分其实是由别的学者完成的，因此这一目标分类体系存在内部矛盾，在实践中很难操作。比如“能区分某某两个概念”，这一目标应纳入认知领域还是技能领域？似乎都可以。在这个目标分类理论中，认知与技能是完全割裂开来的，技能只限于动作技能，但在职业情境中认知技能是无法与动作技能完全区分开来的，有时甚至不能区分。情感目标虽然在内容上比较容易与其他两大领域相区分，但若单独进行表述，往往也会使它缺乏具体依托，以至内容空洞。因此建议在课程目标开发时，把布鲁姆教学目标分类理论只是作为对目标进行研究的思考框架，而在表述上则可把各种学习结果要素综合起来进行表述，表 4－9 采取的就是这种方式。

德国的专业能力、方法能力和社会能力这一课程目标三维分类框架，也非常值得课程标准开发者借鉴。的确，教育不仅要培养学生扎实的专业能力，还要培养他们合理、有效的学习与发展的方法，更要培养他们优秀的职业品质。能力、方法与品质应当构成教育的三大基本内容。在表述技能目标时要采取成就目标的表达方式。成就目标是一个准确描述在某门课程中个体能做什么的简短陈述，以展示学习活动结束后个体对任务的掌握情况。成就目标包含三个要素：行动、条件、标准。

（一）行动

成就目标的表述中必须包括描述可直接观察的行为的动词，以展示个体对课程目标的达成情况。这些动词是描述行为的，而不是描述状态的，比如制作、撰写、排列等等。比如：“给定产品的所有工程资料，能撰写一份产品简介，这份简介要描述和定义产品的所有商业特征”。这些动词所描述的行为应当是可直接观察的。如接待、维修、绘制等，当个体在进行这些动作时，我们可以直接观察到它们。有些动词是否符合成就目标的表述要求要视其对象而定。比如“应用”这个词，当我们说“应用科学知识”时，这个词的使用是不合适的，因为它没有表述出“成就”，而当我们说“应用某些工具”时，这个词则可能是合适的。

（二）条件

为了进一步准确表述课程目标，有时候还要写出行动发生的条件，以防止实践中引起理解上的不一致。对条件的表述并非越详细越好，一般地说，只要表述到不会发生歧义即可。比如，纸张、空气等便没必要写。因此有些时候，课程目标也可以不包含行动条件。企业职业培训课程目标中的行动条件主要关注的是企业现有工作条件，学校职业教育课程目标中的行动条件关注的是行动是否有外部帮助以及帮助能够提供到什么程度。

（三）标准

标准即确定当个体做到什么程度时我们才认为他是“有能力的”，从而为测量教学的成功提供尺度。有的时候学生只要能完成任务我们便认为他是合格的，有的时候他们要做到非常精确才能认为是合格的，只有有了标准，我们才能准确地把握这一尺度。标准必须是可测量的，可以从行动的以下维度进行设定：(1)速度，即完成任务所需要的时间，如“在5分钟内加工出图纸所要求的零件”；(2)质量，即任务完成的好坏程度，如“缝隙误差不能大于1微米”，“所有获得的信息都是真实的”。在某些情况下，条件与标准会较难区分。如“使用某某工具”，这是条件还是标准？可以说它是条件，因为它限定了行动发生的环境，也可以说它是标准，因为它是行动发生的要求。

四、确定课程的内容与要求

课程标准编制中另一项重要任务是确定课程的知识、技能等要求，即确定该门课程的内容。课程标准要规定的要素很多，然而最重要、最具实质意义的方面便是规定该门课程到底要求学生学习哪些知识和技能，并达到什么能力要求，因此课程开发者应当花费大量精力完成这部分内容的开发。

不同的课程开发理念确定课程内容的方法是不一样的，按照项目课程的理念，课程内容的确定需要依据工作任务(普通文化课程可依据学习任务进行分析)分别确定所要求的知识和技能，这一过程可用表4-10来进行。

表4-10　项目课程内容分析表

序号	工作任务	技能内容与要求	知识内容与要求
1			
2			
3			
4			

(一) 工作任务分析

表4-9显示，项目课程的内容包括工作任务、知识和技能(有时为了表格简洁，会省略职业能力这项内容，但要注意的是，知识和技能分析的依据都应当是职业能力，而不能是工作任务。)。因此在确定课程内容时，应当先确定该门课程要求学生学习的工作任务。工作任务的确定应当依据本专业的“工作任务与职业能力分析表”中的内容来进行，否则就会产生课程标准与专业教学标准相脱节的现象。工作任务的确定应达到两个基本要求：(1)编排应当清晰；(2)不要有遗漏，应当涵盖该门课程所要求的全部内容。需要特别注意的是，尽管课程开发所依据的思路是项目课程，但知识和技能分析所依据的不是项目，而是工作任务，除非该门课程的项目包括具体项目和类项目能够完全确定。前面已在多处对该问题作过分析。

(二) 技能内容分析

确定工作任务以后，按照分析顺序应当先确定技能内容与要求，即先确定要求学生会做什么，然后确定要求学生知道、理解什么。技能分析要依据本专业的“工作任务与职业能力分析表”中的职业能力来进行。方法是对职业能力进行筛选，选出通过教学能够达到的职业能力。因为“工作任务与职业能力分析表”中对职业能力的分析是全面的，而其中有些职业能力是无法在学校通过教学达到的，只能通过工作实践逐步达到，这些职业能力不应当纳入到课程标准中。然后对所挑选出来的职业能力进行分解，尽可能分解到可操作的层面，所获得的便是职业技能。技能确定除了尽可能地防止遗漏外，要特别注意表达出工作成果。

受职业习惯的影响，第二个要求对教师来说比较困难，却是非常重要的，因为按照项目课程的结果论，只有表达出了工作成果，才能真正把教学导向能力的终点状态，培养出实际能力，并有利于检验教学效果。然而许多技能表述，尽管也采取了“能做……”、“会做……”的格式，从形式上看似乎提出了技能培养要求，却并没有表达出工作成果，如“能对现有展台进行结构分析”，它只表达出了要做什么，却没有表达出要做出什么，达到什么要求。“能根据不同类展品的特征设计出与其风格相符合的展台”这条表述则是符合要求的，因为它有明显的工作成果。因此在分析技能时，课程开发者应反复对照这一要求检验所提出的技能。所分析的技能应当是该门课程新学习的技能。

技能分析应注意细致、深入，从多方面确定任务对技能的要求。比如汽车运用与维修专业的“电源系检测与排故”这项工作任务，若对其进行技能分析时只提出“能进行电源系检测与排故”这条技能，那么尽管从内容上看并没有错误，却没有完整地表达出该任务对技能的要求，其对教材编写和教学的指导价值将非常有限。比较而言，以下描述则完整得多：(1)能就车指认汽车电源系统元件；(2)会使用汽车检测仪器；(3)能识读典型汽车电源系电路图；(4)会检测汽车电源系主要零部件；(5)能编制故障排除流程图；(6)能运用检测仪器诊断并排除故障；(7)会填写维修过程记录表。

(三) 知识内容分析

确定技能要求后，课程开发者还要逐条针对每项职业能力，确定要获得这种职业能力学习者应当“知道、理解”的内容，即知识内容及其要求。教学过程中教师要讲解的主要知识点，均应清楚地表达出来。知识内容应当大于等于职业能力形成对知识的要求，即一方面所确定的知识应能完全满足职业能力形成对知识的需要，另一方面可以在此基础上对知识有所扩充，让学生获得更加全面的知识。知识分析过程中，不要简单地剪裁原有的学科知识，要完全依据职业能力形成对知识的要求进行分析，尤其要注意对实践知识的分析，比如图纸的标注方法、各种资料的格式、工具的使用方法等。

项目课程的知识可划分为实践知识和理论知识。实践知识指完成某工作任务必需的应用知识，如操作步骤、工艺、工具设备名称等。理论知识指完成该工作任务必须具备的解释性知识,用于解释"为什么要这样操作"。实践知识对能力发展的作用,正如树叶对树生长的作用,是十分重要的。工作中的实践知识非常丰富,但杂乱地存在着,如果能系统地把它们组织起来,将大大缩短个体职业能力的发展历程。要注意的是,所分析的知识应当是该门课程新学习的知识。

借助表 4-11 进行知识分析。

表 4-11　项目课程的知识结构

知识 能力	任务与标准	对象与结果	过程与方法	问题与经验	概念与原理
职业能力 1					
职业能力 2					
职业能力 3					
职业能力 4					

表 4-11 把项目课程的知识区分为了五个方面:(1)任务与标准,指行动的内容及要达到的要求;(2)对象与结果,指行动对象与工作成果的结构、性质与特征;(3)过程与方法,指行动的步骤与要采取的方法;(4)问题与经验,指行动中可能遇到的问题及经验性解决方法;(5)概念与原理,指行动所涉及的概念及理论依据。

这五个方面所涉及的是职业能力对知识的不同方面的要求,它们之间内在联系紧密,依据这一框架进行分析有利于获得以职业能力为中心的、组织严密的工作知识体系。开发中尤其要注意对实践知识的分析,比如图纸的标注方法、各种资料的格式、所要编制的方案的内容、工具的使用方法、问题的主要表现与经验性解决方法等,因为这些知识是传统学科课程中最为缺乏,而在实际工作中非常重要的知识。职业教育课程将因为这些内容的凸显而呈现出鲜明的职业特色。

知识分析过程中,不能用"相关知识"、"基础知识"等概念来表达知识内容,因为这些概念意味着没有确定任何内容。什么是相关?什么是基础?这是非常模糊的概念。当然,"……概述"、"……导论"等表述方式则是更加要避免的,因为它们本身不属于课程标准的知识表达方式,而是教材的知识表达方式。基本要求是,应当仔细地列出每项知识内容,并根据职业能力形成要求、教育层次和课时容量,认真甄选每条知识。

表 4-12 提供了电子商务客户服务这门课程的部分课程内容分析样例,表 4-13 和表 4-14 则分别提供了一门课程完整的课程内容分析。归纳起来,无论是技能分析还是知识分析,均应依据三条基本原理:(1)实用性。即与工作任务的相关度高,联系紧密,有利于工作任务的完成,在实际工作中非常有用。(2)可容性。即

在学生的接受能力与课时安排范围之内。以往对课程内容的要求，尤其是知识要求，强调以“够用”为准。这其实是个伪命题，因为不仅“何时够用”是无法测量的，而且从教育学的观点看，知识永远不可能是够用的，因为能力发展是无止境的。知识选择需要依据的应当是学生学习能力的有限性和在校学习时间的有限性。(3)可教性。即要避免对技能和知识的模糊描述，要清楚地表达出每条技能、知识及其要求，使教师阅读课程标准后能立即明确所要教的内容。

表 4-12　电子商务客户服务课程内容分析样例①

序号	工作任务	技能内容与要求	知识内容与要求
	客户咨询处理	● 能从长句中准确听取关键词并能有效地引导和控制谈话 ● 能在规定的时间内有针对性地拟订说词 ● 能在规定的时间内准确、清晰地给出令客户满意的回答 ● 做出解答后，能针对行业特性进行问题回访 ● 能自行制作并填写反馈表，撰写咨询报告 ● 能熟练运用呼叫中心	● 深刻理解客户咨询的内涵、目的 ● 熟悉企业各部门的功能及详细的业务流程 ● 熟悉客户咨询中的常见关键词和控制谈话的主要方法 ● 熟悉常规说词的内容结构 ● 熟悉咨询处理的流程 ● 了解咨询处理的技巧 ● 了解呼叫中心的使用 ● 熟悉反馈表的格式要求 ● 了解制定 FAQ 的方法

表 4-13　证券投资分析课程内容分析②

序号	工作任务	技能内容与要求	知识内容与要求
1	收集证券信息	● 能迅速获取证券相关信息 ● 能对市场的及时信息进行归类并能判断其对证券价格走势的影响	● 熟悉证券信息的种类 ● 熟悉信息收集的各种方法 ● 理解相关信息影响证券价格的机理
2	进行证券基本分析	● 能判断并准确描述证券市场大势 ● 能评估并准确描述行业的投资价值 ● 能进行公司基本面分析和财务分析并准确描述 ● 能分析市场供求关系变动对股价的影响并准确描述	● 熟悉宏观经济周期和宏观经济政策分析的方法 ● 熟悉行业生命周期和行业市场结构分析的方法 ● 熟悉公司基本分析的内容和公司财务分析的方法 ● 理解股市供求关系对证券价格的影响

① 引自浙江经贸职业技术学院项目课程改革成果。
② 引自浙江工商职业技术学院项目课程改革成果。

续 表

序号	工作任务	技能内容与要求	知识内容与要求
3	评估证券价值	● 能评估上市公司价值 ● 能评估债券、基金、金融衍生工具的价值	● 熟悉股票、债券的投资价值分析理论与方法 ● 理解 ETF 与 LOF、金融衍生工具的投资价值分析理论与方法
4	分析证券价格走势	● 能熟练运用趋势理论判断价格趋势 ● 能熟练运用 K 线理论分析价格走势 ● 能熟练运用形态理论分析价格走势 ● 能熟练运用常用技术指标分析证券价格趋势	● 熟悉趋势分析、K 线分析、形态分析、指标分析等各种技术分析理论和方法 ● 理解投资者行为对证券价格的影响
5	撰写投资分析报告	● 能撰写股市评论 ● 能辨别投资研究分析报告 ● 能撰写中长期投资分析报告	● 熟悉股市评论的撰写方法 ● 熟悉投资研究分析报告的基本框架和内容 ● 熟悉中长期投资报告的撰写方法
6	提供证券投资组合建议	● 能根据客户的风险偏好建立证券投资组合 ● 能提供购买投资组合工具的建议	● 熟悉证券收益和风险的含义及其度量 ● 熟悉证券组合管理的方法和步骤 ● 了解投资组合理论和资本资产定价模型 ● 了解证券投资组合业绩评价方法
7	开展证券投资咨询	● 能根据客户的需要提供全面的证券投资建议 ● 能开展现场咨询、电话咨询和网上咨询业务 ● 能开展各种证券投资教育活动	● 熟悉证券投资分析理论和方法 ● 熟悉证券投资资金管理和风险控制方法

表 4-14 整车电气检测与排故课程内容分析①

序号	工作任务		技能内容与要求	知识内容与要求
1	电源系检测与排故	排除电源系故障	● 能就车指认汽车电源系统元件 ● 会使用汽车检测仪器 ● 能识读典型汽车电源系电路图 ● 会检测汽车电源系主要零部件 ● 能编制故障排除流程图 ● 能运用检测仪器诊断并排除故 ● 能分析出现故障的原因 ● 会填写维修过程记录表	● 能描述电源系功用、组成、结构并理解其工作原理 ● 能描述电源系主要零部件功用、组成、结构并理解其工作原理 ● 能理解典型汽车电源系电路图 ● 能描述故障排除流程图的内容及编制方法 ● 能描述电源系不充电、充电电流过大或过小、充电电流不稳等故障现象 ● 能描述维修过程记录表的内容及填写方法
2	起动系检测与排故	排除起动系故障	● 能就车指认起动系统元件 ● 会使用汽车检测仪器 ● 能识读典型汽车起动系电路图 ● 会检测汽车起动系主要零部件 ● 能编制故障排除流程图 ● 能运用检测仪器诊断并排除故障 ● 能分析出现故障的原因 ● 会填写维修过程记录表	● 能描述起动系功用、组成、结构并理解其工作原理 ● 能描述起动系主要零部件功用、组成、结构并理解其工作原理 ● 能理解典型汽车起动系电路图 ● 能描述故障排除流程图的内容及编制方法 ● 能描述起动机不转、运转无力、空转等故障现象 ● 能描述维修过程记录表的内容及填写方法
3	照明、信号系统检测与排故	排除前照灯故障	● 能就车指认灯光系统元件 ● 会使用汽车检测仪器 ● 能识读典型汽车灯光系统(前照灯部分)电路图 ● 能编制故障排除流程图 ● 能运用检测仪器诊断并排除故障 ● 能分析出现故障的原因 ● 会填写维修过程记录表	● 能描述照明系统功用、组成、结构并理解其工作原理 ● 能描述前照灯功用、结构、类型并理解其工作原理 ● 能理解典型汽车照明系统(前照灯部分)电路图 ● 能描述故障排除流程图的内容及编制方法 ● 能描述前照灯不亮、远、近光不全等故障现象 ● 能描述维修过程记录表的内容及填写方法

① 引自山西交通技师学院项目课程改革成果。

续 表

序号	工作任务		技能内容与要求	知识内容与要求
		排除转向灯故障	● 会使用汽车检测仪器 ● 能识读典型汽车灯光系统(转向灯部分)电路图 ● 能编制故障排除流程图 ● 能运用检测仪器诊断并排除故障 ● 能分析出现故障的原因 ● 会填写维修过程记录表	● 能描述转向灯功用、结构、类型并理解其工作原理 ● 能识读典型汽车照明系统(转向灯部分)电路图 ● 能描述故障排除流程图的内容及编制方法 ● 能描述转向灯全不亮、单边转向灯不亮等故障现象 ● 能描述维修过程记录表的内容及填写方法
		排除制动灯故障	● 能就车指认信号系统元件 ● 会使用汽车检测仪器 ● 能识读典型汽车信号系统(制动灯部分)电路图 ● 能编制故障排除流程图 ● 能运用检测仪器诊断并排除故障 ● 能分析出现故障的原因 ● 会填写维修过程记录表	● 能描述信号系统功用、组成、结构并理解其工作原理 ● 能理解典型汽车信号系统(制动灯部分)电路图 ● 能描述故障排除流程图的内容及编制方法 ● 能描述制动灯不亮、常亮等故障现象 ● 能描述维修过程记录表的内容及填写方法
		排除电喇叭故障	● 会使用汽车检测仪器 ● 能识读典型汽车信号系统(电喇叭部分)电路图 ● 能编制故障排除流程图 ● 能运用检测仪器诊断并排除故障 ● 能分析出现故障的原因 ● 会填写维修过程记录表	● 能描述电喇叭功用、组成、结构并理解其工作原理 ● 能理解典型汽车信号系统(电喇叭部分)电路图 ● 能描述故障排除流程图的内容及编制方法 ● 能描述电喇叭不响、常鸣不止等故障现象 ● 能描述维修过程记录表的内容及填写方法
4	仪表系统检测与排故	排除水温表故障	● 能就车指认仪表系统元件 ● 会使用汽车检测仪器 ● 能识读典型汽车仪表系统(水温表部分)电路图 ● 能编制故障排除流程图 ● 能运用检测仪器诊断并排除故障 ● 能分析出现故障的原因 ● 会填写维修过程记录表	● 能描述仪表系统功用、组成、结构并理解其工作原理 ● 能理解典型汽车仪表系统(水温表部分)电路图 ● 能描述故障排除流程图的内容及编制方法 ● 能描述水温表指针不动、指示不准等故障现象 ● 能描述维修过程记录表的内容及填写方法

续 表

序号	工作任务		技能内容与要求	知识内容与要求
		排除机油压力表(或指示灯)故障	● 能就车指认仪表系统元件 ● 会使用汽车检测仪器 ● 能识读典型汽车仪表系统(机油压力表部分)电路图 ● 能编制故障排除流程图 ● 能运用检测仪器诊断并排除故障 ● 能分析出现故障的原因 ● 会填写维修过程记录表	● 能描述仪表系统功用、组成、结构并理解其工作原理 ● 能理解典型汽车仪表系统(机油压力表部分)电路图 ● 能描述故障排除流程图的内容及编制方法 ● 能描述机油压力表指针不动、指示不准等故障现象 ● 能描述维修过程记录表的内容及填写方法
		排除燃油表故障	● 能就车指认仪表系统元件 ● 会使用汽车检测仪器 ● 能识读典型汽车仪表系统(燃油表部分)电路图 ● 能编制故障排除流程图 ● 能运用检测仪器诊断并排除故障 ● 能分析出现故障的原因 ● 会填写维修过程记录表	● 能描述仪表系统功用、组成、结构并理解其工作原理 ● 能理解典型汽车仪表系统(燃油表部分)电路图 ● 能描述故障排除流程图的内容及编制方法 ● 能描述燃油表指针不动、指示不准等故障现象 ● 能描述维修过程记录表的内容及填写方法
5	辅助系统检测与排故	排除电动刮水器、洗涤器故障	● 能就车指认电动刮水器、洗涤器系统元件 ● 会使用汽车检测仪器 ● 能识读典型汽车电动刮水器、洗涤器系统电路图 ● 会检测电动刮水器、洗涤器 ● 能编制故障排除流程图 ● 能运用检测仪器诊断并排除故障 ● 能分析出现故障的原因 ● 会填写维修过程记录表	● 能描述电动雨刮器、洗涤器功用、组成、结构并理解其工作原理 ● 能理解典型汽车电动刮水器、洗涤器系统电路图 ● 能描述故障排除流程图的内容及编制方法 ● 能描述电动刮水器、洗涤器故障现象 ● 能描述维修过程记录表的内容及填写方法
		排除电动车窗故障	● 能就车指认电动车窗系统元件 ● 会使用汽车检测仪器 ● 能识读典型汽车电动车窗系统电路图 ● 会检测电动车窗 ● 能编制故障排除流程图 ● 能运用检测仪器诊断并排除故障 ● 能分析出现故障的原因 ● 会填写维修过程记录表	● 能描述电动车窗功用、组成、结构并理解其工作原理 ● 能理解典型汽车电动车窗系统电路图 ● 能描述故障排除流程图的内容及编制方法 ● 能描述电动车窗故障现象 ● 能描述维修过程记录表的内容及填写方法

续 表

序号	工作任务		技能内容与要求	知识内容与要求
		排除电动后视镜故障	● 能就车指认电动后视镜系统元件 ● 会使用汽车检测仪器 ● 能识读典型汽车电动后视镜电路图 ● 会检测电动后视镜 ● 能编制故障排除流程图 ● 能运用检测仪器诊断并排除故障 ● 能分析出现故障的原因 ● 会填写维修过程记录表	● 能描述电动后视镜功用、组成、结构并理解其工作原理 ● 能理解典型汽车电动后视镜电路图 ● 能描述故障排除流程图的内容及编制方法 ● 能描述电动后视镜故障现象 ● 能描述维修过程记录表的内容及填写方法
		排除电动座椅故障	● 能就车指认电动座椅系统元件 ● 会使用汽车检测仪器 ● 能识读典型汽车电动座椅电路图 ● 会检测电动座椅 ● 能编制故障排除流程图 ● 能运用检测仪器诊断并排除故障 ● 能分析出现故障的原因 ● 会填写维修过程记录表	● 能描述电动座椅功用、组成、结构并理解其工作原理 ● 能理解典型汽车电动座椅电路图 ● 能描述故障排除流程图的内容及编制方法 ● 能描述电动座椅故障现象 ● 能描述维修过程记录表的内容及填写方法
		排除音响装置故障	● 能就车指认音响装置元件 ● 会使用汽车检测仪器 ● 会检测音响装置 ● 能编制故障排除流程图 ● 能运用检测仪器诊断并排除故障 ● 能分析出现故障的原因 ● 会填写维修过程记录表	● 能描述音响装置功用、组成、结构并理解其工作原理 ● 能识读典型汽车音响装置电路图 ● 能描述故障排除流程图的内容及编制方法 ● 能描述音响装置故障现象 ● 能描述维修过程记录表的内容及填写方法

如何确定所选择的知识能否达到课程目标实现的要求,是知识内容分析中另一个重要的问题,这其实也是知识内容分析和技能内容分析中共同存在的问题。通常的观点是,职业教育课程开发应当依据任务完成的需要选择知识和技能,然而这样一个看似平常的观点,其实是技术要求非常高,且非常困难的一个过程。职业教育课程理论研究者往往忽视了这一点。完成工作任务所需要的知识、技能内容,正如漂浮在水上的一座冰山,它不仅包括水面上可见的部分,而且包括水面下不可见甚至深不见底的部分,因此,到底选择哪些知识和技能最为合适,能够选择出哪些知识和技能,就成了课程标准编制永远追求的目标。一般地说,水面上的部分容易被表达出来,而水面下的部分则非常困难,但它们对个体职业能力发展来说恰恰可能是至关重要的。为了成功地表达出水面下的部分,课程开发者需要经常反思一个问题:“掌握现有的知识和技能后,学生能否真正达到岗位对能力的要求?还

存在哪些缺陷？原因是什么？”

如何表达对知识的要求？与第三章所阐述的职业能力表达方式一样，可以从三种水平来描述对知识的要求，即了解、熟悉和理解。了解指对知识有基本印象，它是上课时教师讲过，或给学生演示过，但不要求学生熟记的知识，且不作为考核内容。知识社会要求学生学习的知识越来越多，而学生不可能记住所有学习过的知识，因此了解应当作为知识社会重要的课程目标。熟悉指能熟练记住所学习过的知识，能把它们熟练地复述出来。理解指能把握事物运行的原理，或进行特定技术操作的理由。当然，如果能用更加明确的动词来表达知识学习的这三个水平更好，比如用“能描述……”表达“熟悉”这个学习水平中需要学生能把所学习的知识，综合起来，形成自己的知识结构并进行表述的学习要求。知识的这三种水平加上技能的“能做……”、“会做……”，我们实质上把学习要求划分成了四个层次，这四个层次均可视为学生对课程内容的掌握，只不过掌握的程度不同而已。由此可见，用“掌握……”来描述学习要求是不合适的。此外，“具备……知识(能力)”的表述方式也建议不要采用，因为它也容易使学习要求模糊，尤其不利于表达出工作成果。

要注意的是，表 4－12、表 4－13 和表 4－14 是一种对课程内容的简洁表述方式，它省略掉了“职业能力”这个中间分析变量。对这一环节的省略一方面可以使课程内容这张表更加简略，另一方面可以使更多教师更快地适应项目课程的开发。但它也很可能带来一个问题，即课程标准中的课程内容分析结果与前面的工作任务与职业能力分析结果缺乏严密的对应关系，以致后期的课程开发工作没有实质性地基于前期的分析结果。要解决这一问题，就必须把职业能力这一中间变量增加进去，如表 4－15。在以职业能力为中间变量，按照严密的对应关系进行课程内容分析时，会出现一些难以包含在职业能力中却又非常重要的理论知识，可以采取单列的方式另外表述这些理论知识。

表 4－15　制药技术专业“压片操作”课程标准①

适用对象	中职(三年制)
课程目标	● 能按岗位操作规程使用压片机完成压片操作
课程内容	
模块 5－1 压片前准备	
职业能力 5－1－1 能按批生产指令单接收并复核压片用颗粒的名称、规格、质量、数量及批号	知识要求： ● 描述压片用颗粒的接收程序和要求 技能要求： ● 能按生产指令单接收颗粒，并核对名称、规格、质量、数量及批号等信息

① 上海市教育委员会编：《职业教育国际水平专业教学标准开发的研究与实践》，华东师范大学出版社 2012 年版。

续 表

职业能力 5-1-2 能按规程检查压片机的清洁和维护保养情况,确认其符合生产要求	知识要求: ● 识记岗位操作规程对压片设备的生产要求 技能要求: ● 能按规程检查压片机、压片场地的清洁情况
职业能力 5-1-3 能按工艺要求安装压片机的上冲、下冲和中模等,并确认安装正确	知识要求: ● 描述压片机上冲、下冲和中模的安装流程和检查方法 技能要求: ● 能按工艺要求安装压片机的上冲、下冲和中模等,并确认安装正确
职业能力 5-1-4 能按安全和工艺要求输入工艺参数	知识要求: ● 描述压片机常用工艺参数及取值范围 技能要求: ● 能按安全和生产工艺要求输入转速等工艺参数
职业能力 5-1-5 能按安全和工艺要求完成压片机的空转调试	知识要求: ● 描述压片机的空转检查要求 技能要求: ● 能按安全和生产要求,确认压片机各紧固件无松动后,进行空转调试,检查是否运行正常,有无异常声响
模块 5-2 片剂压制	
职业能力 5-2-1 能按工艺要求操作压片机进行预压片,检查片重差异、硬度和脆碎度,并能调整填充量与压力,保证产品符合工艺质量要求	知识要求: ● 描述调节压片填充量、压力的方法和检查要求 技能要求: ● 能按规程操作压片机,初步调节填充量与压力,进行预压片
职业能力 5-2-2 能使用电子天平、脆碎度仪、硬度仪检测片剂产品的片重差异、脆碎度、硬度	知识要求: ● 描述工艺规程对片剂重量差异、硬度、脆碎度的检验要求 ● 描述电子天平、脆碎度仪、硬度仪的操作规程 技能要求: ● 能使用电子天平、硬度仪、脆碎度仪检测片剂的重量、硬度和脆碎度
职业能力 5-2-3 能校准和检查电子天平、脆碎度仪、硬度仪的状态	知识要求: ● 描述电子天平校准程序 技能要求: ● 能按规程校准电子天平 ● 能按规程检查脆碎度仪、硬度仪,确保脆碎度仪及硬度仪的准确性、稳定性
职业能力 5-2-4 能操作压片机进行压片,监控压片机运行状态,确保片剂符合生产要求	知识要求: ● 描述压片操作规程及安全操作规范 技能要求: ● 能按规程监控压片机运行状态,确保片剂符合生产要求

续 表

职业能力 5－2－5 能及时记录、报告并处理压片生产过程中的偏差和异常情况	知识要求： ● 描述压片操作过程中的异常情况 技能要求： ● 能及时辨认、记录并报告压片操作过程中出现的常见异常情况 ● 能完成本次操作物料平衡的计算
职业能力 5－2－6 能按规程将压制的片剂移交到中间库	知识要求： ● 描述 GMP 对物料移交的要求和注意事项 技能要求： ● 能按规程将压制的片剂移交到中间库
模块 5－3 压片结束清场	
职业能力 5－3－1 能按清洁规程清洁压片场地、设备、仪器、工具，并能做好定置管理	知识要求： ● 描述压片机清洁规程技能要求 技能要求： ● 能按压片机清洁规程对压片机进行清洁 ● 能按规程完成压片间的清场
职业能力 5－3－2 能按规程要求及时、如实、完整填写压片生产记录	知识要求： ● 描述压片生产批记录的内容和填写要求 技能要求： ● 能按规程要求及时、规范填写压片操作记录
职业能力 5－3－3 能按规程维护保养压片机	知识要求： ● 描述压片机维护保养的操作规程 技能要求： ● 能按规程维护保养压片机，保证设备处于正常状态
职业能力 5－3－4 能规范填写批清场记录和状态变更	知识要求： ● 描述 GMP 对压片批清洁记录的填写要求和状态变更规范 技能要求： ● 能按 GMP 规范，及时、准确填写压片批生产记录 ● 能按 GMP 规范完成状态变更
职业能力 5－3－5 能按规程收集、标记压片操作过程中产生的废料，并放置到指定区域	知识要求： ● 描述压片生产过程中的废料处理要求 技能要求： ● 能按规程识别压片生产过程中产生的废料 ● 能按规程收集所有废料，放到指定区域并做好记录

五、确定课程的职业素养要求

课程内容分析中，除知识内容和技能内容外，还有一项重要内容，即职业素养。职业素养指在职业道德、职业规范等方面对从业人员的要求。要培养合格的职业人才，职业素养是不可缺少的。在学生就业中，职业素养的重要性已成为共识。职业素养分析是也是课程标准开发中的一个难点，课程开发者往往只能描述一些共同的、具有普通性的职业素养,如团队合作、爱岗敬业、规范操作等,却描述不出专业所特有的职业素养,而在描述各门课程的具体素养要求时则更感困难。若只有普通性描述,那么教学中将难以真正落实职业素养的培养。

表4-16是产品设计专业职业素养调查结果,这份调查比较好地体现了专业对职业素养的特殊要求,可供课程开发者借鉴。

表4-16 产品设计专业职业素养调查[①]

素养类别	素养内容
职业道德	● 未经允许不拷贝公司和客户的资料 ● 能保守客户和公司产品开发的相关秘密 ● 能自觉遵守企业的规章制度
合作意识	● 具有积极协助同事完成设计任务的意识 ● 能按照承诺完成和完善自己的设计任务 ● 能配合结构设计师和手板制作师完成设计和制作任务 ● 能与同项目组设计师协商,确定自己的设计方向
质量意识	● 能将顾客的利益放在首位 ● 能及时准确提供产品相关图纸 ● 能根据客户和主管的要求进行图纸修改 ● 具有对产品造型设计结果负责的意识
服务意识	● 能与客户和主管及时沟通设计理念和设计进展状况 ● 能及时收集产品销售信息,分析造型设计起到的作用 ● 能及时为客户提供技术支持
学习意识	● 能经常向公司内部员工、行业优秀设计师、客户学习新知识 ● 能通过网络、图书及时更新自己的设计思想,学习新的设计技巧

六、编制完整的课程标准

(一) 课程标准体例

确立了课程的设计思路,确定了详细的课程内容,就可以编制完整的课程标准了。表4-17是一份专业课程的课程标准实例,表4-18是一份普通文化课程的课程标准实例,它们涵盖了课程标准应当规定的基本信息。其中,关键词指该部分应表达的主要内容。

表4-17 课程标准实例Ⅰ[②]

汽车运用与维修专业发动机电控系统检修课程标准
1. 前言 1.1 课程性质 关键词:课程地位、主要功能、与其他课程关系

① 引自深圳高级技工学校项目课程改革成果,作者有修改。
② 引自山西交通技师学院项目课程改革成果,作者有修改。

续 表

本课程是汽车运用与维修专业的专业课程。通过本课程的学习,学生应掌握发动机电控各系统的组成和工作原理,具备检修发动机电控系统的能力,能适应现代汽车维修的工作要求。它要以汽车电气检修课程和汽车发动机机械部分检修课程的学习为基础,也是进一步学习电控发动机检修课程的基础。

1.2 设计思路

关键词:课程设置依据、课程目标定位、课程内容选择标准、项目设计思路、学习程度用语说明、课程学时和学分

本课程是依据"汽车运用与维修专业工作任务与职业能力分析表"中的发动机修理工作领域设置的。随着电子技术的发展,电子技术在汽车上的应用越来越广泛,传统的发动机检修已不能满足现代汽车修理工作的要求,为此而设置这门课。

本课程是根据项目课程设置原理,从原电控发动机构造与检修课程中分离出来的,原来的课程内容比较多,既要学习主要部件的检修,又要学习各系统的检修,课时又比较少,再加上设备有限,学生学习比较困难,不容易掌握。学校根据实际情况,将一门电控发动机构造与检修课程分解成发动机电控系统检修和电控发动机检修两门课程,本课程的侧重点是发动机电控系统的检修,主要是电控系统中主要部件的检修。

课程内容的编排和组织是以企业需求、学生的认知规律、多年的教学积累为依据确定的。立足于实际能力培养,本课程对课程内容的选择标准作了根本性改革,打破以知识传授为主要特征的传统学科课程模式,转向以工作任务为中心组织课程内容,并让学生在完成具体项目的过程中学会完成相应工作任务,构建相关理论知识,发展职业能力。经过汽车维修岗位专家深入、细致、系统的分析,本课程最终确定了以下四个学习项目:燃油供给系统检修、进气供给系统检修、电子控制系统检修、电控点火系统检修。这些学习项目是以发动机电控系统的工作过程为线索来设计的,同时,四个学习项目对应汽车维修企业中的机电维修工的工作。课程内容突出对学生职业能力的训练,理论知识的选取紧紧围绕工作任务完成的需要来进行,并融合了相关职业资格证书对知识、技能和态度的要求。教学过程中,采取理实一体教学,给学生提供丰富的实践机会。

按照情境学习理论的观点,只有在实际情境中学生才可能获得真正的职业能力,并获得理论认知水平的发展,因此本课程要求打破纯粹讲述理论知识的教学方式,实施项目教学以改变学与教的行为。每个项目的学习都按以汽车机电维修工的具体任务为载体设计的活动进行,以工作任务为中心整合理论与实践,实现理论与实践一体化的教学。教学效果评价采取过程评价与结果评价相结合的方式,通过理论与实践相结合,重点评价学生的职业能力。本门课程建议学时为 84 学时。

2. 课程目标

关键词:知识、技能与素质要求。

- 能描述发动机电控各系统的组成、作用,理解电控各系统的工作过程,识读不同车型发动机电控系统电路图;
- 能描述发动机电控各系统主要部件的作用、结构,理解电控各系统主要部件工作过程,按技术要求检测和更换发动机电控系统各部件;
- 能描述发动机电控系统简单故障产生的原因和排除思路,利用检测设备排除发动机电控系统简单故障;
- 能善于和汽车客户沟通,与维修企业工作人员共事,进行良好的团队合作;
- 能描述设备和检测仪器的保养要求,严格遵守保养规定。

3. 课程的主要内容与要求

关键词:根据专业课程目标和涵盖的工作任务要求,确定课程内容和要求,说明学生应获得的知识、技能与态度。

续 表

序号	工作任务	技能内容与要求	知识内容与要求	参考学时	
				理论	实训
1	认识发动机电控系统	● 能在发动机上指认电控各系统的主要部件	● 能描述发动机电控各系统的组成 ● 能理解发动机电控各系统的工作原理	1	1
2	认识燃油供给系统	● 能在发动机上指认燃油供给系统的部件	● 能描述燃油供给系统的组成 ● 能理解燃油供给系统的工作原理	1	1
3	检修汽油泵	● 能使用专用检测仪器 ● 会检测和更换汽油泵 ● 会检测和更换汽油泵继电器 ● 能识读汽油泵控制电路图 ● 能检测和排除汽油泵控制电路的故障	● 能描述专用检测仪器的使用方法 ● 能描述汽油泵和汽油泵继电器的作用、结构,能理解汽油泵和汽油泵继电器的工作原理 ● 能描述汽油泵和汽油泵继电器的标准技术参数 ● 能描述识读汽油泵控制电路图的方法	1	5
4	检修喷油器	● 能使用专用检测仪器 ● 会检测喷油器的好坏 ● 会清洗喷油器、检测其密封性,会更换喷油器 ● 能识读喷油器控制电路 ● 能检测和排除喷油器控制电路的故障	● 能描述专用检测仪器的使用方法 ● 能描述喷油器的作用、结构和类型 ● 能描述喷油器的工作原理 ● 能描述喷油器的标准技术参数 ● 能描述识读喷油器控制电路图的方法	1	4
5	检测系统油压	● 能使用专用检测仪器 ● 能检测系统油压 ● 能判定燃油压力调节器技术状况	● 能描述专用检测仪器的使用方法 ● 能描述燃油系统的油路走向 ● 能理解油压调节器的工作过程 ● 能描述燃油系统的技术参数	1	3

续 表

序号	工作任务	技能内容与要求	知识内容与要求	参考学时	
				理论	实训
6	活性炭罐	● 能在发动机上指认活性炭罐的部件 ● 能用示波器检测活性炭罐电磁阀的波形	● 能描述专用检测仪器的使用方法 ● 能描述活性炭罐的组成 ● 能理解活性炭罐的工作原理	1	2
7	认识进气供给系统	● 能在发动机上指认进气供给系统的部件	● 能描述进气供给系统的组成 ● 能理解进气供给系统的工作原理	1	1
8	检修空气流量计	● 能在发动机上指认空气流量计	● 能描述空气流量计的作用、类型、结构 ● 能理解空气流量计工作原理	1	1
9	检修进气压力传感器	● 能使用专用检测仪器 ● 会检测进气压力传感器的好坏 ● 会更换进气压力传感器 ● 能检测和排除进气压力传感器电路故障	● 能描述专用检测仪器的使用方法 ● 能描述进气压力传感器的作用、类型、结构，理解进气压力传感器的工作原理 ● 能描述进气压力传感器的标准技术参数 ● 能描述进气压力传感器电路图的识读方法	1	3
10	检修节气门位置传感器	● 能使用专用检测仪器 ● 会检测节气门位置传感器的好坏 ● 会更换节气门位置传感器 ● 能识读节气门位置传感器电路图 ● 能检测和排除节气门位置传感器电路故障	● 能描述专用检测仪器的使用方法 ● 能描述节气门位置传感器的作用、类型、结构 ● 能理解节气门位置传感器的工作原理 ● 能描述节气门位置传感器的标准技术参数 ● 能描述节气门位置传感器电路图的识读方法	1	3

续 表

序号	工作任务	技能内容与要求	知识内容与要求	参考学时	
				理论	实训
11	检修怠速控制阀	● 能使用专用检测仪器 ● 会检测怠速控制阀的好坏 ● 会更换怠速控制阀 ● 能识读怠速控制阀电路图 ● 能检测和排除怠速控制阀电路故障 ● 能在发动机上指认直动式节气门体	● 能描述专用检测仪器的使用方法 ● 能描述怠速控制阀的作用、类型、结构 ● 能理解怠速控制阀的工作原理 ● 能描述怠速控制阀的标准技术参数 ● 能描述怠速控制阀电路图的识读方法 ● 能描述直动式节气门体的结构及工作过程	1	5
12	认识电子控制系统	● 能在发动机上指认电子控制系统的部件	● 能叙述电子控制系统的组成 ● 能理解电子控制系统的工作原理	1	1
13	检修转速(曲轴位置)传感器	● 能使用专用检测仪器 ● 会检测电磁式和霍尔式转速传感器的好坏 ● 会更换转速传感器 ● 能识读电磁式和霍尔式转速传感器电路图 ● 能检测和排除电磁式和霍尔式转速传感器电路故障	● 能描述专用检测仪器的使用方法 ● 能描述转速传感器的作用、类型、结构 ● 能理解转速传感器的工作原理 ● 能描述电磁式和霍尔式转速传感器的标准技术参数 ● 能描述电磁式和霍尔式转速传感器电路图的识读方法	2	4
14	检测水温和进气温度传感器	● 能使用专用检测仪器 ● 会检测水温和进气温度传感器的好坏 ● 会更换水温和进气温度传感器 ● 能识读水温和进气温度传感器电路图 ● 能检测和排除水温和进气温度传感器电路故障	● 能描述专用检测仪器的使用方法 ● 能描述水温和进气温度传感器的作用、类型、结构 ● 能理解水温和进气温度传感器的工作原理 ● 能描述水温和进气温度传感器的标准技术参数 ● 能描述水温和进气温度传感器电路图的识读方法	1	14

续 表

序号	工作任务	技能内容与要求	知识内容与要求	参考学时	
				理论	实训
15	检修氧传感器	● 能使用专用检测仪器 ● 会检测氧传感器的好坏 ● 会更换氧传感器 ● 能识读氧传感器电路图 ● 能检测和排除氧传感器电路故障	● 能描述专用检测仪器的使用方法 ● 能描述氧传感器的作用、类型、结构 ● 能理解氧传感器的工作原理 ● 能描述氧传感器的标准技术参数 ● 能描述氧传感器电路图的识读方法	1	2
16	ECU 火线、搭铁线检测	● 能指认电控单元 ● 能检测电控单元的火线和搭铁线	● 能描述电控单元的作用、组成 ● 能理解电控单元的工作过程 ● 能描述电控单元电路图的识读方法	2	2
17	认识电控点火系统	● 能在发动机上指认电控点火系统的部件	● 能描述电控点火系统的作用、组成、类型 ● 能理解电控点火系统的工作原理	1	1
18	检修爆震传感器	● 会更换爆震传感器 ● 能识读爆震传感器电路图	● 能描述爆震传感器的作用、类型、结构 ● 能理解爆震传感器的工作原理 ● 能描述爆震传感器电路图的识读方法	1	2
19	检修点火模块	● 能使用专用检测仪器 ● 会检测点火模块的好坏 ● 会更换点火模块 ● 能识读点火模块电路图 ● 能检测和排除点火模块电路故障	● 能描述专用检测仪器的使用方法 ● 能描述点火模块的作用、类型、结构 ● 能理解点火模块的工作原理 ● 能描述点火模块的标准技术参数 ● 能描述点火模块电路图的识读方法	1	3

续　表

序号	工作任务	技能内容与要求	知识内容与要求	参考学时	
				理论	实训
20	检测和排除电控点火系统简单故障	● 能使用专用检测仪器 ● 会检测电控点火系统有无高压电 ● 能识读电控点火系统电路图 ● 能排除电控点火系统简单故障	● 能描述专用检测仪器的使用方法 ● 能描述电控点火系统的控制原理 ● 能描述电控点火系统电路图的识读方法 ● 能叙述电控点火系统简单故障的排除方法	1	4

4. 实施建议

4.1　教材编写

① 必须依据本课程标准编写教材，教材应充分体现任务引领、实践导向的课程设计思想。

② 教材应将本专业职业活动分解成若干典型的工作项目，按完成工作项目的需要和岗位操作规程，结合职业技能证书考证组织教材内容。要通过故障模拟引入必须的理论知识，增加实践操作内容，强调理论在实践过程中的应用。

③ 教材应图文并茂，提高学生的学习兴趣，加深学生对发动机电控系统的认识和理解。教材表达必须精炼、准确、科学。

④ 教材内容应体现先进性、通用性、实用性，要将本专业新技术、新工艺、新材料及时地纳入教材，使教材更贴近本专业的发展和实际需要。

⑤ 教材中活动设计的内容要具体，并具有可操作性。

4.2　教学方法建议

① 在教学过程中，应立足于加强学生实际操作能力的培养，采用项目教学，以工作任务引领提高学生学习兴趣，激发学生的成就动机。

② 本课程教学的关键是现场教学，应选用典型车型为载体，在教学过程中，教师示范和学生分组讨论、训练互动，学生提问与教师解答、指导有机结合，让学生在“教”与“学”过程中，会进行发动机电控系统的检测。

③ 在教学过程中，要创设工作情景，同时应加大实践实操的容量，要紧密结合职业技能证书的考证，加强考证的实操项目的训练，在实践操作过程中，使学生掌握发动机电控系统的检测和主要部件的检测，提高学生的岗位适应能力。

④ 在教学过程中，要重视本专业领域新技术、新工艺、新材料发展趋势，贴近企业、贴近生产。为学生提供职业生涯发展的空间，努力培养学生参与社会实践的创新精神和职业能力。

⑤ 教学过程中教师应积极引导学生提升职业素养，提高职业道德。

4.3　教学评价

① 改革传统的学生评价手段和方法，采用阶段评价、过程性评价与终结性评价相结合的评价模式。

② 关注评价的多元性，将课堂提问、学生作业、平时测验、项目考核、技能目标考核作为平时成绩，占总成绩的70%，理论考试和实际操作作为期末成绩，其中理论考试占30%，实际操作考试占70%，占总成绩的30%。

③ 应注重学生动手能力和实践中分析问题、解决问题能力的考核，对在学习和应用上有创新的学生应予特别鼓励，全面综合评价学生能力。

4.4　资源利用

① 注重实训指导书和实训教材的开发和应用。

续 表

② 注重现代化教学手段的开发和利用,如多媒体教室的应用,这些手段有利于创设形象生动的工作情景,激发学生的学习兴趣,促进学生对知识的理解和掌握。同时,建议加强课程资源的开发,建立多媒体课程资源的数据库,努力实现跨学校多媒体资源的共享,以提高课程资源利用效率。 ③ 积极开发和利用网络课程资源,充分利用诸如电子书籍、电子期刊、数据库、数字图书馆、教育网站和电子论坛等网上信息资源,使教学从单一媒体向多种媒体转变;教学活动从信息的单向传递向双向交换转变;学生单独学习向合作学习转变。同时应积极创造条件搭建远程教学平台,扩大课程资源的交互空间。 ④ 产学合作开发实训课程资源,充分利用校内外实训基地进行产学合作,实践“工学”交替,满足学生的实习、实训需求,同时为学生的就业创造机会。 ⑤ 建立本专业开放式实训中心,使之具备现场教学、实训、职业技能证书考证的功能,实现教学与实训合一、教学与培训合一、教学与考证合一,满足学生综合职业能力培养的要求。

表 4-18 课程标准实例Ⅱ[①]

职高语文基础模块阅读与欣赏课程标准
1. 前言 1.1 课程的性质 中职语文课程是职高所有专业必修的文化基础课,基础模块适用于中等职业学校所有专业的高一学生,是各专业学生必修的基础性内容。阅读与欣赏是基础模块三大教学内容之一,占总课时的三分之二。其主要功能是使学生在初中语文学习的基础上能进一步积累语文阅读与欣赏的基本知识,掌握阅读与欣赏各类文体的方法与技巧,进一步提高语文阅读与欣赏能力,能初步独立完成各类文体的阅读与欣赏,进而培养学生基本语文文化素养。 本课程应与其他职高一年级的公共文化课和专业课同时开设,以达到提升学生综合素质的需要和保证学生获得参与现代社会生活应具备的语文素养。 1.2 设计思路 基础模块的阅读与欣赏课程是中职语文的学习中枢,是培养职高学生语文阅读能力的核心部分。按文学体裁分为散文、诗歌、小说、戏剧、文言文五个部分。本课程相关知识的学习和技能的培养,可以激发学生阅读兴趣,提高阅读能力,提升学生学习语文的自信心,为学生的终身学习打好扎实的阅读基础。 本课程旨在通过指导学生掌握语文阅读的各种方法,帮助学生进一步学习语文基础知识,培养对文学作品的理解能力,提高阅读效率;也能更加熟练地运用语文知识来分析问题、解决问题,培养学生自主阅读的良好习惯,为学生终身学习和职业发展打好坚实的基础。立足这一目的,本课程结合中职学生自身的学习能力水平与该课程对学生的知识和技能要求,依据阅读与欣赏课程的主要学习内容,制定了五条课程目标。这五条目标分别涉及的是散文阅读、诗歌阅读、小说阅读、戏剧阅读、文言文阅读。教材编写、教师授课、教学评价都应在依据这一目标定位进行。 依据上述课程目标定位,本课程从学习任务、知识要求与技能要求三个维度对课程内容进行规划与设计,以使课程内容更好地与阅读和欣赏要求相结合。共划分了叙述性散文、写景抒情性散文、哲理性散文、小说、戏剧、诗歌、文言文阅读与欣赏七大学习任务,知识与技能内容则依据学习任务完成的需要进行确定。分析过程中尤其注意了整个内容的完整性,以及知识与技能的相关性。在对知识与技能的描述上也力求详细与准确。技能及其学习要求采取了“能……”的形式进行描述,知识及其学习要求则采取了“能识记……”、“能描述……”和“能理解……”的形式进行描述,即区分了三个学习层次,“识记”指学生能熟练识记知识点,“描述”指学生能把知识点综合成自己的知识结构并表述出来,“理解”指学生能把握知识点的内涵及及其关系。

① 引自宁波市鄞州职业教育中心校项目课程改革成果。

续　表

本课程是一门以培养学生的阅读与欣赏能力为核心内容的课程，其教学要以文本阅读作为主要方法，并尽量把基础知识、方法与技巧、情感体验融入到文本阅读中，实行理论与实践一体化教学。教学基本在教室中进行，也可根据实际需要在户外进行。本课程的教学尤其注重基础知识的积累与方法技巧的应用。

本课程建议课时为110课时，共计6学分。

2. 课程目标

（1）能整体感知不同类型散文的内容，理清文章思路；通过分析文章中运用的各种写作方法来品味散文语言，明确作品中人物形象、情感、意境、哲理。

（2）能明确故事的开端、发展、高潮、结局的情节，理清小说思路；通过分析社会环境和自然环境的作用，结合分析人物描写方法把握人物形象，提炼小说主旨。

（3）能通过反复诵读，品味诗歌语言，分析诗歌意象，把握诗歌中蕴含的情感。

（4）能通过把握戏剧矛盾冲突，分析个性化的戏剧语言明确人物形象，理清人物之间的关系，理解戏剧的内容和主旨。

（5）能欣赏诵读浅显的文言文，能获得重点文言实词及18个文言虚词的积累，区分特殊文言句式，大体理解文言文内容。

3. 课程内容和要求

根据专业课程目标和涵盖的学习任务要求，确定课程内容和要求，说明学生应获得的知识、技能。

序号	学习任务	技能内容与要求	知识内容与要求
1	记叙类散文阅读	● 能通读全文，概述文中的主要事件 ● 能通过人物的语言、动作、神态等描写手法把握人物形象 ● 能通过分析主要事件以及人物形象把握文章的感情基调	● 能识记老舍、莫言、林清玄、史铁生的生平及作品 ● 能识记文章中的新字词 ● 能描述记叙文六要素 ● 能理解所选文章中人物描写的方法及作用 ● 能描述常见的如欢快、忧愁、伤感等感情基调
2	写景抒情类散文阅读	● 能通过找文眼、找关键句段等方法理清不同类型散文的层次结构 ● 能从划分文章层次入手理清不同类型散文的文章思路 ● 能通过文章的写作思路把握不同形式散文的主旨 ● 能区别不同的抒情方式，并理解其作用	● 能识记李乐薇、朱自清、茨威格的生平及作品 ● 能识记文章中的生字词 ● 能理解文眼、关键句段对理清文章思路的作用 ● 能理解不同的抒情方式的的特点
3	哲理类散文阅读	● 能在通读全文的基础上，抓住开门见山、卒章显志等结构方式，辨明文章是托物言志、阐述人生哲理还是对个人生活的感悟、对社会现象的思考，在此基础上把握文章主旨	● 能识记毕淑敏、利奥波德、谢冕、鲁迅、朱光潜、马南邨、王蒙、冯友兰、吴冠中的生平及作品 ● 能识记文章中的生字词 ● 能描述杰出散文大家的语言风格，整体理解所选作品的语言风格

续 表

序号	学习任务	技能内容与要求	知识内容与要求
		● 能通过在文章开头、结尾或相关段落中抓文章关键词句的方法找准文章线索,或单一或双重,理清文章思路 ● 能从修辞手法、表现手法、表达方式及结构安排上的写作手法,并结合具体语境来品味凝练优美又具有哲理的散文语言,感受不同散文大家的不同的语言风格,进而体会作者所表达的思想感情 ● 能从遣词造句的角度揣摩关键语句用词的妙处,体会文章蕴含的情感	● 能理解开门见山、卒章显志的结构方式以及这种方式对表现文章主旨的作用 ● 能理解抓关键语句、找准文章线索对理清文章思路的作用 ● 能描述修辞手法、表现手法、表达方式及结构安排方法等常见的散文表达技巧,并理解它们的表达效果 ● 理解遣词造句表达作者感情的主要作用
4	小说阅读	● 能快速阅读文本,迅速把握小说的故事情节和情节安排的特点(顺叙、倒叙、插叙、补叙) ● 能学会剖析人物的性格特征及塑造人物的手段和方法(肖像描写、语言描写、行动描写、心理描写、细节描写等),把握文中的人物形象 ● 能明确环境描写的作用,把握注意与环境的辩证关系,自觉地将作品描写的社会环境与我们的社会环境加以比较,进而认识社会环境 ● 能从写作手法的角度对重点句段进行细读,揣摩小说的语言和行文特点 ● 能结合时代背景,领悟作品的创作主旨(概括主题)	● 能识记铁凝、莫泊桑、孙犁、沈从文、曹雪芹、兰晓龙等作家的生平及作品 ● 能识忆文中出现的重点字词 ● 能描述小说的基本常识(小说三要素、故事情节结构等) ● 能描述并理解塑造人物形象的方法(人物描写方法)及其作用 ● 能理解环境描写的分类及其在文中的作用 ● 能描述各种写作手段(表达方式、修辞手法、表现手法等),并理解在重点句段的作用 ● 能了解文章的写作背景,理解文章的创作主旨
5	戏剧阅读	● 能通过对戏剧故事情节的分析,把握戏剧的矛盾冲突 ● 能从分析个性化的人物语言、精炼的舞台说明入手,明确人物形象,理清人物之间的关系 ● 能通过人物形象的明确,结合写作背景,理解戏剧反映的社会矛盾及作家的情感倾向	● 能识记曹禺、关汉卿的生平及作品 ● 能识记文章中的生字词 ● 能识记戏剧的分类及特点 ● 能识记元曲的分类、角色、曲牌及元曲四大家的代表作品等 ● 能描述故事的开端、发展、高潮、结局 ● 能理解不同描写方式的特点及作用

续 表

序号	学习任务	技能内容与要求	知识内容与要求
6	诗歌阅读	● 能在疏通字词的基础上准确流畅并有感情地朗读诗歌 ● 能找出并分析诗歌中的意象，理解其中寄寓的情感和意蕴 ● 能找出诗歌中的抒情方式、表现手法、修辞手段，结合具体语境和诗歌的韵律节奏描述其情感表达效果	● 能识记舒婷、艾青、戴望舒、李白、白居易、苏轼、柳永的生平及作品，识记《诗经》"六义"、宋词分类及特点、朦胧诗派 ● 能识记诗歌中的生字词 ● 能描述诗歌朗读的基本步骤及其方法 ● 能理解诗歌意象的定义、作用和常见意象的分类 ● 能理解诗歌常用抒情方式、表现手法、修辞手段的特点和作用 ● 能理解诗歌语言的特点、韵律和节奏的要求 ● 能背诵或默写全诗
7	文言文阅读	● 能诵读文言文，借助注释及工具疏通字词，读懂全文内容 ● 能区别文言实词虚词的意义用法，并结合语境理解其在句中的含义 ● 能够整理并区分文言特殊句式(倒装句、省略、被动、判断、固定句式等)的特点并翻译 ● 能诵读背诵一定数量的名家名作，梳理古典作品中的形象、风格、意境、节奏	● 能识记韩愈、孔子、荀子的生平及作品 ● 能识记作家作品特点及写作背景，积累一定数量的文言知识 ● 能梳理并识记所选文章中出现的常见的文言实词(通假字、古今异义、一词多义、词类活用等)虚词 ● 能识记所选文言文中的特殊句式(倒装句、省略句、判断句、被动句、固定句式等)的意义及用法 ● 背诵默写名句、名段、名篇

4. 实施建议

4.1 **教材编写**

(1) 必须依据本课程标准编写教材。

(2) 教材应充分体现任务引领、实践导向的课程设计思想，以学习任务为主线设计教材结构。

(3) 教材在内容上应简洁实用，还应把中职阶段语文阅读与欣赏的新知识、新方法融入教材，顺应学习需要。

(4) 教材应以学生为本，文字通俗、表达简练，内容展现应图文并茂，图例与案例应引起学生的兴趣，重在提高学生学习的主动性和积极性。

4.2 **教学方法建议**

(1) 在教学过程中，应立足于坚持学生实际阅读能力的培养，采用项目教学，设计不同的活动，提高学生学习兴趣。

(2) 本课程的教学关键是课堂教学，要注重"教"与"学"互动。

(3) 在教学过程中，要创设学习情境，同时应加强阅读训练，使学生掌握不同文体的阅读方法和技巧。

(4) 在教学过程中要关注学生的个体差异，关注学生自主阅读能力的发展，以更好地为社会生活服务。

续 表

4.3 教学条件 有条件的学校可安排学生在多媒体教室或者在具有情境意义的户外实地进行教学。 4.4 课程资源 (1) 常用课程资源的开发和利用。 幻灯片、投影、录像、多媒体课件等资源有利于创设形象生动的学习环境,激发学生的学习兴趣,促进学生对知识的理解和掌握。建议加强常用课程资源的开发,建立多媒体课程资源的数据库,努力实现跨学校的多媒体资源共享。 (2) 积极开发和利用网络课程资源。 充分利用网络资源、教育网站等信息资源,使教学媒体从单一媒体向多媒体转变;使教学活动从信息的单向传递向双向交换转变;使学生从单独学习向合作学习转变。 4.5 教学评价 (1) 改革考核手段和方法,注重课外阅读量与阅读效果的考核。注重学生自评、互评。 (2) 突出过程评价与阶段评价,结合课堂提问、小组活动等训练活动以及阶段测验等进行综合评价。 (3) 应注重学生分析问题、解决实际问题内容的考核,对在学习和应用上有创新的学生应特别给予鼓励,综合评价学生能力。 5. 其他说明 本课程教学标准适用于中职所有专业高一学生的基础文化课学习。

(二) 课程标准编制中的特别注意点

1. 课程目标的编制

课程目标是预期的学习结果。对课程目标的编制教师们并不陌生,然而所编制的课程目标很少有发挥应有作用的,甚至没有几位教师能记住自己教案中的教学目标。无效目标的出现是由于编制者并没有认真研究过课程目标的定位。课程目标的编制即是制作一门课程的学习尺度,要编制好一门课程的目标,编制者应深入研究该门课程的学习要求。课程目标应当清楚地界定出某门课程要达到的教学要求,使课程标准使用者能清晰地依据课程目标进行教材编写或授课。

2. 实施建议的编制

课程标准要根据课程实施的各个环节,提出教材编写建议、教学方法建议、教学评价建议、课程资源开发与利用建议等。

(1) 教材编写要强调必须依据本课程标准编写教材,要求充分体现项目课程设计思想,并提出教材内容呈现方式的建议及文字表述要求等。

(2) 教学方法建议要体现各课程在教学方法上的特殊性,避免笼统地描述具有普遍性的方法。

(3) 教学评价主要指学生学业评价。按照项目课程的理念,通常要突出阶段评价、目标评价、理论与实践一体化评价,要关注评价的多元性,尤其要体现各课程在评价上的特殊性,并编制出具体的评价要求。

(4) 课程资源开发与利用,包括相关教辅材料、实训指导手册、信息技术应用、工学结合、网络资源、仿真软件等内容。

第三节　设计项目教学方案

课程标准编制的核心目标是确定一门课程到底应当让学生学什么,那么该如何让学生来学习这些内容?这就需要解决项目课程开发中的另一个重要问题,即项目教学方案的编制,其核心目标是完成项目教学设计。把项目教学方案从课程标准中剥离出来基于两个方面的考虑:(1)课程标准是一份刚性文件,而项目教学设计是灵活的,针对同样的内容,教师们往往会设计出不同的项目体系;为了促进项目课程的实施,也应当充分发挥教师在项目教学设计中的创造性,因此把项目教学设计作为课程标准的一部分内容是不合适的,课程标准只需提出该门课程的项目教学设计思路,而不能规定具体的项目及其教学实施的方法。(2)项目教学设计本身是个复杂的过程,要开发出一套新颖、独特、有教学价值的学习项目非常困难,需要开发者付出大量的精力。因此,从这个角度看,也有必要把项目教学设计作为一个独立的项目课程开发环节。表4-19是项目教学设计的体例。

表4-19　项目教学设计体例

××课程项目教学设计

一、项目整体设计

1. 设计说明

说明:
- 内容包括依据什么设计、按什么思路设计、项目(单元)和课标中的工作任务是如何对应的

2. 项目一览表

说明:
- 模块课时建议在两课时以上,课时分配需考虑可实施性
- 注意项目、模块(任务)表述的准确、规范,操作型模块应采用动词短语进行表述

序号	课程项目	课程模块(任务)	模块(任务)课时	项目课时
1	项目一	模块1		
		模块2		
		模块3		
		……		
2	项目二	模块1		
		模块2		
		……		

续 表

序号	课程项目	课程模块(任务)	模块(任务)课时	项目课时
3	项目三	模块 1		
		模块 2		
		……		
4	项目四	模块 1		
		模块 2		
		模块 3		
		……		
5	项目五	模块 1		
		模块 2		
		……		
6	项目六	模块 1		
		模块 2		
		……		
7	……	模块 1		
		模块 2		
		……		
	合计			

二、各项目教学设计

项目一 * * * * * * * * * * * * * * * *

项目描述

说明：
- 描述内容包括背景是什么、做什么事情、做出什么结果

模块(任务)一 * * * * * * * * * * * * * *

(一) 模块(任务)描述

- 描述内容包括做什么事情、取得什么结果

(二) 教学目标

说明：
- 写 2～4 条，从“学习结果”的角度来描述教学目标

示例：
教学目标(原)：熟悉数控机床上坐标系相关规则；掌握在数控机床上确立坐标系的方法
教学目标(修改后)：能在数控机床上建立笛卡尔坐标概念，并能在不同情境中用右手定则对刀具、工件正确定位

续 表

(三) 教学资源

说明:
- 尽量涉及感知、认识、理解、操作四个层面的资源
- 包括文本的和设备的资源

(四) 教学组织

说明:
- 教学组织设计包括如何分组、如何协调使用教学场地、如何协调课内、课外教学
- 如何分组须明确分组规则与人数要求、小组各成员的职责
- 如何协调使用教学场地:如完成本模块(任务)涉及多个教学场地的使用时,对场地和学生的安排
- 如何协调课内、课外教学包括明确课内教学任务与课前、课后学习任务的关系

(五) 教学过程

阶段	项目教学过程		学生学的活动	教师教的活动	课时
1	项目引入	项目描述	● 理解项目的整体内容,建立工作场所中该项目的实际概念 ● 理解该项目要达到的学习目标	● 展示项目范例 ● 描述性讲解项目内容、结果形态与质量要求 ● 解释性讲解该项目要达到的学习目标	
		知识准备	● 识记并理解与该项目相关的基本概念与工作程序	● 解释性讲解项目实施所涉及的基本概念与整体工作程序	
		任务定位(可结合“步骤 1”进行)	● 观察并理解尝试任务完成的程序、方法与质量要求 ● 通过尝试完成任务,准确理解自己要完成的项目中的具体任务,并进入工作角色	● 展示尝试任务的范例 ● 描述性讲解尝试任务的内容、质量要求与工作方法 ● 示范尝试任务的完成过程与操作方法 ● 逐一指导学生完成尝试任务,判断其任务完成质量,严格纠正存在的错误 ● 归纳性讲解尝试任务完成过程中存在的共性问题 ● 确认所有学生均在行动层面理解了任务,并进入了工作者角色	

续 表

<table>
<tr><th>阶段</th><th colspan="2">项目教学过程</th><th>学生学的活动</th><th>教师教的活动</th><th>课时</th></tr>
<tr><td rowspan="4">2</td><td rowspan="4">项目实施</td><td>项目实施：步骤 1</td><td rowspan="4">● 观察、识记与理解完成该步骤的程序、方法与质量要求
● 按照任务指导书，运用工具、设备、材料等，按质量要求完成该步骤的任务，获得工作成果，形成操作能力
● 在任务实施的基础上进一步理解该步骤的操作方法与质量要求
● 理解与该任务相关的复杂概念与工作原理
● 结合任务，自觉发展团队合作意识、质量意识、成本意识、效率意识、安全意识等职业素养</td><td rowspan="4">● 展示该步骤要完成的任务的范例
● 描述性讲解该任务的内容、工作方法与诀窍
● 示范该步骤的完成过程与操作方法
● 逐一指导学生完成任务，判断其质量，严格纠正存在的错误
● 归纳性讲解任务完成过程中存在的共性问题
● 在任务完成基础上，规定性讲解要求学生发展的团队合作意识、质量意识、成本意识、效率意识、安全意识等职业素养，通过对任务完成过程的观察，判断学生职业素养的发展状态
● 在任务完成基础上，解释性讲解与该任务相关的复杂概念与工作原理
● 展示与评价阶段成果，激发学生进一步完成任务的愿望</td><td></td></tr>
<tr><td>项目实施：步骤 2</td><td></td></tr>
<tr><td>……</td><td></td></tr>
<tr><td>项目实施：步骤 N</td><td></td></tr>
<tr><td rowspan="2">3</td><td rowspan="2">项目总结</td><td>项目展示与总体评价</td><td>● 协助教师完成最终作品展示
● 通过对他人最终作品的优点与不足的评价，提高对作品质量的理解</td><td>● 组织学生展示各组或各人的最终作品
● 组织学生对最终作品进行互评，通过发现他人的问题提高学生对质量的理解</td><td></td></tr>
<tr><td>项目学习小结</td><td>● 积极归纳通过该项目所取得的学习成果</td><td>● 引导学生自我归纳通过该项目所取得的新的学习</td><td></td></tr>
</table>

续 表

（六）技能评价

序号	技能	评判结果	
		是	否
1			
2			
3			
4			
5			

一份完整的教学设计应该包含教学的方方面面，但在表4-19这份体例的各个环节中，最为关键且最能体现项目教学特征的环节是：(1)项目设计，其中包括项目设计的模式、项目的类型、项目的选取与序化等问题；(2)项目活动设计，这是使项目具有教学功能的关键环节；(3)项目教学过程设计，包括项目中的知识分配、教学步骤设计等问题。

一、项目设计

课程标准中分析课程内容时一直没有使用项目这一概念，而是只使用了任务这一概念。按照第一章所论述的项目课程理论，对有些岗位而言，其实在进行工作任务分析时就已经考虑项目的内容了，然而尽管如此，课程标准中坚持只使用工作任务这一概念，以使课程内容更具普遍性是很有必要的。这样，项目教学设计的第一个环节便是要实现从任务到项目的转换，这就是项目设计。项目教学就是以项目为基本组织单位的教学，因此只有当一门课程确立起了用于教学的项目体系，才能深入地进行教学设计。对已经以项目为参照点进行工作任务分析的课程而言，其项目设计是比较简单的，只需把课程标准中的工作任务移过来就可，最多做些具体化，然而对于不具有项目性质的工作任务而言，其项目设计则有点复杂了。

（一）确定项目设计的模式

项目设计中存在两种倾向，一是抛开工作任务，围绕专业知识学习的需要选择项目；一是完全“紧扣”工作任务，分别围绕着每个工作任务的学习进行项目设计。这两种倾向或者错误，或者片面。一方面，项目设计要围绕工作任务来进行，若是脱离工作任务设计项目，只是用项目教学法实施传统的学科课程，这种课程并非完全意义上的项目课程；另一方面课程标准中明确了某门课程应当学会的工作任务，并非意味着只能机械地围绕着一个个任务进行项目设计。项目课程最为突出的优势是培养学生的综合职业能力，而围绕孤立任务所进行的项目设计显然是无法达到这一目标的。事实上，只要能确保课程标准中所规定的工作任务、知识和技能都得以明确学习，完全可以对项目进行开放性设计，且在许多情况下是需要跨任务进行项目设计的。项目设计中首先要解决的问题是项目与工作任务的匹配模式，常见模式有以下三种。

1. 循环式

即围绕着该门课程的整体工作任务来设计项目。比如机械制造与自动化专业的零件的普通机加工这门课程，现确定其工作任务如下：(1)分析零件图纸的结构工艺性；(2)根据零件材料确定毛坯的制造方法和形状；(3)拟定工艺路线；(4)确定加工余量和工序尺寸；(5)确定加工设备、工装量具、辅助工具；(6)确定切削用量和工时定额；(7)确定各工序技术要求和检验方法；(8)填写工艺文件。那么在针对这些工作任务设计项目时，就应当把所有这些工作任务综合到一个项目中，使得学生通过这个项目的学习可以获得完整的工作任务。当然，仅仅通过一个项目，可能难以获得不同情境中的职业能力，因而有必要按照特定逻辑设计一系列项目供学生学习。这样，就实现了从任务序列到项目序列的转换，把以任务为中心的学习模式转换成了以项目为中心的学习模式。表 4－20 是依据循环式设计项目的一个典型案例。

表 4－20　计算机系统安全与维护项目设计参考方案①(总课时 64 学时)

课程项目一览表

序号	课程项目	课程模块	学时分配
1	项目一 SOHO 企业计算机安全管理 16 学时	模块 1　安全管理方案设计和汇报	2
		模块 2　系统安全配置	6
		模块 3　防病毒软件安装	4
		模块 4　系统和数据备份	4
2	项目二 小型企业计算机安全管理 20 学时	模块 1　安全管理方案设计和汇报	2
		模块 2　服务器安全配置	4
		模块 3　网络安全接入	4
		模块 4　漏洞扫描和补丁升级	6
		模块 5　应用系统安全管理	4
3	项目三 园区企业计算机安全管理 28 学时	模块 1　安全管理方案设计和汇报	2
		模块 2　桌面系统安全管理	8
		模块 3　补丁升级	4
		模块 4　备份系统安装和配置	4
		模块 5　网络安全接入	6
		模块 6　网络监控	4
	合计		64

① 引自浙江工商职业技术学院项目课程改革成果。

这种模式的核心特征是，课程内容以从简单到复杂或同结构但不同类型的系列典型产品或服务为主线展开，每个项目都包括该门课程全部任务所构成的完整工作过程，且其工作过程是基本一致的。如某门课程需要让学生学会完成四条工作任务，可从简单到复杂设计若干项目，每个项目都重复学习这四条工作任务，见图 4－4。这种模式尽管工作过程是重复的，但由于项目不同，具体内容是不会重复的。随着项目的推进，学生的职业能力得以不断提升。

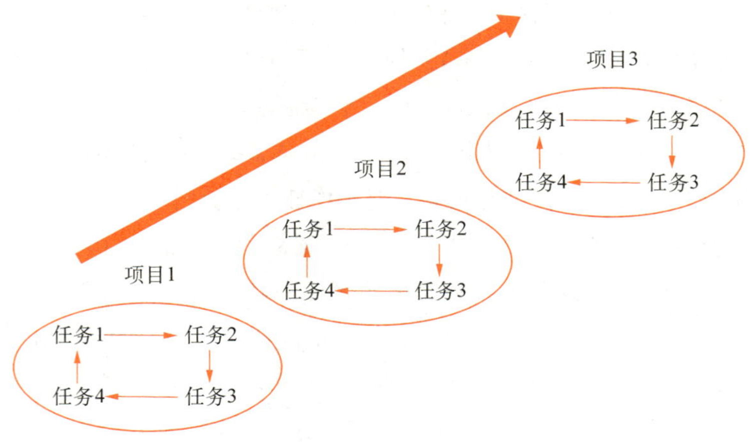

图 4－4 模式一：项目设计的循环式

循环式是项目设计的主体模式，也是最能体现项目课程特色的一种项目设计模式。项目设计中，能够按照循环式进行设计的，均要求按照循环式进行设计，否则将难以达到项目课程所追求的教学要求。比如上面所举的零件的普通机加工这门课程，如果以对应任务的形式设计项目，从而获得“分析零件图纸的结构工艺性”、“根据零件材料确定毛坯的制造方法和形状”等项目，那么将难以让学生获得掌握完整的工作过程。再比如室内设计专业的纤维综合材料壁饰设计与制作这门课程，若确定了：(1)居室现场调查；(2)纤维综合材料壁饰创意草图绘制；(3)确定综合材料壁饰设计方案；(4)综合材料壁饰制作；(5)综合材料壁饰评价等工作任务，那么它也应综合这些工作任务，选择不同壁饰设计项目，因为对应每项工作任务来设计项目是不合适的。

2. 分段式

有些课程，当综合工作任务确定了项目时，所获得的是非常大型的项目，这种项目在短时间内难以完成，而当学生学会了完成一个项目后，便可以顺利地完成其他项目，那么可以只选择一个项目，并通过分阶段完成该项目来实施该门课程的教学，这样就获得了项目设计的第二种模式，即分段式。

这种模式的核心特征是，一门课程只选择一个大型的、完整的综合项目，它涵盖了该门课程需要学习的所有工作任务；根据工作任务界线，把这个项目划分成若干部分(小项目)，学生按照工作顺序逐步完成各小项目，最终完成整个项目。如图 4－5，某门课程需要让学生学会四项任务，为学习这四项任务，选择了一个综合项目，这个项目被划分成了3个小项目，进行任务1、2可完成项目1，进行任务3可完成项目2，依次进行直至整个项目完成。小项目划分要注意其相对完整性。

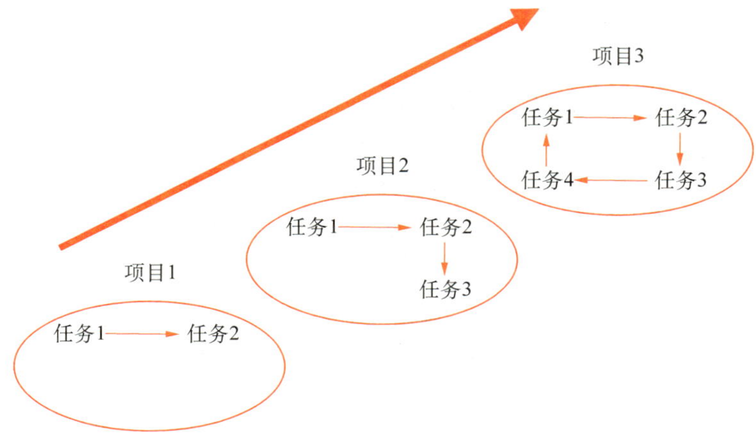

图4-5 模式二：项目设计的分段式

比如计算机网络技术专业的“综合布线实施与管理”这门课程，其工作任务主要包括：(1)设计综合布线系统；(2)管槽路由与设备间施工；(3)双绞线施工；(4)光缆施工；(5)测试布线链路；(6)竣工验收；(7)工程项目管理与监理。设计项目时，便可选择一个具体的综合布线工程，然后按照这些工作任务逐步完成这个工程，而每个阶段的工作任务便构成了一个项目。表4-21也是按照分段式设计项目的一个典型案例，这个项目的最终成果是制作出一个包含各种陈设和在活动的卡通人物的房间。

表4-21 计算机动画制作项目设计参考方案①(总课时80学时)

课程项目一览表

序号	课程项目	课程模块	学时分配
1	项目一 场景建模 10学时	模块1 建立场景—temple	2
		模块2 建立飞机模型	2
		模块3 制作卡通人物的床	2
		模块4 制作卡通人物的电脑和桌子	2
		模块5 制作合成卡通人物的房间	2
2	项目二 角色建模 20学时	模块1 制作卡通人物的身体模型	4
		模块2 制作卡通人物的头部模型	4
		模块3 制作卡通人物的手模型	4
		模块4 制作卡通人物的服饰模型	4
		模块5 卡通人物细节刻画	4

① 引自浙江工商职业技术学院项目课程改革成果。

续 表

序号	课程项目	课程模块	学时分配
3	项目三 动画制作 20 学时	模块 1　制作小球跳动的关键帧动画	4
		模块 2　制作飞机沿曲线飞行的路径动画	4
		模块 3　制作摄像机动画	4
		模块 4　设定卡通角色	4
		模块 5　制作女孩走路的非线性动画	4
4	项目四 动力学模拟 20 学时	模块 1　制作粒子特效	4
		模块 2　制作力场特效	4
		模块 3　制作刚体约束效果	4
		模块 4　制作流体效果	4
		模块 5　特效综合练习	4
		模块 1　制作红苹果材质	2
		模块 2　制作卡通人物模型的材质	2
		模块 3　制作角色三点光源	2
		模块 4　调制室内灯光效果	2
		模块 5　渲染动画	2
			80

3. 对应式

职业教育中还存在大量的这种课程,其工作任务之间并不存在明显的相互依赖关系。也就是说,在工作情境中,A 任务的完成并不依赖于 B 任务的完成,其工作成果都具有相对独立性。在这种情况中,这些任务可能构成流程关系,也可能不构成流程关系;流程关系也并不意味着依赖关系,比如物流专业中的许多工作任务是按照流程编排的,但每个环节的操作是由不同员工完成的,因此,从员工工作的角度看,这些任务之间并不存在依赖关系(从管理角度看是存在依赖关系的),对于这种课程,则需要采取另一种项目设计思路,即针对每项任务分别进行项目设计。这种设计模式可称为对应式。

对应式的核心特征,即如上所述的分别围绕一项项工作任务进行项目设计,项目与工作任务之间是对应的,围绕一项工作任务可设计一个或几个项目,如图 4－6。针对一项任务设计多少项目,依具体需要而定。

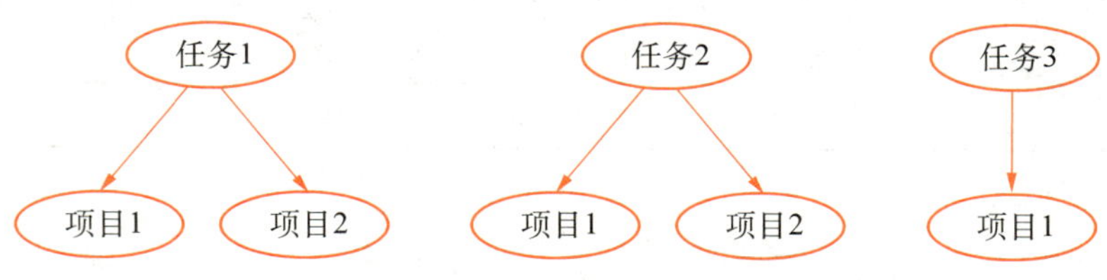

图 4－6　模式三:项目设计的对应式

比如，金融管理与实务专业的商业银行综合柜台业务这门课程，其工作任务包括：(1)岗前准备；(2)储蓄存款业务；(3)对公存款业务；(4)贷款业务；(5)银行卡业务；(6)支付结算业务；(7)代理业务；(8)日终处理。针对这些工作任务进行项目设计时，显然采取模式一和模式二都是不合适的，合适的选择是模式三。依据这一模式，课程开发者针对储蓄存款业务中的"活期储蓄柜面业务的处理"这项工作任务，设计了以下四个项目：(1)通过交换角色为本班每一位同学开设一个活期储蓄存款账户；(2)用模拟货币为每一位同学办理开户存款、续存；(3)用模拟货币为每一位同学办理取款；(4)为部分客户销户。表 4－22 也是按照对应式设计项目的一个典型案例。

表 4－22 证券投资分析项目设计方案①

序号	课程项目	课程模块	模块学时	项目学时
1	项目一 收集证券信息	模块 1 查询证券信息	2	10
		模块 2 查询上市公司基本面	2	
		模块 3 查询开放式基金概况	2	
		模块 4 选择股票	4	
2	项目二 进行证券基本分析	模块 1 宏观因素分析	4	14
		模块 2 行业分析	4	
		模块 3 公司分析	6	
3	项目三 评估证券价值	模块 1 债券价值评估	2	13
		模块 2 股票价值评估	8	
		模块 3 基金投资价值评估	3	
4	项目四 分析证券价格走势	模块 1 趋势分析	3	16
		模块 2 K 线分析	3	
		模块 3 形态分析	4	
		模块 4 技术指标分析	6	
		模块 1 撰写股市评论	4	
		模块 2 撰写投资策略研究分析报告	4	
		模块 3 撰写公司研究分析报告	4	
		模块 1 证券组合分析	2	
		模块 2 构建证券投资组合	4	
		模块 3 评估投资组合业绩	4	
		模块 1 证券行情研讨	2	
		模块 2 模拟投资咨询	4	
		模块 3 模拟投资策略报告	4	
	合计		85	

① 引自浙江工商职业技术学院项目课程改革成果。

分析以上三种模式,可以发现其变化的基本规律是按照项目与任务的关系展开。当把项目置于任务之上,即用项目来涵盖任务时,采取的便是循环式;当项目与任务平行时,采取的便是分段式;当把项目置于任务之下时,采取的便是对应式。采取循环式和分段式设计的项目体系,可称为大项目制,采取对应式设计的项目体系可称为小项目制。按照循环式进行项目设计时,其项目的标题通常为产品或服务,按照分段式和对应式设计项目时,其项目的标题通常仍然是工作任务。项目设计三种模式的确立,使项目课程设计思想最终得以应用到所有职业教育专业中。

在这三种模式中,第一种模式的项目化色彩最浓。因此,在项目课程设计中,要尽可能地采用这一模式。如市场营销专业的销售报表统计这个工作领域,包含制定统计报表、统计报表数据、分析报表数据等工作任务,其项目设计的理想方式不是针对每项任务分别进行,而是选择不同种类的报表作为项目,这些工作任务则构成了完成某个报表的具体过程。当然,其他两种模式也有一定的适用范围,因为有些课程的项目设计是无法采用第一种模式的。采取何种模式,取决于具体专业所对应职业的性质。需要注意的是,具体设计中,这几种模式可能会同时交叉使用。

(二) 选择项目的类型

1. 单项项目与综合项目

单项项目指围绕着局部工作任务所设计的项目,其功能是使学生掌握该专业的基本知识与技能,并发展单项职业能力;综合项目指围绕着完整工作过程所设计的项目,其功能是培养学生综合职业能力,并提升专业知识与技能。学生学习是一个从简单到复杂、从局部到整体、从具体到抽象的过程。在学习的初始阶段,围绕着局部工作任务设计单项项目,有利于学生牢固地掌握工作过程的各个环节,为发展综合职业能力奠定基础。到了学习后期,当学生基本掌握了各个工作环节后,就有必要围绕整个工作过程设计若干个综合项目,使学生能把握完整的工作过程,获得综合职业能力。通常,单项项目用于按任务设置的能力本位课程,综合项目用于综合实训课程。当然,专业理论课程中也会运用到单项项目,它与能力本位课程中的单项项目的区别是:(1)前者可以是零碎的,而后者要求是系统的;(2)前者的作用是巩固所学理论知识,并把它转化为实践能力,而后者本身就是教学的出发点与逻辑中心。

2. 封闭项目与开放项目

封闭项目指有明确目标,要求按照严格的操作程序与要求进行操作,需要相对确定的知识的项目。职业教育面向的是具体职业,这些职业的工作过程往往比较确定,且有比较明确的要求,因此职业教育的项目多数属于封闭项目。学习这些项目,获得确定的职业能力,是个体顺利进入相应岗位的基本前提。

但是,随着技术发展、社会转型与企业组织模式的变化,现代职业的工作过程的自由度越来越高,所需要的知识的可迁移度越来越广,职业教育的任务与性质已发生了根本变化。现代职业教育不仅要求培养能完成既定工作任务的人,更要求培养能改进和提高工作过程,能主动地、弹性地、负责任地完成工作任务的人。因此项目课程还应当针对专业特点开发开放项目。所谓开放项目,即需要学生自己确定目标,通过查阅资料或小组讨论,自己设计工作过程的项目。

3. 模拟项目与真实项目

模拟项目指为了满足特定课程内容学习的需要,模拟实际项目所设计的学习项目。模拟项目可以对应于实际项目,也可综合多个实际项目。模拟项目虽然不是完全真实的,但它来源于真实项目却又高于真实项目,能充分满足课程实施的需要,因而在项目课程设计中是非常必要的。模拟项目可在真实设备、设施中实施,也可在模拟设备、设施中实施。一些为项目课程所设计的模拟设备,由于综合了多种技术,能同时满足多种项目学习的需要,不仅能节约资源,而且非常便于教学。如有公司生产的机电一体化实训考核设备,就整合了机电设备安装、PLC 应用技术、电气控制技术、自动控制技术以及机电一体化技术等内容,学生可以自由组装和调试送料检测部件、物料搬运部件等,还可以任意调换和组合 PLC 模块、变频器模块等。

真实项目指直接来源于消费对象的实际加工或服务项目。模拟项目"学校色彩"很浓,缺乏真实的"企业感"。这种项目对于基本能力的训练是必要的,但在学生实际能力训练中的缺陷也很明显。而真实项目有利于学生获得对企业产品技术标准的体验,对"工作压力"的体验等,这些是模仿项目所无法具备的功能,因此项目课程改革必须大量开发来自企业的真实项目。这是项目课程开发难度比较大,却非常有活力和充满特色的方面。

(三) 选取与序化项目

1. 项目的选取

项目选取时应充分考虑以下维度。

(1) 与课程目标的定位是否相适应?项目选择的难度应当与该门课程的目标定位相适应,尤其要考虑中高职之间的差距。即使是同样的课程名称(这种情况很普遍),在中高职中其目标定位是不相同的,从而其所选择的项目的难度也应当有显著区分。比如数控应用技术,中高职中都开设有这一专业,若均遵循以典型零件为载体设计项目的思路,那么其所选择的零件的加工技术难度应当明显地区别开来。

(2) 项目之间能否形成一定的逻辑关系?学科课程并非课程的唯一模式,但是在打破一个体系的同时,必须建立另一个体系,否则将导致学生认知结构的混乱。项目课程打破了按照知识本身逻辑组织课程的传统模式,转向围绕着项目来组织课程,那么就必须在项目之间形成某种逻辑关系。项目逻辑关系的构建必须紧紧依据相应职业领域的工作逻辑,这样才能有效地培养学生的职业能力。比如机械加工技术,工人的主要任务是加工各类零件,因此以典型零件为逻辑主线设计项目体系是合适的。

(3) 项目是否具有地方经济特色,符合典型性要求?即使同一行业,不同地区的具体产品或服务很可能是不一样的,比如餐饮,上海和四川的菜品就差别非常大。项目设计应充分体现地方经济特点,这样既有利于培养更加适合地方需要的实用人才,也有利于课程资源的开发与利用。因此,项目设计应建立在对企业的深入调研基础上,应当开发具有"企业真实性"的项目。为了提高职业能力的迁移范围,所选择的项目应当是典型的。

(4) 项目能否有效地激发学生的学习兴趣?项目要尽量来源于实际工作情境,以更为有效地培养学生的实际工作能力,但在这一前提下,如能开发有利于激发学生学习兴趣的项目,将达到更好的教学效果。如图 4-7 中的这些数控应用技术专业所设计的项目,显然比把一般的工程零件作为项目更有利于激发学生的学习兴趣。

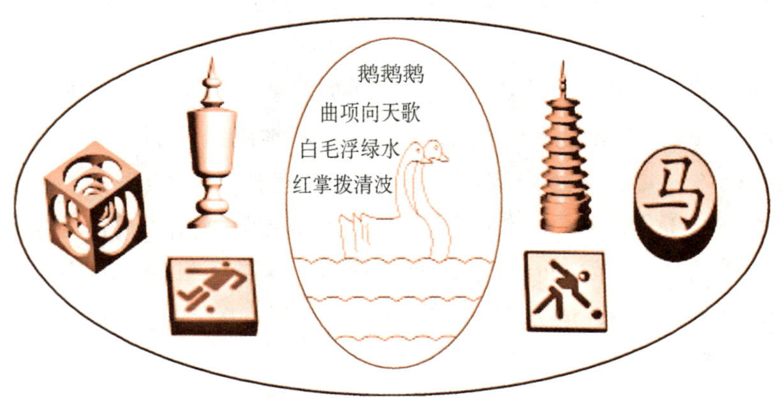

图 4-7 数控应用技术专业的项目设计①

(5) 项目的能力训练价值如何?项目课程的一大特色是以项目活动为主要学习方式,它认为只有通过大量精心设计的项目活动,才可能真正发展学生的职业能力。然而,总体上看现有项目的能力训练价值需要提高:①许多项目的设计比较随意,只是简单地列出一些产品加工活动或服务活动,缺乏对项目中的障碍设置、项目实施的组织形式等问题的深入思考;②来自企业的真实项目不多,许多项目只是原有技能训练甚至实验项目的翻版,"学校色彩"很浓,缺乏真实的"企业感"。项目课程改革必须大量开发来自企业的真实项目。

① 引自上海市信息技术学校项目课程改革成果。

(6) 项目在教学中是否具有可操作性? 无论多么巧妙,多么有学习价值的项目,如果在教学中无法执行,比如学校无法购买所需要的设备,也无法从企业获得相应支持,那么这种项目都是无效的。应当尽可能设计易于操作、可能操作的项目。

2. 项目的序化

项目序化主要是针对项目设计的第一种模式而言的,因为第二和第三种模式并不存在项目序化问题。项目课程以项目为单位组织教学,而学生的学习要按照某种顺序展开,因此项目设计中有一个重要环节,即如何对项目进行序化。项目与任务的对接模式,已为我们对项目进行序化提供了思路,为了更好地在项目设计中对项目进行序化,有必要构建项目序化的基本模式。

一般地说,项目序化有三种基本模式:(1)递进式,即这些项目是按照操作的难易程度由低到高排列的,如数控技术应用专业的"机械制图"这门课程,可按照零件的复杂程度来进行项目序化,让学生先从绘制简单的零件图开始,逐步过渡到复杂零件图的绘制。(2)并列式,即这些项目之间既不存在复杂程度差别,也不存在明显的相互依存关系,而是按照横向的并列关系排列的,如药剂专业的药剂生产这门课程,可按不同剂型设计项目,这些项目之间的关系便是并列的。(3)车轮式,即按照项目内容的结构扩充设计项目,如网络基本运行与维护这门课程所确定的家庭网络组建与维护、办公室网络组建与维护、中小企业网络组建与维护,其项目之间的关系便是车轮式的,见图 4-8。

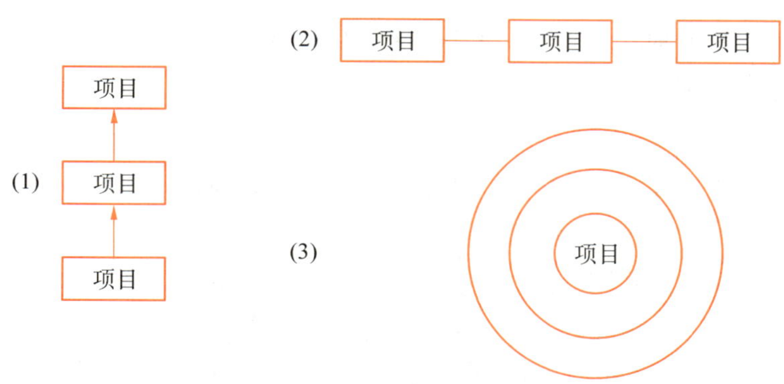

图 4-8 项目序化的三种模式

当然,这里所提供的只是项目序化的基本模式,在项目课程开发中,需要结合专业的具体内容,找到每个专业、每门课程所特有的项目序化的逻辑,使之构成严密的项目体系。而这是一项创造性非常强的工作,是项目课程设计水平得以体现的关键所在。比如计算机网络技术专业的网络设计与集成这门课程,可选择的项目序化逻辑有:(1)小型网络、中型网络、大型网络;(2)行业网络、校园网络、企业网络;(3)单核心网络、双核心网络、双出口网络。采取哪种逻辑更为合适？这就需要根据课程的具体特点进行分析，选择最有利于学生能力培养的逻辑。

二、项目活动设计

项目课程开发中，人们往往非常重视项目的选择。当然，如上所述，不仅选择什么项目很重要，而且按照什么模式进行项目选择也很重要。比如有的课程可以用一个大项目贯穿教学的整个过程，有的课程则需要一系列构成并列或递进关系的项目才能完成教学任务，有的课程的项目则只能是一个个微小的教学情境。然而有了项目是否就会产生所需要的教学活动？许多教师反映不知道如何针对项目实施教学，这一问题的确比较普遍。导致这一问题的根本原因还是许多教师习惯了学科知识体系下的教学模式：对知识体系的教学非常老练，对项目教学则非常陌生，即使实施了项目教学，也只是把项目教学理解为学习完理论知识后的一种练习活动，当需要把项目作为出发点进行教学时则感到很惘然。

要实施好项目教学，关键是要解决好两个问题：(1)围绕项目到底做什么？(2)围绕做的过程到底学什么？第二个问题到第三部分再阐述，这里先看看第一个问题。前面的项目设计只解决了项目名称问题，仅仅有项目名称当然无法展开项目教学，接下来要进行的是对项目活动内容的设计，这就是上述体例中项目描述或模块描述的内容。项目活动设计主要解决两个问题：(1)到底要学生做什么？对做的内容应描述到可操作的程度；(2)做出的最终成果形态是什么？对成果的最终形态必须描述得非常清晰、准确，最好用“样板”来描述，要特别避免概念化描述。

实践中发现，项目教学设计中项目活动设计对教师们来说是个很大的难点，许多教师设计的项目活动非常抽象，不具有可操作性，这说明职业院校的实践教学尚存在许多“盲区”。目前的实践教学更多地只是一种实践活动安排，活动中的各个环节缺乏精心设计与明确要求，其教学效果不可能达到高的水平。活动设计要能有效地引导学生的活动展开过程，并在活动的过程中产生学习行为，教师必须对活动过程与成果形态进行详细设计与准确描述。工科类专业的项目成果相对来说比较容易描述，比如电子产品组装，教师可用最终的实物来描述要获得的项目成果，服务类专业的项目成果相对来说要较难描述，因为其成果形式较为抽象，在描述这种项目成果时教师要善于运用各种图和表。表 4-23 和表 4-24 提供了两份不同服务类专业的项目活动设计案例供参考。

表 4-23 商品调查与选配畅销商品项目活动设计①

项目描述

要求完成 Theme 品牌专卖店的商品调查与畅销商品选配：

(1) 调查对象为西城广场 Theme 专卖店；

(2) 调查内容包括(见附表 1)：品牌风格定位、顾客信息(顾客群年龄、消费习惯)、店铺信息(周围环境、面积、商品陈列)、商品信息(价格体系、商品品类、数量、结构及配置比例)、畅销商品信息，其中以销量排名 TOP10 畅销商品为调研重点，要求在本次调研任务中，单位时间(抽样起止时间)不少于 30 分钟；

(3) 根据调查问卷采集到的数据撰写出调研报告，客观、详实地整理、分析畅销商品的品名、款式、颜色、面料、单价、折扣率、销售数量、毛利润，以及销售占比等；

(4) 根据调查结果，为西城广场 Theme 专卖店选配符合品牌风格定位的 20～30 款畅销商品。

附表 1：商品调查问卷(即商品调查具体内容)

品牌风格定位	□行政 OL □时尚淑女 □欧美 □民族 □田园 □其他
顾客信息	顾客群年龄： □18～24 岁 □25～30 岁 □31～35 岁 □36～40 岁 □40 岁以上
	消费习惯(购买服装时考虑的重要因素，可多选)： □最近潮流趋势 □自身风格与气质 □服饰品牌知名度 □服装款式 □服装色彩 □服装质地 □购物环境 □价格优惠折扣 □其他
店铺信息	周围环境： □商圈 □社区 □超市 □其他
	面积： □50 平方米以下 □50～70 平方米 □80～100 平方米 □100 平方米以上
	商品陈列： □橱窗陈列 □入口陈列 □中岛陈列 □板墙陈列 □区域陈列
商品信息	价格体系： □100～300 元 □300～500 元 □500～800 元 □800～1 000 元 □1 000 元以上
	商品品类(可多选)： □衬衫 □西装 □半裙 □连衣裙 □针织衫 □风衣 □(吊带)背心 □T 恤 □长裤 □中裤 □热裤 □包 □鞋 □丝巾 □饰品
	商品数量(仅营业区)： 件
	商品结构及占商品配置比例： □时尚款占% □形象款占% □核心款占% □促销款占%

① 引自杭州职业技术学院项目课程改革成果。

续 表

畅销商品信息	品名	款式(附照片)	颜色	面料	单价	折扣率	销售数量	毛利润	销售占比
TOP1									
TOP2									
TOP3									
TOP4									
TOP5									
TOP6									
TOP7									
TOP8									
TOP9									
TOP10									

表 4-24　辅助生产成本的归集和分配项目活动设计①

项目描述

要求根据庆丰工厂供气、运输两个辅助生产车间 2008 年 6 月的成本费用(供气车间发生成本 8 900 元,运输车间发生成本 13 900 元)以及供应对象和数量表,将成本用直接分配法、交互分配法、计划成本分配法分配给各受益单位,准确填制"辅助生产成本分配表",并依此作账务处理和登记入账。

模块一　直接分配法下辅助生产成本的归集和分配

一、模块描述

要求根据庆丰工厂供气、运输两个辅助生产车间 2008 年 6 月的成本费用(供气车间发生成本 8 900 元,运输车间发生成本 13 900 元)以及供应对象和数量表,将成本直接分配给辅助生产以外的各受益单位,准确填制"辅助生产成本分配表",并依此作账务处理和登记入账。

辅助生产成本供应对象和数量表

供应对象		供气数量(M^3)	运输量(吨・千米)
辅助生产车间	供气车间		300
	运输车间	2 200	
基本生产车间	甲产品	29 800	
	一般耗用	1 600	2 800
企业管理部门		2 000	900
合计		35 600	4 000

① 引自宁波市鄞州职业教育中心校项目课程改革成果。

续　表

辅助生产成本分配表
（直接分配法）
年　月

辅助生产车间名称				运输车间	供气车间	合计
待分配费用						
供应辅助生产车间以外的劳务量						
分配率						
基本生产车间耗用	应借“基本生产成本”账户	甲产品	耗用数量			
			分配金额			
	应借“制造费用”账户	一般耗用	耗用数量			
			分配金额			
	分配金额小计					
企业管理部门	应借“管理费用”账户	耗用数量				
		分配金额				
分配金额合计						

记账凭证
年　月　日
总号　号
附件　张

摘要	总账科目	明细科目	√	借方金额								√	贷方金额							
				十	万	千	百	十	元	角	分		十	万	千	百	十	元	角	分
合计																				

会计主管　　记账　　出纳　　审核
制单

辅助生产成本明细账

供气车间

2008年		凭证号数	摘要	费用项目								
月	日			材料费	职工薪酬	折旧费	低值易耗品摊销	办公费	水电费	租赁费	其他	合计
6	30		本月合计	2 630	3 481	950	510	159.40		1 169.60		8 900

续 表

辅助生产成本明细账

运输车间

2008 年		凭证号数	摘要	费用项目								
月	日			材料费	职工薪酬	折旧费	低值易耗品摊销	办公费	水电费	租赁费	其他	合计
6	30		本月合计	5 050	3 860	1 500	2 014	260.40		1 215.60		13 900

三、项目教学过程设计

围绕做的过程到底学什么？这里涉及到项目教学中学习结果分析、学习状态下项目实施过程设计以及项目教学过程中学与教活动设计三大问题。

(一) 项目教学中学习结果分析

在进行项目教学设计时，教师要清晰地知道：借助项目实施过程的哪个环节可以进行相关概念与原理的讲解；借助哪个环节可以组织学生进行讨论，深化对知识的内涵及其应用方式的理解；借助哪个环节可以进行相关职业素养的教育等等。只有当项目实施过程中产生了丰富的学与教的活动，项目才具备了完整的教学功能，这种教学才是项目教学。

项目教学中的学习结果主要包括职业行动能力、对知识本身的记忆与理解、对知识的行动意义的理解、综合职业素养四个方面。相对于讲授法、问答法等基于认知逻辑的教学模式，项目教学在这些学习结果方面独具优势。

1. 职业行动能力

这是项目教学在教学目标上的首要追求，即培养学生做事的能力、胜任工作任务的能力。职业行动能力不仅仅指操作技能，会操作的人并不一定就是一个会工作的人。除了操作技能外，职业行动能力还包括计划工作的能力、利用资源做事的能力、运用知识解决问题的能力等。对于项目教学法来说，后者更能体现其优势，因为操作技能通过一般的技能训练教学法就可有效获得，而且集中训练对操作技能的掌握来说效果更好，而要发展学生计划工作、利用资源做事等能力则必须通过项目教学法。

2. 对知识本身的记忆与理解

这种学习不是项目教学的优势，的确，对于系统化的理论知识而言，讲授法等传统教学模式更具优势。但项目教学在知识记忆与理解的某些方面还是有着不可替代的价值。首先对于实践知识，如安全规范、工艺要求、操作方法、设备材料名称等,不适合采用基于认知逻辑的教学模式来进行学习,项目教学法是其首要选择。在项目实践过程中,这些知识的记忆与理解会比较容易,而在讲授教学中,这些知识的学习则会变得极度无聊和难懂。另外,对于有些理论知识而言,如工作中需要运用的复杂原理,如能用项目教学法进行教学,给学生提供学习这些原理的经验基础,其记忆与理解也会容易得多。有研究发现:"66.7%的受访学生认为,通过参与项目,他们加深了对理论的理解"①。

3. 对知识的行动意义的理解

知识要在行动中发挥作用,学习者必须构建这些知识在行动中的意义,即学习者应当清晰地知道:当遇到什么情境时可运用什么知识,以及如何运用这些知识。否则,知识对学习者来说就只是一个符号。杜威曾说过:"一盎司经验所以胜过一顿的理论,只是因为只有在经验中,任何理论才具有充满活力和可以证实的意义②。"杜威强调经验的价值,不是要我们把学习局限于经验本身,而是要我们学会借助经验这个中间要素构建知识在行动中的意义。获得经验的唯一途径是行动,因而项目教学是可能产生这一学习结果的唯一教学模式。

4. 综合职业素养

职业素养是职业教育中备受重视的教学内容,其重要性有时超过了专业知识与技能,这是因为它不仅包括了使工作进行得更好的内容,如爱岗敬业意识、团队合作意识;还包括了使产品或服务质量得到保证的内容,如对生产规程的遵守,严谨认真的工作态度等;甚至还包括了使工作安全地进行,避免事故发生的内容,如对安全规范的遵守等等。有些职业院校倾向于针对综合职业素养的培养单独设立课程,然而最为有效地发展职业素养并检验学习效果的方法是把其融入到项目中。

以上对项目教学中学习结果的分类为我们挖掘项目教学各个环节可能的学习内容,以及建立项目教学各个环节与学习内容之间的合理联系提供了分析思路,具体的项目教学设计中,应依据这一思路明确项目教学各个环节的具体学习内容,见图 4-9。对项目教学来说,做不是目的,学才是目的。所谓的做中学,做了一定要学,并坚信只有做了才能学。做的过程中,有些学习会自动发生,比如做了一遍,所经历的步骤至少在学生头脑中会留下印象,他们做的技能也会在一定程度上得到提高,但还有大量的学习是不会自动发生的,需要教师根据行动过程有意识地促使学习的发生。

以上分析了项目教学中可能产生的四种学习结果。广义地说,这四种学习结果在项目实施过程的每个步骤均可能发生,比如几乎项目实施的每个环节均可能伴随知识记忆与理解的加深。但从狭义的角度看,即有意识地学习的角度看,每个环节的学习是应有所侧重的。项目教学是项目实施过程与教学过程的统一,这里

---

① 苗学玲:《项目学习模式的学生感知收益研究》,《科教文汇》2012 年第 9 期。
② 杜威著:《民主主义与教育》,王承绪译,人民教育出版社 1990 版,第 153 页。

其实存在一个比较重要的问题,即必须合理地安排依附于项目实施过程的教学活动的时间,否则就会破坏项目实施过程的统一性,这将导致项目教学效果的全部崩溃。图 4-9 只是列举了项目实施各个步骤可能安排的学习行为,教学设计中教师要敏锐地意识到项目实施每个步骤可能展开的学习内容,并深入对其进行学习开发,使项目实施成为项目教学。这是项目教学设计中非常重要的环节。

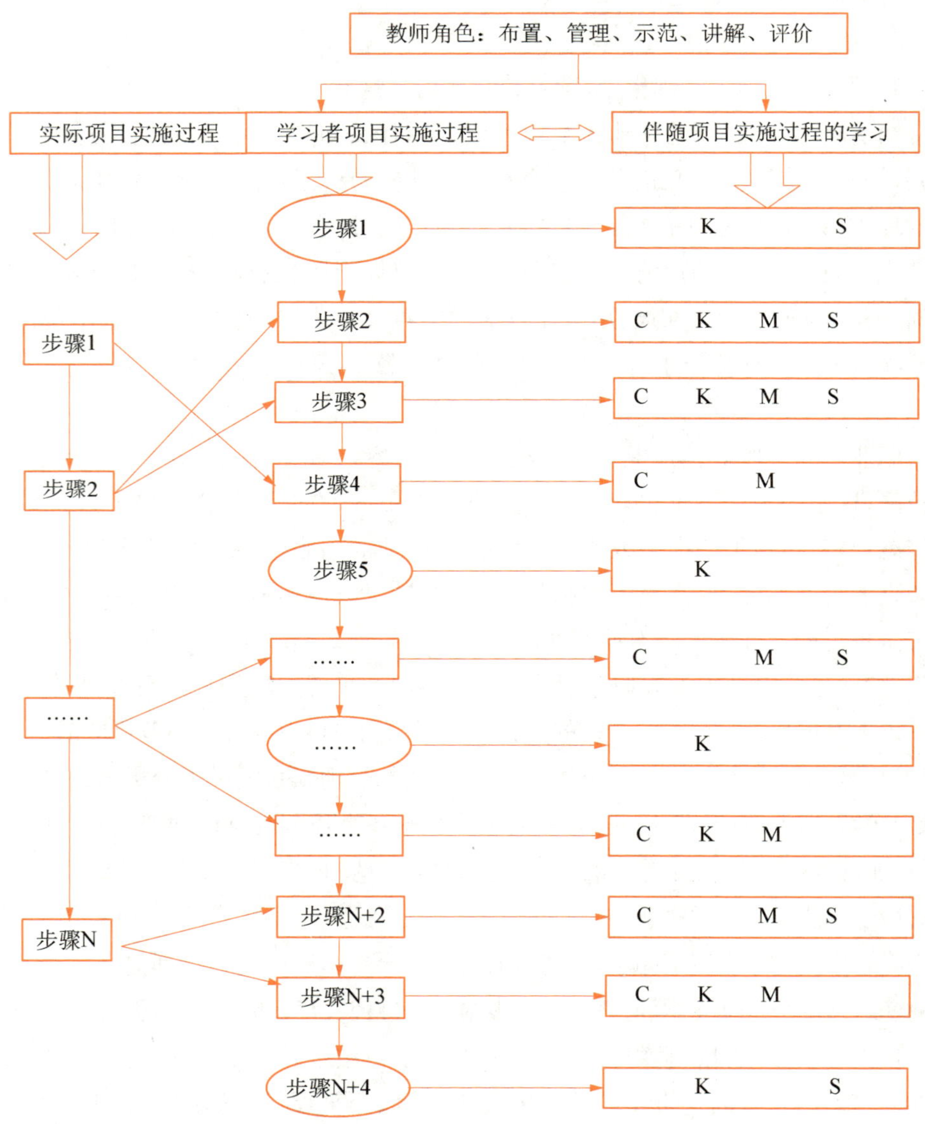

图 4-9 项目教学中的学习分析模型

注:C 代表职业行动能力;K 代表对知识本身的记忆与理解;M 代表对知识的行动意义的理解;S 代表综合职业素养。

项目是一个载体，其中可包含的学习内容是多种多样的，就知识而言它就会同时包含理论知识与实践知识，但是在项目教学过程中必须实现各类知识的整合。普遍的观点是，如果以项目为逻辑核心，就可顺利实现这两类知识的整合。但是如果深入研究一下就会发现问题并没有这么简单，因为“项目”仅仅提供了整合理论知识与实践知识的外部框架。这一框架确实是有效的，也是唯一的，因为只有在项目中，理论知识与实践知识才有可能，也才有必要整合到一起；但仅有这一框架也是不够的，因为要真正实现两类知识的整合，还必须找到他们在工作过程中的结合点，否则两类知识的关系仍然是机械叠加，并不能达到整合的目的。

整合的技术就是设计实践性问题，要注意从问题中引申出理论知识，实践知识与理论知识的逻辑纽带应当是实践性问题。这一问题既不是教材上的思考题，也不是从事理论研究所提出的学术问题，而是产生于工作实践中的，需要在工作实践中进行思考的问题，因而把这种问题称为实践性问题。存在两类实践性问题。第一类问题是建立在对技术实践过程反思的基础之上，是出于对技术实践过程理解的需要所提出的问题，这类问题可用“为什么这样做”、“为什么能这样做”诸如此类的形式来表述。第二类问题则是技术实践过程中遇到的常规方法不能解决的困境。因此，项目教学方案设计中要注意设计实践性问题。

（二）学习状态下项目实施过程设计

教学设计的一个重要环节是教学阶段划分及各阶段学与教活动设计。对一般教学模式下的教学设计来说，这一环节是直接进行的。然而项目教学的特殊性在于，它需要借助项目实施过程来展开教学过程，因此在进行项目教学阶段划分之前，首先需要完成对项目实施过程的划分。

在项目教学设计中对项目实施过程进行划分时要注意，不能把学习者的项目实施过程简单地等同于实际项目实施过程。“在实施项目教学过程中，有的老师为了凸显‘项目’存在，就简单地将企业的实例直接照搬到课堂上，或者完全按照企业培训员工的模式进行教学”①，这种观念其实是错误的。项目教学设计应当根据学习规律对实际项目实施过程进行调整，设计出符合学习者的项目实施过程，见图4-9。

1. 实际项目实施过程

指一个项目在真实工作情境中的完成的步骤，它是项目教学设计的基础。

2. 学习者项目实施过程

项目教学过程中学习者的项目实施过程不能等同于实际项目实施过程，这主要是基于两方面的考虑。

（1）学习者尚不具备完成项目的能力。教师要在项目实施的一般程序的基础

① 潘春胜、刘聃．职业教育"项目教学热"的理性思考[J]．中国高教研究，2011(5)．

上，根据学习者项目完成的能力，对项目实施过程进行一次再设计，使之成为适合学习者的项目实施过程。再设计的内容可能包括：①改变项目实施的顺序。教学中的项目实施过程可以不一定完全与真实工作中的项目实施过程一致，而是可以从关键的或是适合学习者的环节开始，然后依次进行，只要最终能把整个项目完成就可。②增加过渡性项目。如果教师认为即将教授的项目对学习者来说过于困难，可以先用一点课时让学习者完成一个较为简单的项目或是局部环节的项目，然后正式进入到计划教授的项目。③细化实施环节。真实工作中的项目实施环节对熟练的工作者来说可能轻而易举，对学习者来说则可能是非常困难的，遇到这种情况，教师就需要对这些实施环节根据学习者的实际情况进行细化，实施小步子教学。

(2) 学习者实施项目的目的是为了学习。因此在实际项目实施步骤的基础上，很可能需要增加一些教学性步骤，比如对项目的整体说明、项目完成后的总结等等。这些步骤可以增加在项目完成程序之前或之后，也可以是中间，比如有的项目教学进行到中间阶段时，可能停止一段时间进行集中的理论知识学习。图 4－9 对从第一列"实际项目实施过程"转换到第二列"学习者项目实施过程"的上述几种情况均做了示意。"□"表示根据学习者的能力特点直接从实际项目实施过程中分析出来的步骤，"○"表示根据教学需要添加的步骤。在实际项目实施过程的基础上设计出学习者项目实施过程，是使项目实施过程中学习行为得以发生的重要环节。只有顺利地实现了这个环节的转换，项目才可能在教学过程中得到实施，项目也才真正具备了教学性质。这一转换不仅要求教师具备丰富的实际工作经验，而且要求教师具备丰富的通过项目进行教学的经验。

四、项目教学中学与教活动设计

(一) 项目教学程序设计

要促使图 4－9 中学习行为的发生，需要有计划地执行一系列学与教的活动；而要清晰地设计项目教学中学与教的活动，首先需要确定项目教学的一般程序。这是目前关于项目教学的文献中研究得最多的问题，大多数文献都会涉及这一问题，但观点各异。

项目教学程序设计应在对项目实施过程的分析结果的基础上来进行，即在此基础上增加附属性的教学环节，便可形成项目教学的程序。项目教学过程应划分为三个阶段，即项目引入、项目实施与项目总结，见表 4－19。项目引入阶段应包含项目描述、知识准备、任务定位三个环节，项目实施应当根据学习者项目实施过程进行细分，而项目总结阶段至少应包括项目展示与总体评价、项目学习小结这两个重要环节。把这个环节的评价定位为总体评价，是因为项目教学中还有贯穿项目实施过程的过程性评价。

(二) 项目教学中的学与教活动设计

项目教学过程中促使学习行为发生的重要前提是学与教活动的设计。表 4-19 是在行动研究基础上归纳出的项目教学各阶段的典型“学的活动”与“教的活动”。

典型学习活动不仅包括了“任务完成”这一基本的操作性学习活动,更是突出了“理解”、“识记”、“观察”等认知学习活动,针对这些认知活动的教学设计可大大提高项目的教学价值。要注意的是,无论项目教学在理论上如何具有吸引力,所有学习的基本心理过程是一样的,任何教学方法要使学习发生,均不能跨越这一过程。这一过程包括感知、记忆、理解、思维等具体活动。不同学习的差异只在于这些心理过程发生的条件,以及由于条件不同而导致的学习结果的不同。比如同样是感知,让学生感知教材上的内容与让学生感知具体的行动过程,其产生的学习结果是完全不同的。因此在项目教学中,不能忽视对这些基本的学习心理过程的应用。我们不能简单地认为,学生只要执行了项目,学习就会自动发生。项目教学如果没有把项目实施过程与学习过程主动结合起来,那么这种项目就成了游戏。这是当前项目教学改革中比较常见的问题。

典型教学活动的分类,则在“展示”、“指导”、“纠正”、“确认”、“组织”、“评价”等项目教学常规教学活动的基础上,特别突出了“讲解”活动,并把“讲解”活动细分成了“描述性讲解”、“解释性讲解”、“归纳性讲解”、“规定性讲解”等更为具体的讲解活动。尽管项目教学更强调展示、指导等教学活动,但讲解仍然是其中非常重要的教学活动;并且由于项目教学法中讲解的形式较为多样,因此在执行项目教学法时,教师遇到的困难往往并不是展示、指导等活动,而恰恰是讲解活动。对讲解活动的细分有利于更好地指导教学,巴班斯基在《教学过程最优化》中也曾进行过类似研究,他把讲授划分成了“主要目的在于组织学生再现活动的讲授”、“主要目的在于组织学生探究活动的讲授”等形式①。

五、编制完整的项目教学方案

完整的项目教学方案编制,除了要深入完成以上三个环节的设计外,以下环节也是不能忽视的。

(一) 教学目标

项目教学方案编制应特别注意教学目标的编写。教学目标应当是可操作的,它要规定特定情境下学习者要展示的精确的、可被量化的特定行为,不宜把教学目标表述得过于笼统,比如“形成与人沟通的能力”这样的表述就是不合适的,因为一个模块的教学无法达到这样高的目标,而应具体地把它表述为“形成在什么情境下

---

① 巴班斯基著:《教学过程最优化——一般教学论方面》,人民教育出版社 2007 年版,第 16 页。

采取什么方式与什么人沟通的能力”。教学目标应依据课程标准中的知识内容要求与技能内容要求进行编写。

教学目标的表述有必要区分两种目标，即“最终目标”与“促成目标”。最终目标指某个模块最终要达到的教学要求，其陈述应尽可能接近未来职业生活和现实的真实工作情境，并表达出实际工作成果。如“药物制剂生产技术”这门课程中的“片剂生产”这部分内容，其最终目标应当是“能够生产出合格的片剂”。促成目标指学生达到最终目标之前必须达到的过程性目标。比如，对于“生产出合格的片剂”这一最终目标而言，其促成目标应当包括：(1)能熟练操作压片机；(2)能运用理论知识解释操作过程；(3)解决压片过程中的常见问题；(4)能检验片剂的外观、片重差异、硬度、崩解度和脆碎度；(5)严格按照GMP要求规范操作。从教学的一开始一直到教学的结束，促成目标始终可用来帮助指导学生的学习。

(二) 教学资源

项目教学是一种以“做”为中心的教学模式，它的实施需要大量教学资源做支持。在选择和开发教学资源时要注意：(1)项目教学的实施不仅仅需要硬件资源，如场地、设备、材料、交通工具、精确的样板等等，而且也需要大量的软件资源，如各种阅读材料、项目任务书、实践操作指导书等等，其中还包括帮助学生理解概念和原理的仿真软件、图片、视频等等；(2)选择或开发的教学资源应与教学目标、教学活动完全一致，能最大限度地促进教学目标的达成，不能选择那些外表有趣，实质上会使学习过程偏离教学目标的教学资源。

(三) 教学组织形式

项目教学通常要采取小组教学的组织形式，这是因为：(1)完成一个项目的工作量比较大，往往会超越一个学生的能力范围；(2)项目往往有较大的复杂性，需要具有不同能力的学生相互配合才能完成。但这也不是绝对的，能够由个体完成的教学活动还是要由个体来完成，这样学生可以得到最大限度的能力训练。此外，项目教学的教学组织形式还要考虑如何协调课内与课外的时间，因为为了提高课堂教学的效率，项目教学往往要安排一部分任务让学生在课外去完成。再者，还要考虑在转换教学场地和教学组织形式时，如何合理地组织学生完成转换过程，以确保过程的顺利及安全。

(四) 学习评价

首先要注意区分过程性评价与结果性评价、诊断性评价与终结性评价这两对概念。过程性评价与结果性评价是针对评价对象而言的。过程性评价是针对学生完成的过程性项目作品做出的评价；而结果性评价是针对学生最终完成的结果性作品做出的评价。诊断性评价与终结性评价是针对评价功能而言的，诊断性评价的目的是帮助学生发现问题，提升知识理解与操作能力，终结性评价是对学生最终达到的学习水平做出判断。过程性评价可能是诊断性评价也可能是终结性评价，当学生最终的成绩是由过程性成绩累计而成时，这种过程性评价就是终结性评价；结果性评价通常是终结性评价，但它也可能具有诊断性评价的功能。项目教学的终结性评价如果不带有竞争性质，就不必考虑评价的区分度，只需根据教学目标对学生的学习结果做出评价。

另外，要注意区分的是自我评价、小组评价和教师评价。这是根据评价主体所做出的评价模式区分。选择不同主体进行评价的目的是为了突出特定评价功能，这是要特别注意之处，否则很容易带来评价方式的混乱。比如有些教师在进行终结性评价时也采取自我评价方式，这种评价有何信度可言呢？在进行终结性评价时即使采取一部分小组评价的分值也需要精心设计，否则也不会有信度可言，比如教师可以先给出某小组的平均分，然后允许小组长在给每位组员评分时可在平均分范围内有多少分值的浮动。事实上，终结性评价应当主要由教师做出，而自我评价和小组评价主要用于诊断性评价，以培养学生发现自我和他人的问题的能力。

第四节　开发项目课程教学资源

教学资源指教学所需要的所有材料、手段、器具、设备、场地等的总和，师资属于教学资源，甚至学生现有的知识结构也可看作为教学资源，因此教学资源是个范围非常宽广的概念。项目课程作为一种以实践为核心的课程模式，其实施需要丰富的教学资源做支持。教学的革新很大程度上取决于教学资源的革新。比如纸张的出现对学校教育的发展就产生了巨大作用，而多媒体技术又带来了课堂的再次革命。从目前来看，职业教育的教学资源仍然非常匮乏，除在加强技能训练的政策导向下，学校的实训设备有了很大发展，其他教学资源的开发可以说尚处于起步阶段。因此教学资源开发研究是未来职业教育课程非常重要的研究领域。本节拟初步探索项目课程教学资源的类型与开发思路。

一、项目课程教学资源分类

由于教学资源的复杂性，资源分类理论要涵盖所有的教学资源是不可能的。这里拟仅分析项目课程实施中特别需要的教学资源。教学资源的分类角度也可能是多样的，比如可以依据资源的载体来分，但作者认为就实践而言，最合适的分类角度应当是教学资源的功能。从这个角度，项目课程的教学资源可划分为：(1)用于呈现教学内容的教学资源；(2)用于支持教学内容呈现的教学资源；(3)用于引导教学过程进行的教学资源；(4)用于学生操作的教学资源。

(一) 用于呈现教学内容的教学资源

其中包括：(1)教材。包括纸质教材和电子教材，它是教学内容呈现的基本手段。尽管电子书籍越来越发达，但纸质教材被完全取代的可能性至少目前还没有出现，因为它毕竟有许多不可替代的优势，比如便于携带和阅读。(2)课件。课件并不是用计算机软件简单地重复教材上的内容，其优势在于可以呈现文字符号无法表达的内容，比如色彩、声音、内部活动过程等，而且它易于表达知识结构，突出关键知识和知识之间的关系，制作得好的课件能使教学焕然一新。发达的多媒体技术已使我们能够制作出许多模拟现实的软件，它们使得非常复杂的过程得以显性化，大大提高了教学效果。(3)录像与照片。录像与照片可以用来记录工作现场或完整的工作过程，使学生更好地感知真实的工作情境。许多项目教材用图片展示操作要领，并同步配以文字说明，这种方式对于技能呈现来说是非常恰当的。图片可以利用学生考察、实习等机会进行收集，录像则需要有专门的策划和导演，因此其开发要复杂些。

(二) 用于支持教学内容呈现的教学资源

教学内容是要求学生学习的基本知识和技能。为了促进学生对这些知识和技能的理解，需要开发用于支持教学内容呈现的教学资源。主要包括：(1)案例。包括理解型案例、项目型案例。需要把这些教学资源与用于教学内容呈现的教学资源区分开来。与后者的本质区别在于功能的不同，即这些资源并没有表征学生必须学习的内容，而只在于促进学生对知识和技能的理解。这些资源也都可以采取纸张、计算机软件、录像与照片等载体进行表达。只有真实、能激发学生兴趣、启发学生思维的案例才有教育价值。(2)把历届学生在项目教学中完成的优秀作品以实物或照片形式积累起来，不仅可以给后继学生以激励，而且可以启发他们的创造性思维。(3)企业资料。企业中蕴涵着丰富的教学资源，比如岗位任务书、合同、订单、规章制度、工艺流程、工艺文件等等。这些资料不仅能让学生感受到更加真实的企业情境，而且有利于他们理解教材中的知识与技能。这些教学资源的收集与整理是个非常艰苦的长期过程，需要课程开发者有意识地积累。

(三) 用于引导教学过程进行的教学资源

项目教学要得以有效实施，既要重视项目的选择，更要重视项目教学过程的设计。要通过巧妙的教学过程设计，使学生的能力真正得以锻炼。为了促进教师在项目教学过程设计方面互相借鉴优秀经验，必须有意识地积累优秀的教学过程设计案例，以及相配套的考核设计案例。表 4－25 是隧道施工与养护“隧道施工前准备工作”的教学过程设计与考核方案，这份材料对于引导项目教学过程具有重要作用。

表 4－25　隧道施工与养护“隧道施工前准备工作”教学过程设计与考核方案[①]

教学过程	活动安排		教学资源
任务描述 (2 学时)	内容: 1. 看隧道建设过程及建设成果的影像资料,现场展示相关的隧道工程图纸,使学生了解隧道工程的概要 2. 施工图纸是工程技术中用来进行技术交流和指导生产的重要技术文件之一,通过施工图纸的查阅,我们能了解施工前要准备的内容 3. 在本次课中我们以天井关隧道为载体,通过编制天井关隧道开工前准备,来学习通常隧道工程的前期准备工作内容 组织:班级教学 方式:看录像或照片、看图纸、教师讲述		影像资料 工程图纸
知识学习 (2 学时)	教师讲解: 1. 隧道基本构造 2. 施工前现场调查及设计文件核对 3. 导线复测与导线点引测 4. 工程项目部的组建		多媒体课件工程图纸 测 量仪器
活动引入 (0.5 学时)	隧道施工准备场地布置图识读 组织:班级教学 方式:教师讲述		工程图纸 设计文件
示范与模仿(1 学时)	1. 教师示范讲解 2. 选一名学生代表,说出隧道施工前准备工作的主要内容,同时这些工作如何组织完成的 3. 学生讨论,对于讨论结构选取代表发言 4. 教师点评		工程图纸 教室
能力训练 (2 学时)	1. 简单绘图:洞口三通一平示意图的绘制 2. 编制洞口施工设备布置方案(示意图,文字说明) 3. 简单写出一座隧道的实施性施工组织设计		工程图纸 绘图工具
质量评定 (0.5 学时)	教师对学生学习成果进行评价,对存在问题进行分析 有针对性地进行作业布置并进行评定		
考核内容		考核方式	分值比重
应知考核	1. 隧道基本构造 2. 施工现场调查和设计文件对比内容 3. 工程项目部的组成	笔试	30%
应会考核	1. 隧道口布置图的简单绘制 2. 隧道施工方案的简单编制	笔试	70%

① 引自山西交通技师学院项目课程改革成果。

表 4 - 25 体现了项目课程的教学程序,这一程序要求:(1)教学始于对实际岗位任务的描述。学科教学是针对书本知识的教学,它把教材知识作为教学的起点。而项目课程要求把岗位任务作为教学的起点,教师通过对实际岗位任务的描述,把学生逐步带入到工作情境。(2)以学生的项目活动为教学过程的主线。项目课程彻底放弃传统的从理论到实践的教学模式,以项目活动为逻辑主线展开教学,并在这一过程中引导学生建构知识,因此教师要尽早地通过"活动引入"这个环节,把项目活动引入到教学中来。(3)突出质量评定。项目课程认为对学生作品的评定是学生获得能力增长的主要途径。教师要把质量评定作为核心教学环节,敏锐、准确地发现学生操作中的长处和存在的问题,并对问题予以纠正。

另一份引导教学过程的重要资源是项目任务书。如果说教学过程设计主要是用于引导教师的教学行为,那么项目任务书主要是用于引导学生的学习行为。项目任务书的呈现可在教学过程设计的"活动引入"这一环节进行。表 4 - 26 提供了一个项目任务书案例。项目任务书的功能不是给学生提供完成任务所要采取的方法,而是具体描述要求学生完成的任务本身。它可以采取直接陈述的形式,也可以采取图表形式。为了便于学生操作和学习,任务书设计时应对任务进行细化。任务书应针对项目任务进行设计,而不能简单移植传统教材中的习题。

表 4 - 26 证券交易服务项目任务书①

项目任务书 1.1

项目名称:证券行情分析软件应用

模块名称:证券行情分析软件安装、运行与操作

■ 工作任务

任务一:完成以下操作

(1) 登录广发证券网站,下载、安装并运行广发证券至强版证券分析软件。
(2) 登录同花顺网站,下载、安装并运行同花顺版证券分析软件。
(3) 将钢铁板块中股价最高的五只股票设为自选股。
(4) 通过报价菜单分别进入"上证 A 股"、"深圳债券"、"中小板"等报价界面。
(5) 查询上海大盘和深圳大盘的综合排名。
(6) 分别按现价、涨幅、市盈率等指标对"上证 A 股"、"深圳 A 股"进行排名。
(7) 选定一只股票,在其分时走势、日 K 线、周 K 线、月 K 线走势之间进行切换。

任务二:完成以下操作,并记录操作结果(时间:____年____月____日____时____分)

(1) 查询以下股价指数和单个证券的点位(价格)。

上证指数:____点 中国石化:____元 工商银行:____元 青岛海尔:____元

深圳综指:____点 基金金泰:____元 中国联通:____元 宝钢股份:____元

(2) 查询金融板块,列出上海和深圳证券交易挂牌交易的全部银行股票,完成下表。

① 引自浙江工商职业技术学院项目课程改革成果。

续 表

股票代码	股票名称	现价	股票代码	股票名称	现价

(3) 查询上海A股综合排名、深圳A股综合排名，完成下表。

上海证券交易所			深圳证券交易所		
涨幅排名	股票名称	现价	跌幅排名	股票名称	现价
第一			第一		
第二			第二		
第三			第三		
第四			第四		
第五			第五		

(4) 选择一只股票，依据证券分析软件提供的相关信息，撰写500字左右的该股简介(可从该公司的基本情况和财务状况两个角度介绍)。

(四) 用于学生操作的教学资源

项目教学要解决学生的实际操作问题，而操作必然要有手段，要有载体，这些手段或载体就是用于学生操作的教学资源。最重要的载体应当是来自企业的真实项目，这是实施项目课程最重要的教学资源。新加坡南洋理工学院的项目教学是举世闻名的，其项目教学得以有效进行，是因为每个系均有一个项目办公室，其主要工作便是从企业联系大量的实践项目。要动态地获得真实项目，必须通过多种形式，建立深度的校企合作机制。可见，课程开发是个系统工程，就课程本身进行改革是难以达到预期目标的，课程改革必将带来高职院校整体运行机制的改革，而课程改革的成功与否也取决于整体运行机制改革的成功与否。因此课程质量所体现的是学校的整体办学水平。

此外，用于学生操作的教学资源还包括：(1)仿真操作软件。如汽车发动机拆装、维修仿真操作软件，银行柜台业务操作仿真软件，这些软件能够很好地模拟实际操作过程。图4－10是一个中央空调实训仿真软件。这些软件的开发节约了教学资源，大大增加了学生的实践操作机会，尤其对于办学经费紧张的地区来说，在这些软件上的操作不失为实战之前的一种有价值的预备训练。(2)仿真设备。这些设备是专门为实训开发的。它们具备真实设备的功能,只是规格比真实设备要小,但它们能根据实训需要进行调节,及时地进入实训所需要的状态。并且这些设备可以与计算机系统相联,及时、准确地报告操作者的成绩。聪明的设计者可以把多种实训项目集合到一台设备上,并根据项目等级有序地进行排列,这种仿真设备能取得非常良好的实训效果。仿真设备的真实感自然不如实际设备,但它们能获得真实设备上无法获得的实训功能,比如对内部运行过程的观察,根据实训的需要及时调节等,因而有不可替代的价值。(3)实际工具设备。其重要性是不言而喻的。甚至可以说这是目前职业院校最为重视的教学资源。在这些工具、设备上的操作可以让学生获得最为真实的职业能力。它们不仅包括物质形态的,也包括资料形态的。对许多服务类专业来说,资料形态的实际工具可能占有更大比重。

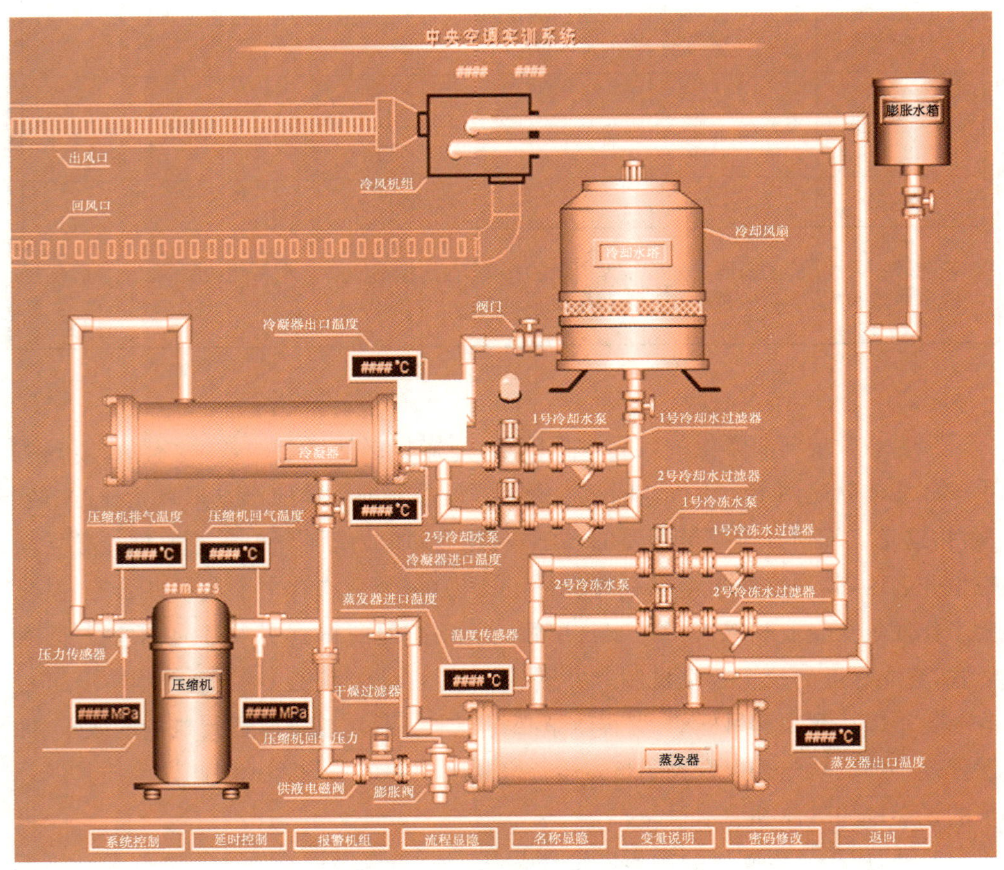

图 4－10　中央空调实训仿真软件

为了更好地指导学生的操作,还需要开发任务指导书,如表 4－27。

表 4-27 任务指导书实例①

任务指导书(程序型任务)

专业名称 外贸　　**页码** 1 / 1
课程名称 进出口贸易实务　　**生效日期** ________
废除的版本 ________
分析师 刘桂萍　　**批准人** ________

工作任务:海运货物保险投保

安全及其他注意事项:被保险人对于保险标的物享有保险利益,方能订立保险合同;被保险人投保的就是对保险标的物的利益,保险标的物可以是任何财产或与财产相连的利益,或者是因为事故的发生而丧失的权利或产生的法律赔偿责任

序号	步骤	操作方法与说明	质量	备注
1	确定保险金额	● 按国际保险市场的习惯,一般是按货物发票的 CIF 价另加 10%的预期利润作为保险金额 ● 保险金额是计算保险费的依据,也是发生损失后计算赔款的依据	计算结果正确无误	C-M C-M
2	选择投保险别	● 投保险别选择不当,就会造成货物受损时得不到应有的赔偿,或因投保了不必要的险别而多支出了保险费用 ● 一般来说,选择投保险别要考虑货物的性质、包装、用途、运输工具、运输路线等问题	能根据不同类型、不同性质的保险标的物选择适当的保险险别	C-D C-D
3	填写投保单	● 投保人:填投保人名称、地址(规范的英文全称);投保单位签章:投保人签名盖章并加注投保日期 ● 发票号码及标记、货物名称:与发票相关项目内容相同 ● 件数、运输工具、启运日期、运输路程、提单号码:与提单相关项目内容相同 ● 保险金额:按第一步所计算的保险金额如实填写 ● 承保险别:按第二步所选择的投保险别以英文如实填写(注意注明版本),如"一切险加战争险援引自 1981 年 1 月 1 日版 CIC 保险条款"可写为:ALL RISKS AND WAR RISK AS PER CIC 1/1/1981. ● 赔付地及币别:赔付地同发票目的地名称,币别与发票币别相同 ● 向保险公司递交填写好的投保单	投保单各栏目填写正确无误	P-M P-E P-E P-E P-D P-E P-E

① 引自宁波北仑职业高职中学项目课程改革成果。

续　表

序号	步骤	操作方法与说明	质量	备注
4	支付保险费	● 保险费 = 保险金额 × 保险费率 ● 查找保险货物保险费率表，确定投保货物应适用的保险费率	保险费率查找正确；保险金额计算无误	P－E P－M
5	取得保险单	● 保险单是保险人与被保险人之间的保险合同，是确定赔偿责任的依据 ● 保险单由保险公司根据投保人递交的投保单签发并交与投保人 ● 投保人注意审核保险单日期是否符合不迟于货运单据日期的要求	保险单审核正确无误	C－M C－E P－M

任务指导书（问题解决型任务）

专业名称　国际贸易　　　　**页码** 1 / 1

课程名称　进出口贸易实务　　　　**生效日期**______

废除的版本　0

分析师　刘桂平、陈洁　　　　**批准人**______

工作任务：某公司在装运港提交 50 箱冷冻豆荚（100 千克/箱），要求船公司冷冻运输，取得清洁已装船海运提单，货至目的港后，买方发现货物短少 5 箱，另有 5 箱货物腐烂变质，其余 40 箱货物开箱后发现共计缺少 100 千克。试分析存在的问题以及造成问题的原因，并判断买方该如何做。

安全及其他注意事项：造成损失的原因不同，损失责任人也不同，应注意加以区分；索赔应凭借相应材料。

	问题情境	原因	行动	备注
1	货物短少 5 箱	*船公司责任，如在转运过程中遗失等*	*凭清洁已装船提单，向船公司索赔*	P－M
		海上风险或外来风险造成，如遭偷窃等	● *属保险公司承保范围的，凭保险单向保险公司索赔* ● *未投保或不属于保险公司承保范围的，买方自行承担*	P－D
2	5 箱货物腐烂变质	*卖方包装时未对豆荚做冷冻处理，或豆荚本身存在质量问题*	*凭目的港检验检疫证明，向卖方索赔*	P－E
		船公司责任，如冷冻设施未检修出现问题	*凭目的港检验检疫证明，向船公司索赔*	P－D
3	箱内豆荚短少 100 千克	*卖方少装货物*	*凭目的港检验检疫证明，向卖方索赔*	P－E

说明：斜体部分为要求学生填写的内容。

续 表

任务指导书(判断、决策分析型任务)

专业名称 国际贸易　　　　**页码** 1 / 1
课程名称 进出口贸易实务　　　　**生效日期** ________
废除的版本 0
分析师 刘桂平、陈洁　　　　**批准人** ________

工作任务:买卖双方签订交易合同,约定交货数量为100公吨,溢短装10%,请判定以下几种不同的卖方交货情况属于何种类型,并分析买方应如何处理。

安全及其他注意事项:具体处理须按《公约》规定;注意合同溢短装条款的具体应用

	如果	以及	那么		备注
			类型判定	处理	
1	交货数量>100公吨	>110公吨	*违约(超过溢短装范围)*	*1. 买方必须收110公吨,超过部分: ● 买方全收 ● 买方收一部分 ● 买方拒收 2. 超过部分,按合同约定计价*	P-D
		≤110公吨	*无违约 (在溢短装范围内)*	*1. 买方必须全收 2. 溢短装部分按合同约定计价*	P-M
2	交货数量=100公吨		*无违约*	*买方必须全收*	P-E
3	交货数量<100公吨	≥90公吨	*无违约 (在溢短装范围内)*	*买方必须全收,且无索赔权利*	P-M
		<90公吨	*违约 (超过溢短装范围)*	*1. 买方有权要求卖方在合同规定界满期前补交,且保留索赔权利 2. 补交的额外费用由卖方承担*	P-D

说明:斜体部分为要求学生填写的内容

任务指导书编制说明

1. 任务指导书是实训操作中的教学辅助手段,它既清晰地表述了实践教学环节要学习的内容,又能有效地指导学生的实践操作。要特别注意的是,任务指导书不是某门课程要学习的所有内容。
2. 工作任务是以动词开始的简短陈述,它要与课程中所要教的任务相一致。在着手编写之前,应对课程的所有任务进行系统梳理,以免产生重复工作。
3. 工作任务类型不同,任务指导书的编写模式也不同。该表最大优势是体现了不同类型工作任务的特点,编写者一方面要选择适合的模式进行编写,另一方面可能要根据任务特点创造性地设计适合的编写模式。
4. “备注”用于区分学习领域,或学习内容的难度等级。

学习领域:C代表认知学习领域,A代表情感学习领域,P代表技能学习领域。
学习难度:E代表容易,M代表中等,D代表困难。

二、项目课程教学资源开发思路

(一) 根据项目课程实施需要进行开发

基于项目课程体系进行教学资源开发包括以下几层含义。

首先,教学资源开发应当依据项目课程实施的需要来进行。目前的教学资源开发有一种趋势,即喜欢赶时髦,追求新颖,追求高档。比如许多高职院校正热衷于生产性实训基地建设,一味地追求按真实的工厂、公司建设实训基地,对模拟设备、模拟软件则完全不重视。这种非理性的投入,不仅导致大量资金的浪费,而且不一定能获得良好的教学效果。教学有教学的规律,学生能力发展有个递进过程,而且需要从不同方面对其进行教学。比如有的时候需要让学生观察设备的内部运行过程,而许多真实设备是无法实现这一功能的,一些模拟设备或软件则能很好地实现这一功能。再比如有些学校或实训基地,尤其是公共实训基地,在购买设备时总是要求购买最先进的设备,而事实上最贵的设备并不意味着最佳的教学效果。因此教学资源开发万不可成为学校或基地的面子工程,而是要认真研究项目课程实施的需要,开发符合要求的立体化的教学资源。从这个角度看,应当先有课程,然后进行教学资源开发,尤其是实训基地建设,而不能是等条件完全具备后再进行课程开发。

其次,教学资源开发应系统地覆盖项目课程实施的需要。教学资源开发历来是受到高度重视的,然而实践中我们往往缺乏整体规划,总是零碎地进行开发。这种状况不仅不利于项目课程的全面实施,而且不利于构建完整的课程资源,以满足不同教学阶段、不同教学方面对资源的需要。比如仿真软件和仿真实训设备的开发,如果不依据所开发的项目课程来进行,那么就会导致二者在内容结构上的脱节。要克服这一状况,也需要以课程开发为先导,依据课程的整体规划来进行教学资源建设。其中既要考虑内容的完整性,也要考虑层次的完整性,即依据以上所做出的教学资源的分类系统地进行开发。

(二) 依据项目课程设计理念进行开发

项目课程的教学资源开发必须紧紧依据项目课程的理念来进行,尤其要注意以下两个方面。

首先,教材设计要努力体现项目课程理念。这几年在多方努力下,职业教育领域出版了大量项目课程教材。其中有许多设计得非常好的教材,但也有些教材只是传统学科型教材的简单改造。因此如何依据具体专业、具体课程的特点设计项目课程教材,仍然是教学资源开发中非常重要的问题。项目课程教材至少应当努力体现:(1)结构的任务化、项目化。以项目为基本单位编排教材内容。(2)从做到学。应当先呈现项目,指导学生尝试性地完成项目,然后在此基础上指导学生建构知识,理论与实践应统一到项目中。(3)从阐述式到对话式。叙述方式要由原来的知识阐述变为与学习者的对话。教材要有“声音”,要有“学生”。

其次，实训基地建设要努力体现项目课程理念。实施过项目课程的学校均有一个体会，即原有的设备不足以支持一个完整项目的完成，因此实训室面临重新布局的问题。何以如此？因为职业院校尽管一直非常强调实践教学，但原有的实践主要是被抽取出来的局部的技能实践，而不是产品导向的项目实践。可见，项目课程改革从更深层面看，它将带来职业院校实践形态的根本变化。项目课程要求以项目为基本单位建设实训室。

（三）运用信息技术对教学资源进行整合

如何在班级环境中实施项目教学是教师们感到非常困惑的一个问题，因为当一个班级中的学生数过多时，教师往往难以顾及对每位学生项目实施过程的指导，解决这一问题的方法是：(1)根据项目教学过程开发足够丰富、细致的教学资源，让学生在没有教师的指导下能自主完成项目并开展学习活动；(2)运用信息技术对教学资源进行整合，建设网络化资源库平台。网络化资源库平台不仅解决了教学资源的结构化存储问题，而且非常便于学生对教学资源的查阅和使用。

学习平台构建的关键是必须按照项目教学逻辑对其栏目进行设计，而不能按照教学资源载体的类别进行栏目设计。图 4－11 是一个基于项目教学逻辑的教学资源库平台框架，其核心思路包括以下四个方面。

1. 教学资源库平台最核心的模块是学习指导与教学指导

教学资源库平台应简洁、清晰，以便于对素材的快速检索。尤其不能加入与课程学习无关的信息，如专业发展情况、课程建设成果、校企合作等等。除了一些辅助性模块外，如学习者信息、交流与答疑等，它最核心的模块就是学习指导与教学指导。这两个模块需要分开，因为教学指导中的许多素材是学习者不需要的。这两个模块中，学习指导的内容要比教学指导的内容更丰富，因此整个平台的核心是学习指导。如果有些内容只能向教师开放，那么可以设置平台的教师入口与学习者入口。

2. 学习指导中的内容要以学习模块为单位展开

如图 4－11，在课程描述后面紧接着排列的应当是一个个学习模块。学习模块是按照“任务”还是“项目”进行设计，要根据所开发的课程的性质确定。并非所有的教材都适合以项目为中心进行设计，只有那些项目可以确定的课程，其教材才能以项目为中心进行设计，而其他能力本位课程的教材，则只能以任务为中心进行设计。资源库平台的设计也是一样。平台设计必须考虑应用的广泛性，因而除非其课程的项目能基本确定，否则只能以任务为中心设计学习指导的具体框架。但是即便如此，每个模块中的“实践训练”还是可以以项目为单位进行设计，这样，整个平台所体现的仍然是项目式学习。当我们进入教学资源库后，只需按照一个个学习模块分别进行学习，就可完成全部课程内容的学习。

按照项目教学模式实施的思路，学习指导模块可由以下栏目构成：知识学习、操作指导、作品样例、实践训练、自我检测、辅助资料等。知识学习中可包括电子教材、视频讲解、动画模拟等支持理论知识学习的素材。进入这个栏目后,学习者就可完成与下面的实践训练相关的理论知识的学习。操作指导中可包括标准作业模型、视频演示、动画演示等素材,这些素材的作用是给学习者展示,在这个任务或项目中,要求他完成的作业的标准是什么,以及按照什么样的过程与方法去完成作业。作品样例中展示的是各种各样过程性的,或者已完成好的样例,它们可能是完美无缺的,也可能是存在多种多样问题的。实践训练中可包括"实践训练手册、模拟操作软件、思考与讨论"等素材,这些素材不仅要引导学习者完成实践训练过程,而且要通过思考与讨论引导学习者在实践的基础上进行与实践过程相关的问题的思考、讨论和理论知识学习。自我检测中主要提供对作品质量进行评价的工具。辅助资料中可能提供延伸性阅读、案例等素材。

3. 教学资源的素材要按照教学的逻辑进行组织

教学资源库素材呈现的组织方式不一定要按这资源类别进行。在对素材进行呈现设计时,我们需要跨越这类别界限,按照教学的逻辑进行素材组织。比如在教学资源库的素材归类中,展开工作过程的素材是归入到描述性素材中的,标准作业模型是归入到学习过程支持素材中的,而在资源库平台上,则要把它们一起放到操作指导中。

4. 平台要单独设计结果记录与评价模块

设计这个模块的目的不仅是为了实现对学生实践训练效果的实时评价,以便对训练结果及时做出反馈,更重要的是可以用它来记录实践训练的过程与结果,以便为课堂教学行为分析提供大数据基础,同时也可为持续丰富平台资源提供路径。教学中不仅需要展示正确操作过程的视频,也需要展示各种各样错误操作过程的视频,后者只能在教学过程中收集。

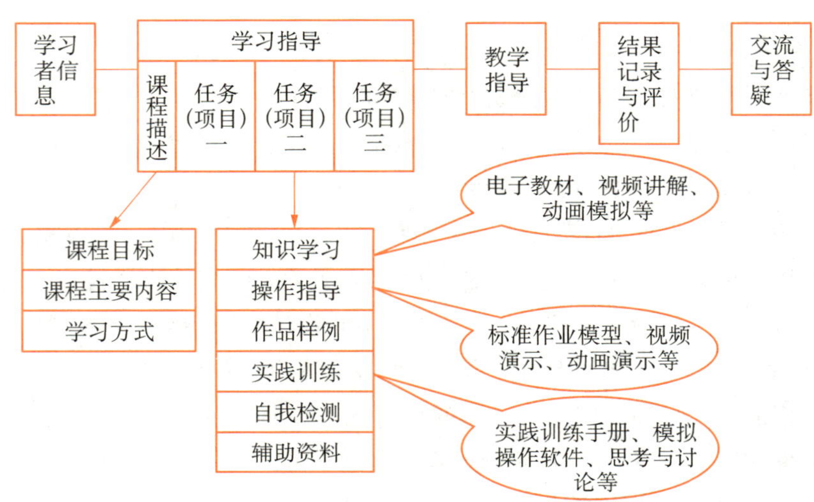

图 4-11　基于教学逻辑的教学资源库平台框架

总之，从以上叙述看，项目课程体系设计是个非常复杂的过程。项目课程开发过程中，许多教师比较注重任务与能力分析，自然，这一分析是非常重要的，它是进行项目课程设计的基础，但后续的课程设计更加复杂，需要教师投入大量的智力和精力，因为他是一项创造性非常强的工作。只有创造，才能设计出高水平的项目，项目课程的实际价值也才能显现，而项目课程的魅力也正在此。因此，和学科课程相比，项目课程为职业院校的特色发展提供了更为广阔的空间。

第五章

组织项目课程的开发

课程开发通常需要由许多教师一起完成，参与的教师数量取决于课程开发的规模。如果是在学校内部进行一个专业的课程开发，那么可能只有几位教师参与；如果是教育行政部门组织的面向整体专业的课程开发，那么参与的教师可能达到几百位，甚至是上千位。而且职业教育课程开发还需要邀请岗位专家参与。那么，如何使教师真正能够投入到课程开发中，协调好不同教师及岗位专家的工作，并使得最终的课程产品能与最初的课程理想之间最大限度地保持一致性，就成了课程开发者必然面临的一个问题。作为一位优秀的课程专家，不仅要能够自己进行课程开发，而且应当能够组织课程开发。

第一节　确立校企合作的开发机制

组织课程开发，首先需要考虑的问题是应当由谁来进行课程开发。人们往往对课程专家充满期望，希望课程专家能解决课程开发中的所有问题，而教师只需执行就行。甚至人们会要求课程专家设计课程开发软件，教师们只需输入参数便可获得结果。这种理念虽然动人，却是对课程开发工作极为肤浅的理解。课程开发是个创造性极强的过程，而不是一个机械的线性演绎过程，它需要教师投入大量的时间和智力。因此课程专家的作用只能是阐明课程理念和具有普遍性的课程开发方法，为具体的课程开发工作提供参考建议，并鉴定开发的课程产品是否符合课程理念。实际的课程开发则需要由教师来完成。然而以上阐述会遇到另一个强烈的理念冲突，即课程开发的主体应当是学校教师还是岗位专家。

一、单向机制还是双向机制

学科课程采取的开发机制是由学科专家决定课程的所有要素，这是任务课程对学科课程最重要的批评之一。这种批评是合理的，因为学科专家往往并不熟悉岗位的实际工作内容，完全由他们开发课程，容易导致课程内容与实际岗位需求相脱节，并且他们往往对理论知识要求比较高，造成学生难以听懂并厌学的状况。在这一批评基础上，任务课程转而强调应当由企业决定课程，他认为职业教育课程应当由主要的使用者（雇主）来控制，而不是由提供者（职业院校）来控制。

已经厌倦了学科课程的人们被这种新颖的观点所深深吸引，并广为接受。近年来诸如“企业需要什么人才我们就培养什么人才！”、“职业教育应当贴近市场，以市场为导向！”等话语的流行，便充分反映了这一观点对我国的影响。于是，在课程开发中，人们有时候对岗位专家的作用甚至到了迷信的程度，把任何课程开发中的问题都寄希望于由岗位专家来解决，有时甚至对岗位专家的观点不敢做任何修正，当课程受到质疑时，只需回答“这是岗位专家的观点”，便没人再敢质疑了。一些企业内的普通员工，当被邀请到学校参与课程开发时，甚至为他们的观点能够受到如此尊重而受宠若惊。

然而，现实毕竟是残酷的。逐渐人们发现岗位专家不仅不愿意承担起课程开发的所有职责，他们似乎也不具备解决所有课程问题的能力。事实上，岗位专家虽然比较熟悉岗位的工作任务及所需要的职业能力，但对课程开发技术、学生的学习特点以及人才培养的基本规律并不熟悉，而后者在课程开发中恰恰是同样重要的。其实如果没有工作任务分析专家的有力引导，岗位专家在梳理任务与能力时也困难重重。因此要岗位专家完全承担课程开发的责任更是不现实的。

这里,我们需要反思的是课程开发机制。任务课程虽然看到了学科课程在课程开发机制上存在的缺陷,但它也犯了和学科课程同样的错误,即所采取的仍然是单向的课程开发机制。二者的差别只在于起点不同,学科课程的起点是学科专家,即强调由学校决定人才的培养,而企业只是使用学校培养好的人才;任务课程的起点是岗位专家,即强调由岗位专家决定课程,而学校只是使用课程。

显然,无论是学科专家还是岗位专家均不具备完整的课程开发能力,他们各有自己的长处和不足,因此合理的课程开发机制,应当是形成学科专家与岗位专家之间的紧密互动,认真分析他们各自在课程开发中所具有的优势,并采取恰当的方式来充分发挥他们的优势。这是一种双向的课程开发机制。称之为机制,不仅强调要形成二者之间进行互动的工作模式,而且这种互动应当能够长期、稳定地进行下去。课程开发是一个长期过程,需要时间的积淀,只有形成了长期、稳定的互动关系,才可能发展出高质量的项目课程。

问题是,在课程开发机制选择中,我们为什么会从一个极端转向另一个极端?首先,这反映了课程研究者对我国职业教育现实缺乏足够的透视。与英国、澳大利亚等国不同,我国职业教育的实施主体是职业院校,它们有自己的历史和文化,也有自己对未来的设想。尽管其功能是为企业培养人才,但这并不能抹杀职业院校是独立发展的主体这一基本事实,这就决定了不能完全排斥学校在课程开发中的作用。其次,对课程开发中课程设计环节的复杂性估计不足。课程开发是个非常科学的过程,不仅需要把握岗位的工作任务与职业能力要求,而且在把这些要求转化为课程时,需要综合考虑学习特点、教学特点等多种因素,然而有些课程研究者往往简单地以为任务能决定课程的所有要素。

二、校企合作机制中的角色定位

那么在双向机制中,岗位专家和教师各自的角色是什么?他们应当均等地承担开发任务,还是应当以一方为主体?依据我国学校职业教育形态这一基本事实,应当以教师为课程开发的主体。在目前情况下,要求企业参加框架性的校企合作尚且如此之难,要求其作为课程开发的主体那就基本不可能了。

(一) 岗位专家的角色

岗位专家的角色定位主要是咨询者和评价者。所谓咨询者,就是为教师在课程开发中遇到的问题提供答案;所谓评价者,就是评价教师最终开发的课程产品是否与企业实际情况相吻合。那么岗位专家能够回答哪些问题?能够评价哪些课程产品?要更好地发挥岗位专家在课程开发中的作用,需要进一步思考这些问题。有些职业院校在课程设置、课程标准编写、项目教学设计等环节,均反复征求岗位专家意见,结果不仅没有获得有价值的意见,反而使得自己无所适从,课程体系杂乱无章。

其实，岗位专家只是企业的专家，他们所熟悉的只是工作过程本身，对教育原理，尤其是项目课程开发这个高度专业化的领域其实是非常陌生的，他们所拥有的教育知识或来源于其受教育经历，或来源于日常所见所闻，并不具备专业水平。岗位专家能发挥重要作用的只有两个环节，即工作任务与职业能力分析，以及教材编写。尤其是前一阶段，岗位专家在其中能发挥关键作用，其角色是提供工作过程所要完成的任务，及完成这些任务所需要的职业能力的意见；教材编写阶段，岗位专家的角色是就一些具体问题，如操作过程是否规范，所选设备和技术是否符合企业实际等提供意见。而这两个环节岗位专家作用的发挥，均需要有教师预先设计的引导性问题为条件。至于其他环节，则主要依靠教师自己来完成。

（二）职业教育教师的角色

确立教师在课程开发中的主体地位应当是没有疑问的。课程专家所能提供的只是课程开发的一般原理与方法，以及具体开发中可能采取的方案，但最终的课程产品只能由教师来完成，因为只有他们才熟悉自己领域的专业知识，以及学生可能的接受程度与学习特点。这里所说的教师，指的是职业教育内部的教师。高职课程开发应当主要由高职教师承担，中职课程开发应当主要由中职教师承担。有的时候我们可能会希望由本科院校教师完成课程开发任务，因为他们对专业知识的把握可能更为娴熟，文字表达能力也更强。在某些方面吸收专业能力更强的本科院校教师参与课程开发是有必要的，但他们不可能成为课程开发的主体，因为本科院校教师受职业习惯影响，很难把握职业教育规律。职业院校发展的文化积淀、教师的长期教学经历，使得职业教育教师能够很好地把握学生的学习能力水平，开发出符合职业教育教学实际的课程。

那么，是否所有职业教育教师均有课程开发的责任？是否都具备课程开发能力？课程开发既有获得课程产品的目的，也有提高教师对课程理解的目的，还有提高教师专业水平的目的。从这个角度看，所有教师均有课程开发的责任。我们以往比较强调教师作为课程实施者的角色，但教学不是操作工的简单重复工作，而是一项创造性极强的工作，参与了课程开发的教师能更好地理解课程，并更具创造性地实施课程。教师的教学水平很大程度上取决于他们对课程的理解。需要意识到的是，课程开发是有多个层面的，既有原创性课程开发，也有实施性课程开发；既有政府层面的课程开发，也有学校层面的课程开发。不同层次与类型的课程开发使不同能力水平的教师参与课程开发成为可能。

第二节　指导与管理项目课程开发过程

课程开发通常是集体行为，项目课程开发涉及的主体比较多，因此如何协调不同主体之间的课程开发工作，并产生显性课程开发成果，是课程开发管理的重要问题。另外,确立了教师是课程开发主体的观点,那么如何使教师真正能够主动地进行课程开发,并尽可能地减少信息衰减效应,以及课程产品形成的误差累积效应,也是实施课程开发时应该认真从组织角度思考的问题。

一、如何组织课程开发过程

课程开发作为一种实践要能有效地进行,必须首先确定整个开发过程的工作模式,以协调主体的课程开发行为,并产生显性课程开发成果。课程开发步骤模糊,每个步骤的承担主体及其角色发挥方式不清晰,以及每个步骤显性成果不明确,是导致许多课程开发混乱、低效的重要因素。课程开发的组织者应当高度认识到设计清晰的课程开发工作模式的重要性。图 2-2 是项目课程开发中应用比较广泛的一种工作模式。

图 2-2 从谁来开发、如何开发、开发什么对项目课程开发的工作模式进行了描述。该图清晰地描述了课程开发的每个阶段三者之间的对应关系。这是一种比较理想、比较完整的课程开发工作模式。它强调行政驱动、专家引领在课程开发中的重要作用,但同时也强调课程开发的真正主体是教师。课程开发的这六个环节在第二章和第三章中均做了详细阐述,这六个环节之间有严密的衔接关系。尤其要注意“开发什么”。只有当每个步骤均产生了完整的、显性的课程开发成果,才能有效地推进课程开发实践。

当然,在课程开发实践中可以根据需要对这一模式进行调整,以设计出符合特定情境的工作模式。比如就产品而言,有的课程开发可能不需要产生教材,那么这个环节可删去。更多的调整是程序,比如教材需要依据课程标准进行编制,但课程标准的成熟往往又有赖于教材编制。课程结构分析在课程开发中是个非常复杂而又关键的环节,但最初教师们往往会感觉到要设计出符合项目课程理念的、科学的专业课程体系非常困难。如果严格依据顺序进行课程开发,那么势必严重影响开发工作的有效进行,螺旋式上升可能是一种更为合适的工作模式。

二、如何使教师进入课程开发

人们津津乐道一种舶来的观点,即课程开发的主体是教师,但课程开发的最大阻力也是教师,因为教师往往习惯于传统教学方式而不愿意变革,事实并非如此。

(一) 教师是课程开发的阻力吗

我们的确经常能观察到教师对课程开发不愿意投入的现象。尤其在课程开发进行的初始阶段,极少有教师能真正自觉地进行课程开发。然而并不能据此认为教师是课程开发的阻力。教师对课程开发不愿意投入,很大程度是源于长期以来其作为教学实施者的角色定位。把课程开发作为学校的重要工作,是课程理念在我国广为传播后才开始的,而在这之前,学校的主要功能定位是教学。学校尚且如此，何况教师？教师对课程开发工作不愿意投入的另一个重要原因是学校相应分配制度和评价制度的缺乏。当这些制度都倾向于教学时，那么教师为什么要从事课程开发？许多地区教材不列入科研成果，不能作为教师晋升职称的依据，这些制度自然会极大地伤害教师从事课程开发的积极性。事实上，对大多数教师来说，教学实施或课程开发，都只是工作而已，希望教师把精力投入到哪个方面，取决于管理者的导向。当然，如果教师的工作任务非常繁重，那么时间、精力分配本身也就是问题了。

我们的确经常能观察到教师对新课程理念不理解，因而不愿意实施，甚至抵制新课程的现象。但这也并不能完全归因于教师的因循守旧，因习惯而缺乏变革的精神。长期周而复始的重复性教学，确实容易使部分教师的思维固化。但更多教师对新课程的抵制，很大程度上是由于他们并没有真正理解新课程的含义，更没有真正在操作过程中体验过新课程的优点与弱点。反对新课程的教师往往是根本不了解新课程的教师。这当然也并不完全是由于教师不愿意去了解新课程。一个新产品的推广，往往会首先免费派发一些新产品，让人们在使用中了解新产品的优点。而对于课程改革，我们往往期望几个专家报告就能让所有教师接受新课程。许多教师甚至直接听取专家讲座的机会也没有，只是从其他教师、学校领导或是媒体零碎地了解了新课程的一些理念。然而即使有机会认真听取专家报告，教师对新课程开发与实施中的具体方法仍然非常陌生，这会使他们产生对新课程的恐惧，以至抵制新课程。

以上分析并不仅仅在于为教师辩护，而在于提出一个重要的课程开发问题，即如何更为有效地使教师进入课程开发。所谓"进入"，即不再是把课程开发看成一项应当完成的工作，更不是排斥课程开发，而是能主动地、创造性地进行课程开发。教师是课程开发的动力还是阻力，很大程度上取决于我们组织课程开发的方式。教师在课程开发中的作用并非确定的，我们可以通过课程开发组织方式的改变来引导教师作用的发挥。

(二) 使教师进入课程开发的方法

要有效地使教师进入课程开发过程，既要建立相应的激励制度，合理安排教师的工作量，更需要采取合适的方法。基本方法有规划法和行动法。

所谓规划法，就是预先整体规划好课程开发的步骤，然后在对教师进行集体培训的基础上由教师自行完成开发任务。其基本特征是：(1)严格依据预先规划好的程序进行课程开发；(2)推进课程开发的主要方式是集体会议；(3)课程开发理念与方法主要通过专家报告形式进行传播。

所谓行动法，即基于教师的实际课程开发行动来推进课程开发，通过专家指导的实际课程开发行动，来促进教师对新课程理念的理解和认同。其基本特征是：(1)从教师容易接受的环节入手进行课程开发，不要求遵守常规的课程开发程序，而且允许反复;(2)课程专家与教师组成课程开发共同体,以小组研讨的方式推进课程开发;(3)强调教师在课程开发行动中逐渐理解和认同新课程的理念。

习惯中人们往往倾向于规划法。原因大概在于这种方法对组织者来说操作比较简单,且表面上往往比较热闹,可大规模地进行,有比较显性的效果,效率比较高。而事实上,对于课程开发而言,这种方法的效果可能是非常低的,应用这种方法的课程开发,往往几十年来一直在原水平上徘徊。行动法虽然形式不够热闹,规模也难以壮大,但其取得的每一个效果却是实实在在的。通过这种方法,能够有效地使教师进入课程开发过程,理解和认同新课程,从而开发出高质量的课程。经过一段时间的积累,就可以取得用新课程覆盖原有课程的效应。

到底采取哪种开发组织方法,需要根据课程开发的实际情况而定。政府层面的课程开发,由于涉及的人员比较多,规模比较大,因而采取规划法还是有必要的。学校层面的课程开发,如果要开发的专业比较多,规模比较大,也在一定程度上需要应用规划法。另外,如果所进行的课程开发难度不大,教师们很容易理解,那么采用规划法也不失为一种恰当的方法。但是,如果课程开发的难度大,尤其是教师理解比较困难的课程开发,则应当采取行动法。即使由于应用这种方法,可能导致课程开发难以大规模地进行,也有必要采取这种方法。否则,容易导致教师抵制,或简单模仿,并没有进行实质性的开发等问题。

项目课程由于在理念与方法上与传统学科课程差别很大,因此有必要采用行动法来进行。可以首先选择部分专业进行尝试性开发,待取得成熟经验后,再推广到其他专业。在初次接触这一课程概念时,教师中难免出现不理解、甚至抵制的情况。如果期望通过专家的反复讲座来解决这些问题是不可能的,因为很多教师的不理解很大程度是源于他们并没有努力去理解,甚至不愿意去理解,更有甚者是抵制去理解。面对这种状况,最为恰当的方式是努力使教师行动起来,并努力在个别专业、个别教师中率先取得改革的突破。在这一过程中,专家必须深入课程开发过程,与教师共同进行课程开发。这当然对课程专家来说也是一个挑战,它要求课程专家不仅深刻理解了课程理念,而且要具备丰富的课程开发经验和组织经验。

三、如何指导教师进行课程开发

课程专家该如何指导教师进行课程开发?一种观点认为,课程专家的任务应当主要是阐明课程原理,并提供课程开发的一般方法,而具体的课程开发应当由教师自己创造性地去完成。这一观点的出发点是希望把更多的课程开发自主权留给教师,充分发挥教师的创造性,以开发出丰富多样的课程。但实际情况可能是,教师需要课程专家更加细致的指导。这种细致的指导不仅不会阻碍教师创造能力的发挥,它恰恰正是教师创造能力的源泉。尤其对项目课程开发而言,专家与教师的深度对话应当成为其主要的工作方式。课程专家可通过以下方法给教师提供指导。

（一）《手册》指导法

教师是课程开发的主体，并非意味着教师是课程研究者。课程研究是个非常复杂的领域，要求教师熟知课程理论，并能创造性地设计开发方法是不现实的。教师在课程开发中的主体作用，主要体现在把课程理论与开发方法创造性地应用到具体专业中去。因此，课程专家指导教师进行课程开发，不能抽象地停留于一般理论和方法的阐述，而是要给教师提供非常具体的操作方法，比如每一个环节的操作步骤、要求，不同情况的处理，成果描述的文本格式，必要时要提供实例。把这些操作方法综合进行编排，便可形成课程开发的指导手册。

《手册》是实践指导的重要方法。用户对商业产品的正确使用，很大程度上便是依赖于产品使用说明或产品操作手册。课程开发中应当充分应用这一方法，它在大型课程开发中效果尤其显著。上海 2004—2007 年课程改革行动计划，在这一方面积累了重要经验。编制者在具体进行各专业的课程开发之前，预先组织课程专家进行研究，编制了细致的课程开发指导手册。该手册对课程开发所要遵循的总体理念、每个环节的操作方法、文本格式和编写要求进行了非常细致的说明。正是这份手册，使得涉及 42 个专业（后扩展到 66 个专业），由近千位教师和七百多位企业专家参与的课程开发得以成功进行。

（二）案例示范法

尽管手册对课程开发方法进行了非常详细的描述，但实践中教师们经常遇到的问题是：理解了方法却无法依据这些方法开发出自己的课程。比如我们可能会要求教师在课程标准编写中，对技能进行分析时要写出每项技能的工作成果，但往往尽管教师理解了这一要求，却仍然不知道如何写出工作成果。这是因为把方法与具体专业内容相结合进行课程开发，其实是个非常复杂的过程。课程开发者往往对这一复杂性估计不足。在我们的日常观念中，实践乃是理论的应用，言外之意是，只要真正懂了理论，要产生实践是比较容易的。据此推之，教师如果把握了课程开发方法，便可以轻松地开发出课程，实际情况远没有这么简单。人们常说："授人以鱼，不如授人以渔"，可现实中，很多人还是会选择鱼，因为有了"渔"并不一定意味着能捕到鱼。

如果课程专家能在课程开发中，给教师提供非常典型、启发性非常强的案例，那么将对教师的课程开发起到非常重要的指导作用。通过这些案例，教师将能更加深入地理解项目课程的理念和实践形态，并形成自己所开发课程的项目框架。所提供的案例如果与所要开发的课程属于同一专业大类，将对教师起到更加有效的启发作用。当然，课程开发团队成员的案例的启发作用是最大的，比如某专业共有 8 人组成了一个课程开发团队，如果其中一门课程率先形成了比较优秀的项目框架，那么它对其他成员将产生非常大的启发作用。因此，寻找课程开发的率先突破者，是非常重要的指导策略。如果课程专家能依据项目课程原理，针对教师所开发的课程提供一些具体思路和可供选择的方案，那么其指导价值无疑更强。这就要求课程专家熟悉一些专业内容。

表 5－1 是上海市 2004—2007 年课程改革行动计划执行中，课程专家指导教师进行课程标准编制的一个实例。这个实例不仅指出了教师在课程标准编制中存在的问题，阐明了编制的规范要求，而且采取了原稿与修改稿进行对比的形式，有利于教师非常清晰地理解自己的问题所在及修改的方向。并且这种书面形式的修改意见，有利于避免信息传递过程中的衰减和扭曲效应，极大地提高了课程开发质量。

表 5－1　课程开发指导实例

(一) 如何撰写“课程性质”和“课程目标”

特别提示：

“课程性质”主要说明该课程的地位、功能及与其他课程的关系。

“课程目标”是课程总要求，应达到的预期结果。描述要明确，用词要恰当，但不必涉及如何教学或教学方法等方面的内容。文字表述可分两段，第一段为总体描述，即课程对学生在知识与技能、过程与方法、情感态度与价值观等方面的基本要求，学生学习该门课程后应达到的预期结果。第二段具体说明学生应达到的职业能力目标。

“课程性质”与“课程目标”，表述的主体是不同的，“课程性质”的表述主体是课程，“课程目标”的表述主体是学生，因此要尽量避免太多的重复。

实例一：民航货运销售

课程性质

(原稿)本课程是中等职业学校航空服务专业(航空地面服务方向)的一门专业课程，是学生从事民航货运员岗位工作所需掌握的主干课程。其功能是使学生具备民航货运销售各个岗位的操作流程和操作要求的职业能力，达到民航货运员岗位职业标准初、中级考证中的相关理论知识要求，并为学习实训课程《民航货运销售操作》做好理论准备。

(修改稿)本课程是中等职业学校航空服务专业(航空地面服务方向)的一门专门化方向课程，是从事民航货运员岗位工作的必修课程。其功能是使学生熟悉民航货运销售的操作流程和操作要求，并为学习《民航货运销售操作》实训课程做好理论准备。

课程目标

(原稿)通过学生的主动参与和各种“做学一体”的课堂教学活动设计，使学生熟悉民航货运销售各个岗位的操作流程和要求，达到民航货运员岗位职业标准初、中级考证中相关的基本职业能力；培养学生诚实、守信、善于沟通、富有爱心和合作的品质，并树立安全和服务意识，为提高学生民航货运销售的实践操作能力打好基础。

职业能力目标：

- 能掌握空运货物进出港(口)的基本操作流程；
- 能根据托运书正确填制航空货运单；
- 能掌握货物运输的文件需求；
- 能掌握货物包装要求；
- 会制作和贴挂货物运输的各类标签标记；
- 能对到达货物和文件进行交接、处理和交付；
- 能处理客户的运输要求和一般投诉；
- 了解包机、包舱的运输规定；
- 了解航空快递的一般操作流程。

(修改稿)通过本课程的学习，熟悉民航货运销售××××等各个岗位的操作流程和操作要求，熟悉民航货运中××××的知识和技能，达到民航货运员岗位初、中级职业标准的相关要求，形成诚实、守信、善于沟通、合作和富有爱心的思想品质，树立安全和服务意识，在此基础上形成以下职业能力。

续 表

职业能力目标： ● 能根据托运书正确填制航空货运单； ● 能进行货物包装； ● 会制作和贴挂货物运输的各类标签标记； ● 能对到达货物和文件进行交接、处理和交付； ● 能处理客户的运输要求和一般投诉； ● 能执行包机、包舱的运输规定。

（三）成果评定法

成果评定法是通过对教师所开发的最终产品符合要求的程度进行评定，并给予进一步改进意见的课程开发指导方法。确立了教师在课程开发中的主体地位，意味着具体的课程产品应当由教师来形成。事实上，由于专业知识的欠缺，课程专家并不具备形成具体课程产品的能力。然而最终的课程产品是否符合项目课程开发要求仍然需要课程专家进行判断。而通过对课程产品的质量鉴定，可以进一步推进教师对项目课程的理解，并在改进中开发出更高水平的项目课程。

成果评定法是否有效，完全取决于课程专家所提出的课程评定意见的水平。课程专家应当敏锐地抓住课程产品中的重要问题，并提出具体的修改意见。课程产品的价值在于具体内容的描述。比如课程标准，如果一份课程标准在格式上完全符合要求，形式上非常规范，其框架的确体现了项目课程的要求，那么这是否就是一份优质的课程标准呢？很可能不是。如果其所确定的任务逻辑与实际情况完全不相符合，所选择的知识点、技能点有很大遗漏，学生应当学习的基本内容并没有纳入到课程标准中，那么这就是一份非常糟糕的课程标准。因此课程专家对课程产品的评定，不能仅仅关注形式（这是课程专家的通病），必须关注有实质意义的具体内容。

文本批阅是成果评定的一种方法。但这种方法由于课程专家缺乏与教师面对面的深入讨论过程，因此其产生的实际效果可能比较有限。更为有效的方法是小组研讨。这种方法采取小型研讨会形式，由课程专家与参与课程开发的教师一起，就课程产品的问题进行讨论并提出修改意见。课程专家在其中发挥着关键的引领作用。大量的这种会议的进行，非常有利于促进教师对项目课程的理解与认同，开发出高质量的课程产品，并有力地推动教师的专业发展。如果有可能，职业院校应当以课程开发为抓手，使这种会议经常化。在长期的研讨活动中，教师们将形成基于课程开发的学习共同体，并使职业院校的功能形态从教学型转向研发型，这是现代职业院校的基本特征。

四、如何降低误差累积效应

课程开发中的一个常见现象是“回归”，即经过一个时期的课程开发后，发现新课程与原来的课程并无实质区别。如模块化课程改革、能力本位课程改革，都存在这一现象。我们所看到的是，经过20世纪90年代近十年的课程改革以后，我国职业院校的课程并无实质变化。当然，我们不能期望课程开发的效果能立竿见影，课程开发中一定要避免急躁倾向，然而如果不能控制好课程开发的一些关键方面，而出现这些环节的误差累积效应，那么课程开发的努力将付之东流。项目课程开发中应当特别控制两个方面：(1)是否实现了关键内容的衔接；(2)关键环节是否完全达到了质量要求。

（一）关键内容衔接的控制

项目课程开发是一个严密的递进过程，即后一个环节的内容的开发要基于前一个环节的内容。我们不能把这一关系理解为机械的演绎，但它们之间必须构成非常严密的衔接关系。基本线索有两条，即工作任务与职业能力。它们是课程定位中非常重要的开发成果。课程体系基于这一成果进行设计，其关键内容就必须基于工作任务与职业能力进行设计，并形成清晰的逻辑关系。

1. 工作任务逻辑线索的控制

从工作任务这条逻辑线索看，专业教学标准中的课程设置、课程标准中的工作任务以及项目教学方案与教材中的项目是其逻辑的关键点，它们之间必须存在清晰的对应关系。课程设置必须对应工作任务与职业能力分析表中的工作领域，课程标准中的工作任务必须对应该课程设置时所截取的工作任务，项目教学方案与教材中的项目与工作任务是一致的，因为教材实质上就是项目教学方案的展开，但它们的项目有工作任务必须对应课程标准中的工作任务。见图5－1。

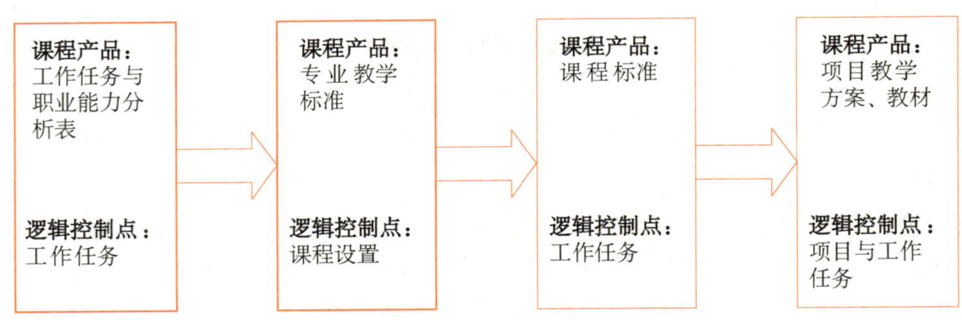

图5－1　工作任务逻辑线索的控制点

课程开发中应注意控制工作任务在这几个环节上的对应关系。由于这些环节很可能分别由不同教师来完成，如果操作某个环节的教师没有严格按照要求进行课程开发，那么就很容易导致工作任务的脱节。如果说这种脱节现象容易发现，也容易控制，那么另一种脱节现象不仅难以发现，而且难以控制，那就是教师们很容易用教学任务代替工作任务。教师从事课程开发时，长期的教学工作往往使得他们难以快速实现角色转换，即从教学实施者转向课程开发者。他们总是从教学的角度进行课程开发，在这里的体现就是用教学任务代替工作任务。教学任务是学生完成项目时要执行的任务，而工作任务是岗位要素，应当把它们明确区分开来。

2. 职业能力逻辑线索的控制

从职业能力这条线索来看，专业教学标准中的人才规格、各门课程的主要内容与要求，课程标准中的课程目标、课程内容与要求，项目教学方案与教材中的教学目标、相关实践与理论知识，是其逻辑的关键点。人才规格、各门课程的主要内容与要求应当依据工作任务与职业能力分析表中的职业能力进行确定，课程标准中的课程目标应当与这门课程设置时所截取的职业能力相对应，课程标准中的课程内容与要求应当与其课程目标相对应，项目教学方案与教材中的教学目标应与课程目标相对应，而相关实践与理论知识应与课程标准中的课程内容与要求相对应。详见图 5－2。

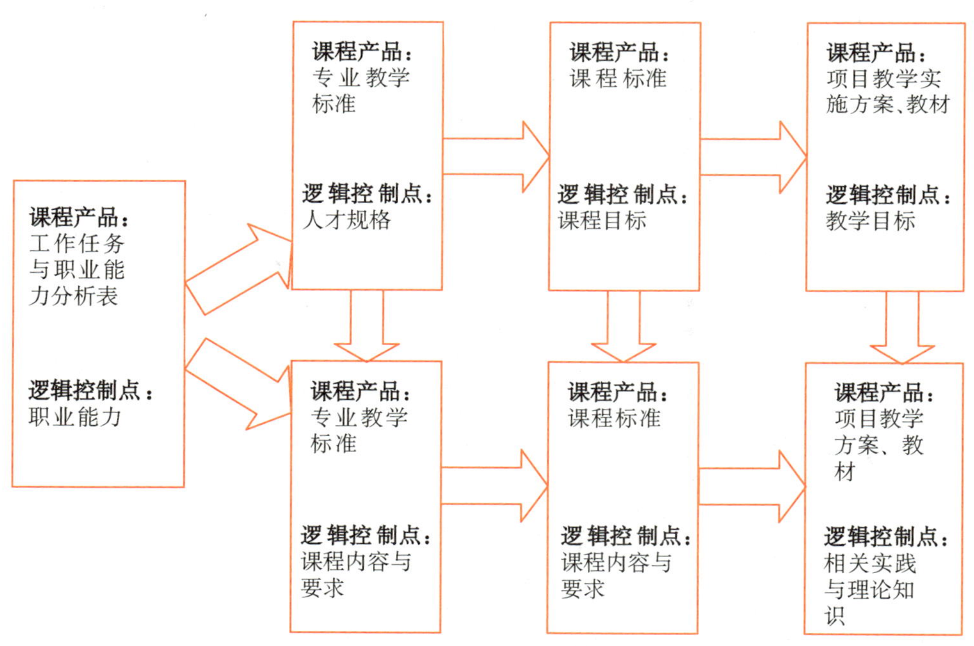

图 5－2 职业能力逻辑线索的控制点

控制职业能力这条逻辑线索的难点在于：(1)它事实上是沿两条逻辑线索进行的，而这两条逻辑线索之间也存在对应关系，因此要复杂些。图 5－2 有利于帮助课程开发者理清这两条线索之间的复杂关系。(2)这条线索的上、下两级间的对应关系要比工作任务逻辑线索复杂得多，因为在这里从上级到下级的过渡其实是个再设计过程。这就需要课程开发者对其关系进行更加仔细的甄别。比如课程标准中课程目标与课程内容与要求之间存在错位，就是非常普遍的课程开发问题。

(二) 关键内容质量的控制

项目课程开发将产生多份课程产品，每份课程产品又包括一系列内容。从课程评价的角度看,所有这些内容都应当作为评价对象。但是在课程开发过程中控制课程开发质量时,不太可能,其实也没有必要对所有内容进行监控,只需要把握关键控制点即可。所谓关键控制点,就是容易产生偏差,且这种偏差将严重影响课程产品质量的环节。如果控制好了这些点,便在很大程度上确保了课程开发的质量。这就要实施关键内容的质量控制。课程专家应当熟悉关键控制点及其质量的具体要求,见表 5-2。

表 5-2 职业教育项目课程质量控制的关键点及其要求

质量控制的关键点		质量控制的内容
课程定位	岗位分析	● 是否符合岗位描述的要求 ● 与教育的层次与性质是否相适应 ● 与劳动力市场需求是否相适应 ● 是否体现了本校专业特色
	工作任务分析	● 是否是岗位的实际工作任务 ● 是否涵盖了岗位的所有工作任务 ● 任务编排的逻辑与层次是否清晰、合理 ● 任务分析是否足够详细,使得其内容足够清晰
	职业能力分析	● 是否符合职业能力的描述要求,结合了具体职业内容来表达能力 ● 是否涵盖了工作任务对职业能力的所有要求 ● 各职业能力之间的逻辑关系是否清晰 ● 职业能力的描述是否足够具体,使得其内容足够清晰
专业教学标准	人才培养规格	● 是否涵盖了本专业对职业能力的主要要求 ● 是否清晰、准确地定位了本专业的人才培养要求 ● 各条描述之间的层次关系是否清晰
	课程设置	● 是否体现了项目课程的设置要求 ● 能否实现人才的培养要求 ● 课程编排的逻辑关系与本专业的学习心理特点是否符合 ● 实施中是否具有可操作性
	课程内容与要求	● 是否体现了该门课程对内容的总体要求 ● 内容描述的逻辑是否清晰
	实训实验装备标准	● 建设模式与项目课程的理念是否相吻合 ● 能否基本满足专业的人才培养要求 ● 是否具备建设的现实性
课程标准	设计思路	● 是否涵盖了设计思路所要求表达的所有内容 ● 在项目课程一般理念的基础上是否体现了该门课程的特有构想 ● 文字表达是否清晰、流畅
	课程目标	● 是否清晰地描述了该门课程的目标要求 ● 与这门课程设置时所截取的职业能力是否相对应

续 表

质量控制的关键点		质量控制的内容
	课程内容与要求	● 工作任务与该门课程设置时所截取的工作任务是否相对应，是否完全涵盖了该门课程的工作任务，任务编排的逻辑关系是否清晰 ● 技能描述是否完全体现了工作任务对技能的要求，是否清晰地描述出了工作成果 ● 知识描述是否涵盖了技能习得对知识的所有要求，知识在各任务中的布局是否合理
项目教学方案	项目选择	● 项目设计所选择的模式是否恰当 ● 项目能否最大限度地满足能力培养需要，其序化模式是否合适 ● 项目能否有效地激发学生兴趣
	教学目标	● 是否清晰、准确，能有效地指导教学实施 ● 与课程标准中的课程目标是否相对应
	工作任务	● 是否是特定项目所要教授的工作任务 ● 与课程标准中的工作任务是否对应 ● 描述是否足够细致
	活动设计	● 活动过程设计的创新程度 ● 活动情境设计是否涵盖了职业能力的不同侧面 ● 活动过程对于增强学生职业能力的有效程度 ● 活动过程是否可操作
	实践与理论知识	● 在各项目中的布局是否合理 ● 与课程标准中的课程内容与要求是否相对应
	教学过程	● 教学阶段划分是否体现了项目教学的要求 ● 教学阶段划分是否清晰、合理 ● 教学活动设计能否最大程度地激发借助项目活动所应发生的学习行为
	教学评价	● 评价的内容要点是否准确、全面 ● 评价的方法是否恰当 ● 评价的手段是否高效
课程资源	内容呈现资源	● 与课程标准对内容的要求是否相一致 ● 是否给学生提供了多样化的学习内容 ● 是否体现了项目课程的内容呈现特色 ● 表达是否清晰、准确
	内容呈现支持资源	● 资源的恰当性如何，与课程内容的关系是否紧密 ● 资源的丰富性如何，能否给教学内容提供足够支持 ● 资源的真实性如何，直接来自企业的资源所占比重如何
	过程引导资源	● 对过程的阶段划分是否清晰、完整 ● 对过程中的任务的描述是否清晰，能有效引导过程展开 ● 对教学效果达成的实际支持程度如何
	学生操作资源	● 与项目课程的理念是否吻合 ● 职业能力培养效果如何

第三节 提升项目课程开发的质量

尽管以上对项目课程开发过程、质量控制方法与要求进行了较为详细的阐述,但如何提升项目课程开发的质量仍然是一个需要进一步探讨的问题。理想与现实的矛盾也许是课程开发中的永恒现象。的确,课程开发不可能像机床操作那样,通过设备的应用使得不同的人可以生产出同样质量的产品。课程开发是完全由人来完成的,课程开发技术的发挥完全取决于个体对课程开发方法的理解与在实践中的再创造,这就必然使得课程产品的质量存在很大差异。但是,我们仍然可以找到一些策略来帮助教师提高课程开发的质量。

一、项目课程开发面临的质量困境

参与过课程开发的许多教师有一个共同体验,即当他们深入进行课程开发的时候,可能会发现所开发的课程往往没有理论家们所宣扬的那么美妙,似乎与原有课程体系并没有非常明显的区别,以致对课程改革产生了困惑与怀疑。这是由于他们未能把握好其中的一些关键环节,综合起来主要有五个方面。

(一) 培养目标定位过于宏观

目标定位是课程开发的第一个环节,其他环节如课程设置、内容选择都是在这一定位下进行的,这一问题解决不好,必然从根本上影响整个课程改革的进程。事实上,发生上述现象的第一个原因便是目标定位方式的宏观化。人们往往只从宏观角度讨论职业教育人才培养目标的定位,如应当培养技术应用型人才还是技能型人才。这些讨论对于确定课程改革的总体方向是有价值的,但对于具体的课程开发来说基本是无价值的,因为课程开发更为关注的是理念在操作中的技术实现方式,而不仅仅是人才类型这样一些宏观概念。用人才培养模式中的人才类型思维方式来定位培养目标,以至对具体的微观内容模糊不清,是许多课程开发难以深入下去的首要原因。

在方法上,培养目标应当通过其所面向的工作岗位来定位。职业教育是面向职业的教育,职业岗位纵横交错构成一个复杂的体系,其差别决定了所需教育的差别,因而职业教育课程开发应使用“岗位”这个参照点来定义课程目标。工作岗位能够给课程目标定位提供最为清晰和准确的答案。这就要求课程开发者首先要细致分析、明确定位专业所面向的职业岗位。

(二) 工作任务分析笼统、粗糙

项目课程开发的重要技术是工作任务分析。这一技术的基本思想是“分析”,即要实现课程模式的根本转变,有效地依据工作任务重组课程体系,必须明确工作任务的具体细节;明确具体细节的基本方法是对工作任务进行逐级分解;只要分解

得足够细致，就可以达到课程开发的要求。课程开发实践表明，工作任务分析成果质量的高低，会在很大程度上影响到职业教育课程开发最终产品的质量。

在这一理念影响下，职业院校普遍认识到了工作任务分析的重要性，并在课程开发中进行了这项工作。然而往往会产生一个令人困惑的现象，即最终依据工作任务分析结果所确定的课程体系，与现有课程似乎并无太大区别。其原因很复杂，而工作任务分析比较笼统、粗糙，是导致这一现象的重要原因。许多分析只是获得了几个简单的模块，且往往逻辑混乱，把许多零乱的工作任务堆砌在一起，看不到任务之间的逻辑关系。笼统和粗糙的任务分析，使得课程设计者难以明晰课程中的具体内容，因而要求他们打破原有的学科课程就非常困难了。

（三）课程设置未能突破学科框架

我国在20世纪90年代曾系统研究和局部实践过西方的能力本位课程。然而当时只关注如何以工作任务为依据重新选择课程内容，没有深刻认识到依据工作任务重新设置课程，确定新课程结构的重要性。受这一思想的影响，许多职业院校没有深刻认识到重新设置课程对于取得课程模式突破的关键意义。而教师受其职业习惯的影响，也往往只关注教学生什么知识、技能，没有认识到围绕什么来教这些知识、技能的重要性，这必然进一步削弱对调整课程设置的关注。

但是，重新设置课程在课程模式转换中具有关键意义。课程设置并不仅仅是课程名称的确定，不同的课程设置反映了课程设计者不同的课程内容分割思想；同时，课程设置是组织课程内容的第一个环节，如何设置课程，直接决定了这门课程里面的内容能够采取什么组织方式。如果课程本身是依据学科边界设置的，那么要以任务为中心来组织这门课程的内容基本是不可能的。因此项目课程开发非常注重课程设置这个环节，要求基本依据工作任务来设置课程。按照这一理念，没有把握好课程设置这个环节的课程改革，要取得重大突破是很难的。

（四）课程内容与任务的相关度低

项目课程要求依据工作任务选择知识，以提高课程内容的岗位针对性，达到更为有效地培养学生职业能力的目的。这一基本原则是无需质疑的，然而目前的困境是，依据工作任务选择知识，只是在以工作任务为中心剪裁原有的学科知识，所学内容没有实质变化，这使得课程改革成了知识游戏，大大降低了课程改革的成效。

项目课程的内容改革不应当仅仅是重新剪裁学科知识，而是要开发新的课程内容体系，这是项目课程改革中非常具有实质意义的一个环节，也是非常艰难的一个环节。是否确立了独具特色的内容体系，是课程成熟与否的重要标志。深入分析能够发现，知识与任务之间总是或多或少地存在相关，因此仅仅思考要围绕工作任务选择知识是远远不够的，还必须思考围绕工作任务该选择哪些知识。

具体地说，(1)课程内容应当是完成任务时所实际用到的、非常必需而有用的知识。这些知识不必是现有教材中的知识,而很可能是实践中的知识。课程改革要削减学科知识,相应地,必然要补充新的知识,这种知识就是实践知识。开发实践知识是课程内容改革的重要任务。(2)课程内容不能仅仅是技术知识,只掌握技术知识是无法完成任务的,按照美国SCANS(基本技能开发委员会)的研究,在工作世界中获得成功需要的知识应当包括资源、信息、交往技能、系统和技术,这一分类框架可为课程内容分析提供参考。(3)项目课程当然不排除学科知识,但在分析学科知识时应当分析至具体的知识点,尤其要从工作任务的角度来阐述学科知识,而不能笼统地罗列大块学科知识。

显然,现有项目课程开发离这一要求还很远,而实现内容的突破应成为深化项目课程开发的重要任务。如果说课程设置改革只是个认识问题、利益问题,那么课程内容改革则是个极富创造性的环节,需要投入课程开发者的大量智慧;如果说课程设置改革可通过采取一些行政压力来实现,那么课程内容改革的成功则很大程度上取决于课程开发者的投入程度。这就要求课程开发组织者既要认识到课程内容改革的重要性与可能的改革空间,又要善于组织好课程内容的改革过程,实现课程内容的重大突破。

(五) 项目的训练价值需要提高

项目课程的一大特色是以项目活动为主要学习方式,它认为只有通过大量精心设计的项目活动,才可能真正发展学生的职业能力;而无论课程内容如何恰当,若不能转变学生的学习方式,那么课程改革的效果仍然是非常有限的。因此项目课程开发要求在完成课程设置与内容选择的改革后,进一步围绕课程内容学习的需要进行项目设计,这是项目课程明显不同于能力本位课程之处。

然而,总体上看现有项目的能力训练价值需要提高:(1)许多项目的设计比较随意,只是简单地列出一些产品加工活动或服务活动,缺乏对典型产品或服务的选择、项目编排的逻辑顺序、项目的问题障碍设置,乃至项目实施的组织形式等问题的深入思考。缺乏问题情境的项目,更多地培养的只是操作能力,而对问题解决能力以及理论认知能力的培养来说,其价值就有限了。(2)来自企业的真实项目不多。许多项目只是原有技能训练甚至实验项目的翻版,"学校色彩"很浓,缺乏真实的"企业感"。这种项目对于基本能力的训练是必要的,但真实项目有利于学生获得对企业产品技术标准的体验,对"工作压力"的体验等,这些是模仿项目所无法具备的功能,因此项目课程改革必须大量开发来自企业的真实项目。这是项目课程开发难度比较大,却非常富有活力和充满特色的方面。

二、提升项目课程开发质量的策略

如何提升项目课程开发的质量?除了要调动教师积极性,鼓励更多优秀的教师参与课程改革外,尤其要注意以下四个方面。

（一）确立课程开发的研究意识

造成上述困境的首要原因是课程开发的研究意识远远不够，把课程开发仅仅看成一项工作，而不是一项研究活动、探索活动。

首先，许多教师把课程开发简单地理解为编大纲、教材，而“编”往往又只是“抄”或“拼凑”。这种工作方式是无法开发出高水平课程的。课程开发的关键在于“开发”二字，所谓“开发”就是深度投入智慧，创造性地获得高水平的合乎要求的产品，这意味着课程开发过程是一个研究过程。事实上，无论是课程标准、项目教学方案还是课程资源，其开发都是一个极富创造性的过程，只有以研究的方式进行课程开发才能获得高质量的课程。

其次，过于关注操作方法，忽视了理念建设。由于急功近利、厌倦了空泛、无用的理论、对理论畏惧等原因，许多教师对课程理念研究不够重视，往往只关注“如何操作”，认为课程开发最主要的是如何完成每一步开发工作。但是，课程开发首先必须进行理念建设，而且课程开发最重要的内容也应当是理念建设，只有这样才能使得“开发”不同于以往的“编”，并改变人们对课程内涵的认识。项目课程只是具有通用性的一般原理，而每个专业乃至其每门课程，都有自身特有的逻辑，只有把这些一般原理创造性地应用到各个具体专业中，形成各具体专业及其各门课程所特有的课程理念和设计框架，才可能开发出高质量的课程。

因此要提升课程开发质量，首先必须改变课程开发的工作方式，把课程理念研究与课程产品开发结合起来，用创造性的设计思维去完成每一步开发工作，树立起课程开发的研究意识；其次，要努力形成每个专业、乃至每门课程的理念：这是课程是否成熟的重要标志。目前职业教育课程理论研究尚停留于整体层面，其进一步发展的重要方向便是要形成各专业、各课程的具体理念，唯有发展到这一阶段，职业教育课程理论才能丰富多彩，充满活力与魅力。

（二）提高对开发成果的精细化要求

课程问题既大又小：课程理念要大，课程开发要小。就开发层面来说，“课程无小事”，必须用精细的态度进行每一个环节的开发。事实上，“精细”已成为许多领域的要求，精细管理是目前管理学的重要发展方向。其重要思想是可知性，就是通过细化，让管理者真正了解某项工作或流程的每个环节或每个可能影响最终结果的因素，从而认识其规律，达到可控的目的。项目课程开发只有加强精细性，才能提高对每一个环节的意识，把粗的要求细化成最终可执行的教学方案。

然而目前许多职业院校的课程开发恰恰非常不够精细，有些尚处于比较初级的阶段，连课程开发最终成果的文本格式也缺乏统一细致的规定，这当然是极不应该的。多数情况则是未能精细地把握某些关键的开发环节，除了以上列举的表现外，还有许多更细层面的表现。例如，当询问课程开发教师其每条课程目标的实际含义，以及所选内容与目标的相关性时，往往不能作出清楚的回答。这就必然影响课程目标功能的实际发挥。

课程开发成果不够精细,存在教师精力投入不够、草草完成任务的原因,更为重要的原因则是分析思维能力不强,不知该如何精细。如任务分析不够精细是常见现象,但是课程开发要深入下去,教师甚至岗位专家均感到比较困难。要改变这种状况,除了按照精细管理思想要求改变工作态度外,还必须加强对课程开发者的指导,在专家引领下通过课程开发提升教师的分析能力。

(三) 加强对课程开发过程的控制

如上所述,项目课程开发是由一系列复杂环节构成的,很容易产生"误差累积"现象,即每一个环节偏离预期要求一点,导致最终结果与预期目标之间形成巨大落差。而且误差累积的机制不是"加法",而是"积分",一个环节中的细微差距很可能导致最终结果的巨大偏转。这几乎可以说是许多大型课程改革的共同现象。要使得项目课程开发朝着预期方向发展,必须极力规避误差累积现象。

因此,在课程开发行动之前,有必要制订详细的课程开发方案,细化课程开发过程,确立每一个环节的质量标准。在课程开发过程中要实施过程控制,努力控制每一个环节的质量。当然,项目课程开发是一个螺旋式上升过程,情况往往是当教师完成后面的开发步骤后,回过来能更好地修改先前完成的步骤。因此,加强对课程开发过程的控制,不能机械地理解为要按严格要求完成了一个步骤后才能进行后一个步骤,而是指要清楚地意识到每一步的质量标准。

(四) 建立深度的校企合作机制

深度产学合作机制的建立,在深化项目课程开发中具有非常重要的作用。一方面,许多课程开发环节需要企业专家的深度参与,另一方面,项目体系的建立也需要企业支持。如上所述,项目的能力训练价值不高是目前阻碍课程开发水平提高的关键因素。那么如何才能改变这一状况呢?重要途径是建立深度的校企合作机制。这是因为学生要进一步获得真实的职业能力,还必须依托直接来源于企业的真实项目。

要动态地获得真实项目,必须通过多种形式,建立深度的校企合作机制。可见,课程开发是个系统工程,就课程本身进行改革是难以达到预期目标的,课程改革必将带来职业院校整体运行机制的改革,而项目课程开发的成功与否也取决于整体运行机制改革的成功与否。因此课程质量所体现的是学校的整体办学水平。正是在这个意义上,我们说课程建设是职业教育内涵建设的核心。

总之,项目课程开发能否顺利进行,能否取得高质量的课程产品,不仅取决于项目课程的理念与方法是否得到了足够清晰的阐述,也取决于能否有效地组织项目课程开发过程并控制其质量。这是每一位从事课程开发实践的专家必须认真研究的问题。从这个角度看,课程改革比教学改革复杂得多。教学改革往往是个体行为、局部行为,至少它可以在个体层面完成,而课程改革往往是多种主体参与的、能产生整体影响的行为。一位合格的课程专家，不仅要掌握课程理念与方法本身，还必须能够娴熟地应用课程开发的组织方法。这需要经过较长时间的练习。

参考文献

中文部分

1. 奥苏贝尔等著:《教育心理学——认知观点》,佘星南、宋钧译,人民教育出版社 1994 年版。
2. 巴班斯基著:《教学过程最优化——一般教学论方面》,人民教育出版社 2007 年版。
3. 布劳迪著:《知识的类型与教育目的》,载瞿葆奎主编:《智育》,人民教育出版社 1993 年版。
4. 杜威著:《民主主义与教育》,王承绪译,人民教育出版社 1990 年版。
5. 郭扬:《关于职业技术学校课程设置的思考》,《职教论坛》1998 年第 7 期。
6. 黄坤锦著:《美国大学的通识教育》,北京大学出版社 2006 年版。
7. 加德纳著:《多元智能》,沈玫隆译,新华出版社 1999 年版。
8. 姜大源主编:《当代德国职业教育主流教学思想研究》,清华大学出版社 2007 年版。
9. 克伯屈著:《教学方法原理:教育漫谈》,王建新译,人民教育出版社 1991 年版。
10. 拉塞克、维迪努著:《从现在到 2000 年教育内容发展的全球展望》,马胜利译,教育科学出版社 1996 年版。
11. 林智中、陈健生、张爽著:《课程组织》,教育科学出版社 2006 年版。
12. 刘登高主编:《现代职业技术教育教学模式》,现代知识出版社 2000 年版。
13. 迈克尔·波兰尼著:《个人知识》,许泽民译,贵州人民出版社 2000 年版。
14. 苗学玲:《项目学习模式的学生感知收益研究》,《科教文汇》2012 年第 9 期。
15. 宁波市教育局职成教教研室:《宁波市中等职业学校专业教学指导方案》,2002 年。
16. 瞿葆奎、丁证霖著:《"设计教学法"在中国》,载瞿葆奎主编:《教学(上册)》,人民教育出版社 1988 年版。
17. 上海市中等职业教育课程教材改革办公室编:《上海市中等职业学校药剂专业教学标准》,华东师范大学出版社 2008 年版。
18. 上海市教育委员会编:《职业教育国际水平专业教学标准开发的研究与实践》,华东师范大学出版社 2012 年版。
19. 施良方著:《课程理论:课程的基础、原理与问题》,教育科学出版社 1996 年版。
20. 泰勒著:《课程与教学的基本原理》,罗康、张阅译,中国轻工业出版社 2008 年版。
21. 吴广夫著:《知识转化为能力与知识的智力价值》,载瞿葆奎主编:《智育》,人民教育出版社 1993 年版。
22. 吴士续主编:《技术发明集》,湖南科学技术出版社 1998 年版。
23. 萧今、黎万红主编:《发展经济中的教育与职业》,天津人民出版社 2002 年版。
24. 夏惠贤著:《多元智力理论与个性化教学》,上海科技教育出版社 2003 年版。
25. 徐国庆:《工作结构与职业教育课程结构》,《教育发展研究》2005 年第 8 期。
26. 杨龙立、潘丽珠著:《课程组织——理论与实务》,台北高等教育文化事业有限公司 2005 年版。
27. 中华职业教育社编:《黄炎培教育文选》,上海教育出版社 1985 年版。
28. 左藤学著:《课程与教师》,钟启泉译,教育科学出版社 2003 年版。

外文部分

1. Anderson, J. R. , Reder, L. M. & Simon, H. A. (2000). Situated Learning and Education. In Smith, P. K. and Pellegrini, A. D. (2000). Psychology of Education. Routledge Falmer, London and New York, Vol. Ⅱ.
2. Burke, J. (ed.)(1989). Competency-Based Education and Training, London: The Falmer Press.
3. Cavanaugh, S. H. (1993). Connecting Education and Practice. In Lynn Curry, Jon F. Wergin and Associates (eds.) Educating Professionals. New York, Jossey-Bass Publisher.
4. DeMiranda, M. A. & Folkestad, J. E. (2000). Linking Cognitive Science Theory and Technology Education Practice: A Powerful Connection not Fully Realized. Journal of Industrial Teacher Education, Vol. 37, No. 4.
5. DeVries, M. J. (2003). The Nature of Technological Knowledge: Extending Empirically in Formed Studies into What Engineers Know. Journal of the Society for Philosophy and Technology, Vol. 6, No. 3.
6. Doolittle, P. E. & Camp, W. G. (1999). Constructivism: the Career and Technical Education Perspective. Journal of Vocational and Technical Education, Vol. 16, No. 1.
7. Evanciew, C. E. P. & Rojewski, J. W. (1998). Skill and Knowledge Acquisition in the Workplace: A Case Study of Mentor-Apprentice Relationships in Youth Apprenticeship Programs. Journal of industrial teacher education, Vol. 36, No. 2.
8. Fuller, A. & Unwin, L. (1998). Reconceptualising Apprenticeship: Exploring the Relationship between Work and Learning. Journal of Vocational Education and Training, Vol. 50, No. 2.
9. Harris, R. (1995). Competency-Based Education and Training: Between a Rock and a Whirlpool.
10. Harris, R. , Willis, P. , Simons, M. & Collins, E. (2001). The Relative Contributions of Institutional and Workplace Learning Environments: An Analysis of Apprenticeship Training. Journal of vocational education and training, Vol. 53, No. 2.
11. Knoll, M. (1997). The Project Method: Its Vocational Education Origin and International Development. Journal of Industrial Teacher Education, Vol. 34, No. 3.
12. Klauser, F. : Deklatives, prozedurales, strategisches Wissen und metakonition als Leitkategorien der Lernfeldgestaltung, In: Bader, R. /Sloane, P. F. E. (Hrsg): Lernen in Lernfeld, Eusl-Verlag, Markt Schwaben 2000.
13. McCormick, R. (1999). Practical Knowledge: A View From the Snooker Table. In McCormick, R. & Paechter, C. (ed.)(1999). Knowledge and Learning. Paul Chapman Publishing Ltd, Great Britain.
14. O' Halloran, D. (2001). Task-based Learning: a Way of Promoting Transferable Skills in the Curriculum. Journal of Vocational Education and Training, Vol. 53, No. 1.
15. Pepin, Y. (1998). Practical Knowledge and School Knowledge: a Constructivist Representation of Education, In Larochelle, M. (etc.)(ed.) Constructivism and Education, Cambridge University Press.
16. Polanyi, M. (1983). The Tacit Dimension. Peter Smith, Gloucester, Mass.
17. Rauner, F. (2002). Berufliche Kompetenzentwicklung-vom Novizen zum Experten. In Dehnbostel, P. , Elsholz, J. , Meister, J. & Meyer-Menk, J. : Vernetzte Kompetenzentwichklung: Alternative Positionen zur Weiterbildung. Berlin: edition sigma.
18. Reetz, L. Handlung. (2000). Wissen und Kompetenz als strukturbildende Merkmal von

Lernfeldern, In Bader, R. & Sloane, P. F. E. (Hrsg): Lernen in Lernfeld, Eusl-Verlag, Markt Schwaben.

19. Ruth, N. (ed.) (1981). Competency-Based Education: Beyond Minimum Competency Testing.
20. Satchwell, R. E. (1996). Using Functional Flow Diagrams to Enhance Technical Systems Understanding. Journal of Indtstrial Teacher Education, Vol. 34, No. 2.
21. Scribner, S. (1999). Knowledge at Work. In Robert McCormick & Carrie Paechter (ed.) Knowledge and Learning, Paul Chapman Publishing Ltd, Great Britain.
22. Smith, C. L. (1998). Initial Analysis of Youth Apprenticeship Programs in Georgia. Journal of Vocational and Technical Education, Vol. 14, No. 1.
23. Smith, E. (2002). Theory and Practice: the Contribution of Off-the-job Training to the Development of Apprentices and Trainees. Journal of Vocational Education and Training, Vol. 54, No. 3.
24. Smith, R. & Betts M. (2000). Learning as Partners: Realizing the Potential of Work-based Learning. Journal of Vocational Education and Training, Vol. 52, No. 4.
25. Wolf, A. (1995). Competence-Based Assessment, London: Open University Press.